Walter Boente
Balian de Viragh
Familienrecht

D1717719

Walter Boente
Prof. Dr. iur.

Balian de Viragh
BLaw

Familienrecht

IN A NUTSHELL

2. Auflage

Bibliografische Information der Deutschen Nationalbibliothek

Die Deutsche Nationalbibliothek verzeichnet diese Publikation in der Deutschen Nationalbibliografie; detaillierte bibliografische Daten sind im Internet über http://dnb.dnb.de abrufbar.

© 2022 Dike Verlag AG, Zürich/St. Gallen
ISBN 978-3-03891-438-9

www.dike.ch

Vorwort

Das vorliegende Buch möchte Lehr- und Lernbuch zugleich sein. Für das bessere Verständnis ist daher jedem Titel eine allgemeine Einleitung vorangestellt. Wer sich hingegen vor Prüfungen nur schnell die Grundlagen des Familienrechts aneignen möchte, kann diese Ausführungen einfach überspringen.

Aus der Erfahrung heraus, dass der Gesetzestext als solcher auch auf wiederholten Hinweis hin nicht gelesen wird, sind die jeweiligen Gesetzesbestimmungen bereits in den Text eingearbeitet. Ihnen kann daher hier nicht aus dem Weg gegangen werden. Dabei werden die jeweiligen Regelungen um ihr «Warum» ergänzt, so dass die feste Grundlage für weiterführende Literatur gelegt ist.

Die zweite Auflage aktualisiert und ergänzt die erste Auflage und berücksichtigt insbesondere die am 1. Juli 2022 in Kraft getretene Revision des Zivilgesetzbuchs (Ehe für alle).

Kritik und Verbesserungsvorschläge zum vorliegenden Band sind sehr erwünscht (lst.boente@rwi.uzh.ch).

Im Mai 2022   Walter Boente und Balian de Viragh

Inhaltsübersicht

Vorwort   V
Inhaltsverzeichnis   IX
Abkürzungsverzeichnis   XXV

1. Teil: Einführung   **1**
§ 1   Das Familienrecht   1

2. Teil: Das Eherecht   **15**
§ 2   Die Ehe im Wandel der Zeit   15
§ 3   Gliederung des Gesetzes   18
§ 4   Die Eheschliessung   19
§ 5   Die Wirkungen der Ehe im Allgemeinen   46
§ 6   Das Güterrecht der Ehegatten   67
§ 7   Die Ehescheidung und die Ehetrennung   127

3. Teil: Die Verwandtschaft   **159**
§ 8   Das Kindesverhältnis im Wandel der Zeit   159
§ 9   Die Entstehung des Kindesverhältnisses   161
§ 10   Die Wirkungen des Kindesverhältnisses   204
§ 11   Die Familiengemeinschaft   261

4. Teil: Die eingetragene Partnerschaft   **269**
§ 12   Hintergrund   269
§ 13   Grundzüge der Regelung   270

5. Teil: Die faktische Lebensgemeinschaft   **275**

Stichwortverzeichnis   279

Inhaltsverzeichnis

Vorwort V
Inhaltsübersicht VII
Abkürzungsverzeichnis XXV

1. Teil: Einführung **1**

§ 1 Das Familienrecht 1
    A. «Das Familienrecht» des Zivilgesetzbuchs 1
        I. Das Zivilgesetzbuch vom 1. Januar 1912 2
        II. Reformen des Familienrechts 5
        III. Ausblick 7
    B. (Familien-)Verfassungs- und Völkerrecht 8
        I. Verfassungsrecht 8
            1. Recht auf Ehe und Familie 8
            2. Schutz der Privatsphäre 9
            3. Rechtsgleichheit 9
            4. Insbesondere: Schutz der Kinder und Jugendlichen 10
            5. Weiteres Verfassungsrecht 10
        II. Völkerrecht 10
    C. (Familien-)Prozessrecht 12
    D. Weitere Familienrechtsquellen 12
    E. Die Gliederung des Familienrechts 13

2. Teil: Das Eherecht **15**

§ 2 Die Ehe im Wandel der Zeit 15

§ 3 Gliederung des Gesetzes 18

§ 4 Die Eheschliessung 19
    A. Die Ehevoraussetzungen 19
        I. Ehefähigkeit 19

	II.	Ehehindernisse	21
		1. Verwandtschaft	21
		2. Frühere Ehe	22
	III.	Und die Geschlechterverschiedenheit?	23
B.	Das Verlöbnis		23
	I.	Verlobung	24
	II.	Auflösung des Verlöbnisses	25
		1. Geschenke	26
		2. Beitragspflicht	27
		3. Verjährung	28
		4. Exkurs: Anspruch auf Genugtuung	28
C.	Vorbereitung der Eheschliessung und Trauung		29
	I.	Grundsätze	29
	II.	Im Hintergrund: Ausführungsbestimmungen	30
	III.	Vorbereitungsverfahren	31
		1. Gesuch	31
		2. Durchführung und Abschluss des Vorbereitungsverfahrens	33
		3. Fristen	33
	IV.	Trauung	34
		1. Ort	34
		2. Form	35
D.	Eheungültigkeit		37
	I.	Grundsatz	37
	II.	In Abgrenzung: Nichtehe	38
	III.	Unbefristete Ungültigkeit	38
		1. Gründe	38
		2. Klage	40
	IV.	Befristete Ungültigkeit	41
		1. Gründe	41
		2. Klage	42
	V.	Wirkungen des Urteils	43
	VI.	In Abgrenzung: Mängel ohne (Un-)Gültigkeitsfolgen	43

		E.	Insbesondere: Schein- und Zwangsehen	44
		I.	(Schein-)Ehen zur Umgehung des Ausländerrechts	44
		II.	Zwangsehen	45
§ 5			Die Wirkungen der Ehe im Allgemeinen	46
	A.		Eheliche Gemeinschaft; Rechte und Pflichten der Ehegatten	47
	B.		Name	48
	C.		Bürgerrecht	49
	D.		Eheliche Wohnung	50
	E.		Unterhalt der Familie	51
		I.	Im Allgemeinen	51
		II.	Betrag zur freien Verfügung	52
		III.	Ausserordentliche Beiträge eines Ehegatten	52
	F.		Vertretung der ehelichen Gemeinschaft	53
	G.		Beruf und Gewerbe der Ehegatten	55
	H.		Rechtsgeschäfte der Ehegatten	56
		I.	Im Allgemeinen	56
		II.	Wohnung der Familie	56
	I.		Auskunftspflicht	58
	J.		Schutz der ehelichen Gemeinschaft	59
		I.	Beratungsstellen	59
		II.	Gerichtliche Massnahmen	60
			1. Im Allgemeinen	60
			2. Während des Zusammenlebens	61
			a. Geldleistungen	61
			b. Entzug der Vertretungsbefugnis	62
			3. Aufhebung des gemeinsamen Haushaltes	62
			a. Gründe	62
			b. Regelung des Getrenntlebens	63
			4. Vollstreckung	64
			a. Inkassohilfe und Vorschüsse	64
			b. Anweisungen an den Schuldner	64
			5. Beschränkungen der Verfügungsbefugnis	64
			6. Änderung der Verhältnisse	66

§ 6   Das Güterrecht der Ehegatten   67
    A. Allgemeine Vorschriften   67
        I.   Ordentlicher Güterstand   67
              1. Freiheit des Ehevertrags   68
              2. Der ordentliche Güterstand   68
              3. Der ausserordentliche Güterstand   69
        II.   Ehevertrag   70
              1. Inhalt des Vertrages   70
              2. Vertragsfähigkeit   71
              3. Form des Vertrages   72
        III. Ausserordentlicher Güterstand   72
              1. Auf Begehren eines Ehegatten   73
                  a. Anordnung   73
                  b. Aufhebung   74
              2. Bei Konkurs und Pfändung   75
              3. Güterrechtliche Auseinandersetzung   76
        IV.   Schutz der Gläubiger   76
        V.   Verwaltung des Vermögens eines Ehegatten
              durch den anderen   76
        VI.   Inventar   77
    B. Der ordentliche Güterstand der Errungenschafts-
        beteiligung   78
        I.   In Abgrenzung: Errungenschaftsgemeinschaft   78
        II.   Eigentumsverhältnisse   80
              1. Zusammensetzung   80
              2. Errungenschaft   81
              3. Eigengut   82
                  a. Nach Gesetz   82
                  b. Nach Ehevertrag   83
              4. Beweis   83
        III. Verwaltung und Nutzung   85
        IV.   Haftung gegenüber Dritten   86
        V.   Schulden zwischen Ehegatten   87

VI. Auflösung des Güterstandes und Auseinander-
    setzung   88
  1. Zeitpunkt der Auflösung   88
  2. Rücknahme von Vermögenswerten und
    Regelung der Schulden   89
    a. Im Allgemeinen   89
    b. Mehrwertanteil des Ehegatten   91
  3. Berechnung des Vorschlags jedes Ehegatten   94
    a. Ausscheidung der Errungenschaft und
      des Eigengutes   94
    b. Hinzurechnung   95
    c. Ersatzforderungen zwischen Errungen-
      schaft und Eigengut   97
    d. Vorschlag (und Rückschlag)   99
  4. Wertbestimmung   100
    a. Verkehrswert   100
    b. Massgebender Zeitpunkt   100
  5. Beteiligung am Vorschlag   102
    a. Nach Gesetz   102
    b. Nach Vertrag   103
    aa. Im Allgemeinen   103
    bb. Bei Scheidung, Trennung, Ungültig-
       erklärung der Ehe oder gerichtlicher
       Gütertrennung   104
  6. Bezahlung der Beteiligungsforderung
    und des Mehrwertanteils   104
    a. Zahlungsaufschub   104
    b. Wohnung und Hausrat   105
    c. Klage gegen Dritte   106
C. Die Gütergemeinschaft   107
  I. Eigentumsverhältnisse   107
    1. Zusammensetzung   107
    2. Gesamtgut   108
    a. Allgemeine Gütergemeinschaft   108

	b. Beschränkte Gütergemeinschaft	108
	aa. Errungenschaftsgemeinschaft	108
	bb. Andere Gütergemeinschaften	109
3.	Eigengut	109
4.	Beweis	110
II.	Verwaltung und Verfügung	111
1.	Gesamtgut	111
	a. Ordentliche Verwaltung	111
	b. Ausserordentliche Verwaltung	112
	c. Beruf oder Gewerbe der Gemeinschaft	113
	d. Ausschlagung und Annahme von Erbschaften	114
	e. Verantwortlichkeit und Verwaltungskosten	114
2.	Eigengut	115
III.	Haftung gegenüber Dritten	115
1.	Vollschulden	116
2.	Eigenschulden	117
IV.	Schulden zwischen Ehegatten	117
V.	Auflösung des Güterstandes und Auseinandersetzung	118
1.	Zeitpunkt der Auflösung	118
2.	Zuweisung zum Eigengut	118
3.	Ersatzforderungen zwischen Gesamtgut und Eigengut	119
4.	Mehrwertanteil	119
5.	Wertbestimmung	119
6.	Teilung	120
	a. Bei Tod oder Vereinbarung eines anderen Güterstandes	120
	b. In den übrigen Fällen	120
7.	Durchführung der Teilung	121
	a. Eigengut	121
	b. Wohnung und Hausrat	122
	c. Andere Vermögenswerte	123

VI.	Insbesondere: Schulden der Ehegatten nach Auflösung der Gütergemeinschaft	123
D.	Die Gütertrennung	124
I.	Verwaltung, Nutzung und Verfügung	125
1.	Im Allgemeinen	125
2.	Beweis	125
II.	Haftung gegenüber Dritten	126
III.	Schulden zwischen Ehegatten	126
IV.	Zuweisung bei Miteigentum	126
§ 7	**Die Ehescheidung und die Ehetrennung**	**127**
A.	Hintergrund	127
B.	Die Scheidungsvoraussetzungen	129
I.	Scheidung auf gemeinsames Begehren	129
1.	Umfassende Einigung	130
2.	Teileinigung	131
II.	Scheidung auf Klage eines Ehegatten	132
1.	Nach Getrenntleben	132
2.	Unzumutbarkeit	133
C.	Die Ehetrennung	133
I.	Voraussetzungen und Verfahren	134
II.	Trennungsfolgen	134
D.	Die Scheidungsfolgen	135
I.	Name	135
II.	Güterrecht und Erbrecht	136
III.	Wohnung der Familie	137
IV.	Berufliche Vorsorge	138
1.	Grundsatz	140
2.	Ausgleich bei Austrittsleistungen	140
3.	Ausgleich bei Invalidenrenten vor dem reglementarischen Rentenalter	141
4.	Ausgleich bei Invalidenrenten nach dem reglementarischen Rentenalter und bei Altersrenten	141
5.	Ausnahmen	143

6. Verrechnung gegenseitiger Ansprüche 144
7. Unzumutbarkeit 145
8. Unmöglichkeit 145
V. Nachehelicher Unterhalt 146
1. Voraussetzungen 146
2. Berechnung(-smethode) 150
a. Zweistufig-konkrete Methode der
Unterhaltsberechnung 150
b. Einstufig-konkrete Methode der
Unterhaltsberechnung 151
3. Modalitäten des Unterhaltsbeitrages 152
4. Rente 152
a. Abänderung durch Urteil 152
b. Anpassung an die Teuerung 154
c. Besondere Vereinbarungen 154
d. Erlöschen von Gesetzes wegen 154
5. Vollstreckung 154
a. Inkassohilfe 154
b. Vorschüsse 155
c. Anweisungen an die Schuldner
und Sicherstellung 155
VI. Kinder 156
1. Elternrechte und -pflichten 156
2. Veränderung der Verhältnisse 157

3. Teil: Die Verwandtschaft 159

§ 8 Das Kindesverhältnis im Wandel der Zeit 159

§ 9 Die Entstehung des Kindesverhältnisses 161
A. Das (rechtliche) Kindesverhältnis im Allgemeinen 161
B. Natürliche und künstliche Fortpflanzung 162
C. Allgemeine Bestimmungen 164
D. Das Kindesverhältnis zwischen Kind und Mutter 164
E. Das Kindesverhältnis zwischen Kind und Ehemann
oder Ehefrau 165

   I. Vermutung der Elternschaft des Ehepartners   166
       1. Vermutung der Elternschaft des Ehemannes   166
       2. «Vermutung» der Elternschaft der Ehefrau   167
  II. Anfechtung der Elternschaft des Ehemannes   168
       1. Klagerecht   169
       2. Klagegrund   170
          a. Bei Zeugung während der Ehe   171
          b. Bei Zeugung vor der Ehe oder während Aufhebung des Haushaltes   171
       3. Klagefrist   172
       4. Zusammentreffen zweier Vermutungen   173
       5. Klage der Eltern   173
  III. Anerkennung und Vaterschaftsurteil   174
       1. Anerkennung   174
          a. Zulässigkeit und Form   174
          b. Anfechtung   175
             aa. Klagerecht   176
             bb. Klagegrund   177
             cc. Klagefrist   177
       2. Insbesondere: Heirat der Eltern   178
       3. Vaterschaftsklage   179
          a. Klagerecht   179
          b. Vermutung   180
          c. Klagefrist   181
F. Adoption   182
    I. Hintergrund   182
   II. Adoption Minderjähriger   183
       1. Allgemeine Voraussetzungen   183
       2. Gemeinschaftliche Adoption   184
       3. Einzeladoption   185
       4. Stiefkindadoption   186
       5. Altersunterschied   187
       6. Zustimmung des Kindes und der Kindesschutzbehörde   188

Inhaltsverzeichnis

	7. Zustimmung der Eltern	188
	a. Form	188
	b. Zeitpunkt	189
	c. Absehen von der Zustimmung	189
	aa. Voraussetzungen	189
	bb. Entscheid	190
III.	Adoption einer volljährigen Person	190
IV.	Wirkung	191
	1. Im Allgemeinen	191
	2. Name	192
	3. Bürgerrecht	193
V.	Verfahren	193
	1. Im Allgemeinen	193
	2. Untersuchung	195
	3. Anhörung des Kindes	195
	4. Vertretung des Kindes	195
	5. Würdigung der Einstellung von Angehörigen	196
VI.	Adoptionsgeheimnis	196
VII.	Auskunft über die Adoption und die leiblichen Eltern und deren Nachkommen	198
VIII.	Kantonale Auskunftsstelle und Suchdienste	199
IX.	Persönlicher Verkehr mit den leiblichen Eltern	200
X.	Anfechtung	201
	1. Gründe	201
	a. Fehlen der Zustimmung	201
	b. Andere Mängel	201
	2. Klagefrist	202
XI.	Adoptivkindervermittlung	202
G.	Recht auf Kenntnis der eigenen Abstammung	203
H.	Recht auf Kenntnis der eigenen (genetischen) Elternschaft	204

§ 10 Die Wirkungen des Kindesverhältnisses　　**204**

A.　Die elterliche Sorge　　204

I.　Grundsätze (und Zuständigkeit)　　205

1.　Grundsätze　　205

2.　Tod eines Elternteils　　206

3.　Scheidung und andere eherechtliche Verfahren　　207

4.　Anerkennung und Vaterschaftsurteil　　208

a.　Vaterschaftsklage　　209

b.　Gemeinsame Erklärung der Eltern　　209

c.　Entscheid der Kindesschutzbehörde　　209

d.　Veränderung der Verhältnisse　　210

5.　Stiefeltern　　211

6.　Pflegeeltern　　211

II.　Inhalt　　212

1.　Im Allgemeinen　　212

a.　Elterliche Entscheidungszuständigkeit　　212

b.　Eigene Entscheidungszuständigkeit des Kindes　　214

c.　Gehorsamspflicht des Kindes　　214

d.　Entscheidungszuständigkeit für den Vornamen　　214

e.　Entscheidungszuständigkeit für den Aufenthalt　　215

2.　Bestimmung des Aufenthaltsortes　　215

3.　Erziehung　　217

4.　Religiöse Erziehung　　218

5.　Vertretung　　218

a.　Dritten gegenüber　　219

aa.　Im Allgemeinen　　219

bb.　Rechtsstellung des Kindes　　219

b.　Innerhalb der Gemeinschaft　　220

III.　Kindesschutz　　220

1.　Geeignete Massnahmen　　221

2.　Beistandschaft　　223

3. Aufhebung des Aufenthaltsbestimmungsrechts	223
4. Entziehung der elterlichen Sorge	224
a. Von Amtes wegen	224
b. Mit Einverständnis der Eltern	225
5. Änderung der Verhältnisse	226
6. Verfahren	226
a. Im Allgemeinen	226
b. Anhörung des Kindes	227
c. Vertretung des Kindes	227
d. Unterbringung in einer geschlossenen Einrichtung oder psychiatrischen Klinik	228
e. Melderechte und Meldepflichten	228
aa. Melderechte	228
bb. Meldepflichten	229
cc. Mitwirkung und Amtshilfe	230
7. Zuständigkeit	231
a. Im Allgemeinen	231
b. In eherechtlichen Verfahren	231
aa. Zuständigkeit des Gerichts	231
bb. Abänderung gerichtlicher Anordnungen	232
8. Pflegekinderaufsicht	232
9. Zusammenarbeit in der Jugendhilfe	233
B. Die Gemeinschaft von Eltern und Kindern	233
I. Name	233
1. Kind verheirateter Eltern	233
2. Kind unverheirateter Eltern	234
3. Zustimmung des Kindes	235
II. Bürgerrecht	236
III. Beistand und Gemeinschaft	236
IV. Persönlicher Verkehr	236
1. Eltern und Kinder	237
a. Grundsatz	237
b. Schranken	237

	2. Dritte	238
	3. Zuständigkeit	239
V.	Information und Auskunft	239
C.	Die Unterhaltpflicht der Eltern	240
I.	Allgemeines	240
	1. Gegenstand und Umfang	240
	2. Vorrang der Unterhaltspflicht gegenüber einem minderjährigen Kind	241
II.	Dauer	242
III.	Verheiratete Eltern	242
IV.	Verträge über die Unterhaltspflicht	243
	1. Periodische Leistungen	243
	2. Inhalt des Unterhaltsvertrages	244
	3. Abfindung	244
V.	Klage	244
	1. Klagerecht	245
	2. Bemessung des Unterhaltsbeitrages	245
	a. Beitrag der Eltern	245
	b. Andere für den Unterhalt des Kindes bestimmte Leistungen	247
	3. Veränderung der Verhältnisse	248
	a. Im Allgemeinen	248
	b. Mankofälle	249
VI.	Erfüllung	250
	1. Gläubiger	250
	2. Vollstreckung	250
	a. Inkassohilfe	250
	b. Anweisungen an die Schuldner	251
	3. Sicherstellung	251
VII.	Öffentliches Recht	252
VIII.	Pflegeeltern	252
IX.	Ansprüche der unverheirateten Mutter	253
D.	Das Kindesvermögen	254
I.	Verwaltung	254
II.	Verwendung der Erträge	255

III.	Anzehrung des Kindesvermögens	255
IV.	Freies Kindesvermögen	256
	1. Zuwendungen	256
	2. Pflichtteil	256
	3. Arbeitserwerb, Berufs- und Gewerbevermögen	257
V.	Schutz des Kindesvermögens	257
	1. Geeignete Massnahmen	258
	2. Entziehung der Verwaltung	258
VI.	Ende der Verwaltung	259
	1. Rückerstattung	259
	2. Verantwortlichkeit	259
E.	Minderjährige unter Vormundschaft	260
I.	Grundsatz	260
II.	Rechtsstellung	260
	1. Des Kindes	260
	2. Des Vormunds	260
§ 11	**Die Familiengemeinschaft**	**261**
A.	Die Unterstützungspflicht	262
I.	Unterstützungspflichtige	262
II.	Umfang und Geltendmachung des Anspruchs	263
III.	Unterhalt von Findelkindern	264
B.	Die Hausgewalt	264
I.	Voraussetzung	264
II.	Wirkung	265
	1. Hausordnung und Fürsorge	265
	2. Verantwortlichkeit	265
	3. Forderung der Kinder und Grosskinder	266
	a. Voraussetzungen	267
	b. Geltendmachung	267
C.	Das Familienvermögen	267

4. Teil: Die eingetragene Partnerschaft   **269**

§ 12 Hintergrund   269

§ 13 Grundzüge der Regelung   270
    A. Wirkungen der eingetragenen Partnerschaft   270
    B. Umwandlung der eingetragenen Partnerschaft
        in eine Ehe   272
        I. Umwandlungserklärung   272
        II. Wirkungen der Umwandlungserklärung   273

5. Teil: Die faktische Lebensgemeinschaft   **275**

Stichwortverzeichnis   279

Abkürzungsverzeichnis

Abs.	Absatz
AdoV	Verordnung über die Adoption (Adoptionsverordnung, AdoV) vom 29. Juni 2011 (SR 211.221.36)
Alt.	Alternative
Art.	Artikel
AwG	Bundesgesetz über die Ausweise für Schweizer Staatsangehörige (Ausweisgesetz, AwG) vom 22. Juni 2001 (SR 143.1)
BGFA	Bundesgesetz über die Freizügigkeit der Anwältinnen und Anwälte (Anwaltsgesetz, BGFA) vom 23. Juni 2000
bspw.	beispielsweise
BüG	Bundesgesetz über Erwerb und Verlust des Schweizer Bürgerrechts (Bürgerrechtsgesetz, BüG) vom 29. September 1952 (SR 141.0)
BV	Bundesverfassung der Schweizerischen Eidgenossenschaft vom 18. April 1999 (SR 101)
BVV 2	Verordnung über die berufliche Alters-, Hinterlassenen- und Invalidenvorsorge (BVV 2) vom 18. April 1984 (SR 831.441.1)
bzw.	beziehungsweise
d.h.	das heisst
EMRK	Konvention zum Schutze der Menschenrechte und Grundfreiheiten (SR 0.101)
etc.	et cetera (= und so weiter)
FamZG	Bundesgesetz über die Familienzulagen (Familienzulagengesetz, FamZG) vom 24. März 2006 (SR 836.2)
FMedG	Bundesgesetz über die medizinisch unterstützte Fortpflanzung (Fortpflanzungsmedizingesetz, FMedG) vom 18. Dezember 1998 (SR 810.11)

FZG	Bundesgesetz über die Freizügigkeit in der beruflichen Alters-, Hinterlassenen- und Invalidenvorsorge (Freizügigkeitsgesetz, FZG) vom 17. Dezember 1993 (SR 831.42)
gem.	gemäss
InkHV	Verordnung über die Inkassohilfe bei familienrechtlichen Unterhaltsansprüchen (Inkassohilfeverordnung, InkHV) vom 6. Dezember 2019 (SR 211.214.32)
i.V.m.	in Verbindung mit
KOKES	Konferenz für Kindes- und Erwachsenenschutz
KRK	Übereinkommen über die Rechte des Kindes (SR 0.107)
lit.	Litera (Buchstabe)
o.ä.	oder ähnlich
OR	Bundesgesetz betreffend die Ergänzung des Schweizerischen Zivilgesetzbuches (Fünfter Teil: Obligationenrecht) vom 30. März 1911 (SR 220)
PACS	Pacte civil de solidarité
PartG	Bundesgesetz über die eingetragene Partnerschaft gleichgeschlechtlicher Paare (Partnerschaftsgesetz, PartG) vom 18. Juni 2004 (SR 211.231)
PAVO	Verordnung über die Aufnahme von Pflegekindern (Pflegekinderverordnung, PAVO) vom 19. Oktober 1977 (SR 211.222.338)
S.	Seite
SchKG	Bundesgesetz über Schuldbetreibung und Konkurs (SchKG) vom 11. April 1889 (SR 281.1)
SchlT	Schlusstitel
SR	Systematische Sammlung des Bundesrechts
StGB	Schweizerisches Strafgesetzbuch vom 21. Dezember 1937 (SR 311.0)
usw.	und so weiter
vgl.	vergleiche

WBK-N	Kommission für Wissenschaft, Bildung und Kultur des Nationalrats
ZGB	Schweizerisches Zivilgesetzbuch vom 10. Dezember 1907 (SR 210)
Ziff.	Ziffer
ZPO	Schweizerische Zivilprozessordnung (Zivilprozessordnung, ZPO) vom 19. Dezember 2008 (SR 272)
ZStGV	Verordnung über die Gebühren im Zivilstandswesen (ZStGV) vom 27. Oktober 1999 (SR 172.042.110)
ZStV	Zivilstandsverordnung (ZStV) vom 28. April 2004 (SR 211.112.2)

1. Teil: Einführung

§ 1 Das Familienrecht

A. «Das Familienrecht» des Zivilgesetzbuchs

«Das Familienrecht» – so hat der Gesetzgeber den zweiten Teil des schweizerischen Zivilgesetzbuchs überschrieben. Unter dem Titel «Das Familienrecht» finden sich die Art. 90–456, die weiter in die Abteilungen «Das Eherecht», «Die Verwandtschaft» und «Der Erwachsenenschutz» untergliedert sind. Auch im Schlusstitel des Zivilgesetzbuchs über die «Anwendungs- und Einführungsbestimmungen» findet man im ersten Abschnitt über «Die Anwendung bisherigen und neuen Rechts» mit den Art. 7–14a Bestimmungen zum «Familienrecht».

Dieses «Familienrecht» des Zivilgesetzbuchs ist Gegenstand des vorliegenden Buchs.* Daneben besteht weiter das (Familien-)Recht der eingetragenen Partnerschaft gleichgeschlechtlicher Paare, das sich zumindest aus dieser Perspektive eher zufällig in einem selbständigen Bundesgesetz über die eingetragene Partnerschaft gleichgeschlechtlicher Paare geregelt findet und trotz der «Ehe für alle» in Zukunft auch für heute bereits bestehende eingetragene Partnerschaften fortgilt.

Schweizerisches Zivilgesetzbuch Zweiter Teil: Das Familienrecht Art. 90–456	Bundesgesetz über die eingetragene Partnerschaft gleichgeschlechtlicher Paare

---

* «Der Erwachsenenschutz» wird in dieser Reihe behandelt bei Hrubesch-Millauer, Erwachsenenschutzrecht: In a nutshell, Zürich, St. Gallen 2017, 2. Auflage.

1

I.   Das Zivilgesetzbuch vom 1. Januar 1912

Das Zivilgesetzbuch ist vor über hundert Jahren, am 1. Januar 1912, in Kraft getreten. Der Gesetzgeber wollte mit ihm «aus den Gedanken des Volkes heraus» sprechen:

> «Der verständige Mann, der es liest, der über die Zeit und ihre Bedürfnisse nachgedacht hat, muss die Empfindung haben, das Gesetz sei ihm von Herzen gesprochen.»

Doch was war die «Familie» am Ende des 19. und zu Anfang des 20. Jahrhunderts, was erschien in dieser Hinsicht «Recht»? Und warum?

In kaum einem anderen Rechtsgebiet ist die Frage nach dem «Warum» so präsent wie im Familienrecht, in der Geschichte wie in der Gegenwart. Oft stellt sich die Frage, ob das geltende Recht blosse Tradition ist und damit Geschichte sein sollte – oder ob die alten Antworten noch heute Gültigkeit beanspruchen können. Selbst der Begriff «Familie», der uns heutzutage selbstverständlich erscheinen mag, hat seine eigene Entstehungsgeschichte und ist stetigem Wandel unterworfen. Je nachdem, was man mit «Familie» begreifen, was man unter «Familie» verstehen will, wird der Begriff mit unterschiedlichsten Inhalten aufgeladen und schwankt zwischen Abbildung der Realität und Vorstellung von Idealen.

Wenn man daher in groben Linien zu einem Begriff der «Familie» im 19. Jahrhundert, am Vorabend des schweizerischen Zivilgesetzbuchs, hinführen möchte, so wird man in der Geschichte zunächst an einen Familienbegriff anknüpfen können, der Familie noch bis ins 18. Jahrhundert hinein als wirtschaftlich geprägte Lebensgemeinschaft fasste, gerichtet auf gemeinschaftlichen Erwerb und Verbrauch. Diese «Familie», dieser Familienbetrieb, wurde durch Verwandtschaft zusammengehalten, in Europa in christlicher Tradition ausgehend von der Ehe als Lebensgemeinschaft von Mann und Frau. Ummantelt wurde dieser Familienkern jedoch durch einen noch ebenso weit verstandenen (Familien-)Haushalt, der zugleich etwa die Hausbediensteten umfasste. Als (Grund-)Einheit, als Staat im Staat mit einer oft entsprechenden Organisation, hatte die Familie dabei viele Aufgaben zu bewältigen, die heute schwerpunktmässig jenseits der Familie, vom Staat selbst bzw. von den sogenannten sozialen Sicherungssystemen wahrgenommen werden. Eine klare Trennlinie zwischen Familie und Staat fand sich damals jedoch noch nicht.

Mit der schwindenden Bedeutung der Familie bzw. der Familienbetriebe für die Wirtschaft und dem Hervortreten von Industriebetrieben änderte sich diese Perspektive. Die erwerbswirtschaftliche Komponente bildete sich zunehmend aus dem Familienbegriff zurück. «Familie» beschränkte sich in dieser Hinsicht nun weitgehend auf eine Verbrauchsgemeinschaft. Auch den Begriff des (Familien-)Haushalts stellte man nun auf diese Grundlage: die Hausbediensteten wurden aus dem Begriff der «Familie» wie auch dem Anwendungsbereich des Familienrechts weitgehend herausgelöst und nun etwa dem Recht der Arbeitsverhältnisse überwiesen. Hinzu kam, dass die soziale Sicherung zunehmend als Aufgabe des Staates angesehen wurde.

Diese Ausdünnung des Familienbegriffs gab jedoch zugleich den Blick auf die persönlichen Beziehungen der Familienmitglieder frei. Nun traten das Verhältnis zwischen Mann und Frau sowie das Verhältnis von Mann und Frau zu den Kindern in den Vordergrund – noch unter dem einenden Begriff von «Familie».

Spätestens aber mit der Aufklärung in der zweiten Hälfte des 18. Jahrhunderts wurde für die Familie, wie für den Staat auch, die Frage nach der Begründung ihrer Einheit gestellt. Betonung erfuhr mit der Aufklärung der Vertragsgedanke, für die Beziehung von Mann und Frau, die Ehe (dazu unten S. 15), sowie für die Beziehung von Mann und Frau zu den Kindern, das Kindesverhältnis (S. 159). Die Familie, die zuvor noch als soziale (Grund-)Einheit aufgefasst worden war, erschien aus dieser individuellen Perspektive nun alles andere als selbstverständlich. Noch verstärkt wurde diese Tendenz schliesslich zum ausgehenden 18. Jahrhundert durch die Romantik, die die familiären Beziehungen als natürliche, psychische Verhältnisse betonte und damit dem Recht und so dem staatlichen Zugriff entzog. Die Einheit «Familie» war in Auflösung begriffen.

Doch am Vorabend des Zivilgesetzbuchs, im (bürgerlichen) Liberalismus des 19. Jahrhunderts, wurde die «Familie» als Einheit neu entdeckt und begründet. Gegen die Vereinzelung durch die Aufklärung wurde nun die (Kern-)Familie wieder als soziale Einheit und Grundpfeiler der Gesellschaft positioniert. Die in der Romantik betonte Natürlichkeit familiärer Beziehungen lud man hingegen sittlich auf und führte sie mit den so gewonnenen (sittlichen) Pflichten wieder in die Rechtsordnung zurück.

 Die (Ideal-)Vorstellung von «Familie» war nun die Familie des Bürgertums, die durch die Eheschliessung begründete Gemeinschaft von Mann und (Haus-)Frau und den ehelichen Kindern – auch wenn diese Lebensform weder dem weiteren Familienverständnis des Adels noch dem der Industriearbeiter entsprach, bei denen die Erwerbstätigkeit der Frau weiter Existenzbedingung war.

Dem schweizerischen Gesetzgeber waren diese Entwicklungen unmittelbar präsent, als er Ende des 19., Anfang des 20. Jahrhunderts das schweizerische Zivilgesetzbuch ausarbeitete. Einerseits beschloss der Gesetzgeber, nicht den nun bereits schon weitgehend aufgelösten «alten weiten Kreis» der Familie wiederzubeleben. Andererseits hielt man es jedoch für «kaum zweifelhaft ..., dass gegen alle der Familie und der Ehe feindlichen Bestrebungen unserer Tage nur ein Bollwerk gegeben ist, und dies liegt in der Bildung einer enger, aber umso fester geschlossenen Familie»:

> «Dieser Familie haben privatrechtlich mit intensiven Rechten und Pflichten die näheren Blutsverwandten und ausserdem der Ehegatte, d.h. die Ehefrau und Mutter, anzugehören.»

Man nahm also das ehezentrierte, bürgerliche Familienbild des 19. Jahrhunderts auf und hatte damit nach aussen zur Familie als sozialer Grundeinheit zurückgefunden. Das familiäre Innenverhältnis hingegen blieb, jenseits der vermögensrechtlichen Beziehungen, in Tradition der Romantik als natürliches Verhältnis weitgehend staats- bzw. rechtsfrei. So verwundert es nicht, dass sich in dem dann am 1. Januar 1912 in Kraft getretenen Zivilgesetzbuch unter der Überschrift «Familienrecht» nicht die Familie, sondern mit dem «Eherecht», der «Verwandtschaft» und damals noch der «Vormundschaft» nur einzelne (Familien-)Rechtsverhältnisse geregelt fanden.

II.   Reformen des Familienrechts

Dieses «Bollwerk», der ehezentrierte, bürgerliche Familienbegriff, scheint im Familienrecht auf den ersten Blick bis heute fortzubestehen. Dennoch haben sich die in den Augen des historischen Gesetzgebers «der [bürgerlichen] Familie und der Ehe feindlichen Bestrebungen» ihren Weg gebahnt. Einerseits wurden einzelne Rechtsverhältnisse des Familienrechts, wie insbesondere das Kindesverhältnis, von der Ehe weitgehend abgelöst und die Ehezentriertheit des Familienrechts damit relativiert. Andererseits ist die Ehe selbst heute nicht mehr bürgerliche (Hausfrauen-)Ehe, sondern wird als durch Partnerschaft geprägte Lebensgemeinschaft aufgefasst (dazu näher hier S. 17). Weiter haben sich neben dem Familienrecht und seiner Ehe nun auch andere Formen des Zusammenlebens Platz in der Rechtsordnung geschaffen, entweder indem sie sich der Regelungen allgemeiner Rechtsverhältnisse bedienen, wie noch immer die sogenannte faktische Lebensgemeinschaft (S. 275 ff.), oder zwischenzeitlich zur Ausbildung eigener Rechtsgebiete neben dem Familienrecht geführt haben, wie dies bei der eingetragenen Partnerschaft gleichgeschlechtlicher Paare der Fall war (S. 245 ff.).

Bereits 1957 war eine Studienkommission eingesetzt worden, die 1962 und 1965 Berichte mit Vorschlägen für eine Revision des Kindes-, Ehe- und Vormundschaftsrechts vorlegte. 1971 beschloss der Bundesrat, das Familienrecht etappenweise zu revidieren. Als Erstes wurden die Regelungen des Kindesverhältnisses schrittweise von der Ehe gelöst: am 1. April 1973 trat das neue Adoptionsrecht in Kraft, am 1. Januar 1978 die Neuordnung des übrigen Kindesrechts (näher unten S. 144). Das bürgerliche Eheverständnis selbst war hingegen Gegenstand der Reform des Eherechts zum 1. Januar 1988 (näher unten S. 15). Als vorläufiger Schlussstein des «Bollwerks» Ehe wurde das Scheidungsrecht zum 1. Januar 2000 reformiert.

Die nächste Modernisierungswelle schrieb die bereits erfolgten Reformen fort bzw. entwickelte sie weiter. Den Anfang machte das Bundesgesetz über die eingetragene Partnerschaft gleichgeschlechtlicher Paare, das am 1. Januar 2007 in Kraft trat. Zum 1. Januar 2013 ist eine Reform zum Familiennamen und zum Bürgerrecht der Ehegatten in Kraft getreten, zum 1. Juli 2014 eine Reform der elterlichen Sorge sowie schliesslich am 1. Januar 2017 eine Reform des Kindesunterhaltsrechts. Eine abermalige Reform des Adoptionsrechts ist am 1. Januar 2018 in Kraft treten.

Die aktuellsten Entwicklungen lösen das Familienrecht noch weiter aus den traditionellen Familienvorstellungen heraus und führen es heutigen (Zusammen-)Lebenswirklichkeiten zu. Die am 1. Juli 2022 in Kraft getretene Revision des Zivilgesetzbuchs (Ehe für alle) ermöglicht es nun insbesondere auch gleichgeschlechtlichen Paaren, ihre Lebensgemeinschaft im rechtlichen Rahmen der Ehe zu führen.

III. Ausblick

Man mag das Vorgehen, das Familienrecht etappenweise zu reformieren, als «pragmatisch» bezeichnen. Eine umfassende Reform des Familienrechts ist damit jedoch nie erfolgt. Nun scheint der von der Geschichte bestimmte Rahmen des schweizerischen Familienrechts in vielerlei Hinsicht zu eng zu werden. Auch wenn der Gesetzgeber in Zukunft wohl, schon allein wegen ihrer politischen Umsetzbarkeit, an punktuellen Reformen festhalten wird, so steht doch heute die «Kohärenz» des Gesamtsystems infrage.

Bereits im Jahr 2015 hatte der Bundesrat daher, gestützt auf Gutachten aus der (Rechts-)Wissenschaft, einen Bericht über die «Modernisierung des Familienrechts» veröffentlicht. Handlungsbedarf sah er vor allem im Hinblick auf die Koordinierung und eventuelle Neuausrichtung der vom Gesetz anerkannten Lebensgemeinschaften, der Ehe, der eingetragenen Partnerschaft und der Frage, ob auch für faktische Lebensgemeinschaften besondere, familienrechtliche Regelungen vorgesehen werden sollen. Auf diesem Weg ist der Gesetzgeber nun mit der «Ehe für alle» bzw. der so zugleich erfolgten Eingliederung auch der eingetragenen Partnerschaften bereits erheblich vorangeschritten. Hingegen hat man es bis jetzt abgelehnt, vor dem Hintergrund von Privatautonomie und freier Wahl der Lebensform die faktische Lebensgemeinschaft als eigenes Rechtsinstitut zu regeln. Aktuell wird jedoch diskutiert, ob – in gewissem Sinn zwischen Ehe und faktischer Lebensgemeinschaft – ein neues Rechtsinstitut mit geringerer Bindungswirkung als die Ehe eingeführt werden soll.

> **Hinweis:** Der Bericht des Bundesrats über die «Modernisierung des Familienrechts» findet sich weiter unter https://www.ejpd.admin.ch/ dam/bj/de/data/gesellschaft/gesetzgebung/erbrecht/ber-br.pdf.down load.pdf/ber-br-d.pdf. Der Bericht des Bundesrats «Übersicht über das Konkubinat im geltenden Recht – Ein PACS nach Schweizer Art?» vom 30. März 2022 findet sich unter https://www.parlament.ch/centers/ eparl/curia/2018/20183234/Bericht%20BR%20D.pdf.

Damit wird aber auch deutlich, dass anstelle der Familie nicht die vollkommene Unverbindlichkeit von Lebensgemeinschaften tritt, sondern die «Familie» heute nur anders zusammenfindet. Einendes Moment scheint nicht mehr ein formaler (Ehe-)Schliessungsakt zu sein, sondern zunehmend tatsächlich geleistete Solidarität bzw. darauf gründende Solidaritätserwartungen für die Zukunft.

B. (Familien-)Verfassungs- und Völkerrecht

I. Verfassungsrecht

Die heutigen Grundlagen des Familienrechts finden sich insbesondere in den (Grund-)Rechten der Bundesverfassung der Schweizerischen Eidgenossenschaft.

1. Recht auf Ehe und Familie

Nach Art. 14 BV ist das Recht auf Ehe und Familie gewährleistet. Wohl noch überwiegend nimmt man dabei an, dass der Verfassungsgesetzgeber unter Ehe die auf Dauer angelegte, umfassende Lebensgemeinschaft eines Mannes und einer Frau versteht.

Aufgelöst wird das Recht auf Ehe positiv zum Recht zur Eheschliessung und negativ zum Recht, sich nicht verheiraten zu müssen. Dabei ist das Recht auf Ehe einerseits als Abwehrrecht zu verstehen, andererseits als vom Staat zu gewährleistendes Recht.

> **Beispiel:** Der abwehrrechtliche Charakter erlangt etwa im Hinblick auf wirtschaftliche oder polizeiliche Beschränkungen der Eheschliessung Bedeutung, die Gewährleistung des Rechts auf Ehe bei der Ausgestaltung der (einfach-)gesetzlichen Regelungen.

Das Bestehen eines (Abstands-)Gebots dahingehend, dass die rechtliche Ausgestaltung einer Ehe verschiedengeschlechtlichen Paaren vorbehalten ist, wird jedoch mehrheitlich abgelehnt.

> **Beispiel:** Vor der am 1. Juli 2022 in Kraft getretenen Revision des Zivilgesetzbuchs (Ehe für alle) wurde daher eine Verfassungsänderung für nicht erforderlich gehalten (vgl. auch das Gutachten EJPD https://www.parlament.ch/centers/documents/de/13-468-verfassungsmaessigkeit-bj-2016-07-07-d.pdf).

Auch für das Recht auf Familie nach Art. 14 BV wird das positive Recht zur Gründung einer Familie vom negativen Recht unterschieden, keine Familie zu gründen. Daran anknüpfend wird wiederum der abwehrrechtliche Gehalt neben dem Charakter als vom Staat zu gewährleistendes Recht betont. Ob auch dieses Recht verschiedengeschlechtlichen Paaren vorbehalten sein soll, ist umstritten.

2. *Schutz der Privatsphäre*

Hingegen soll der Anspruch auf Achtung des Familienlebens nach Art. 13 Abs. 1 BV keine Verschiedengeschlechtlichkeit bzw. keine (Lebens-)Gemeinschaft eines Mannes mit einer Frau voraussetzen. Ihm kommt daher insbesondere für gleichgeschlechtliche oder andere alternative Lebensgemeinschaften besondere Bedeutung zu. Dabei steht hier besonders der abwehrrechtliche Gehalt des Art. 13 Abs. 1 BV im Vordergrund.

> **Beispiel:** Bedeutung gewinnt der abwehrrechtliche Charakter des Art. 13 Abs. 1 BV damit insbesondere im Hinblick auf Verbote bzw. Beschränkungen solcher Lebensgemeinschaften.

3. *Rechtsgleichheit*

Besondere Bedeutung für die Ausgestaltung der Ehe als Lebensgemeinschaft, nicht zuletzt auch von Mann und Frau, sowie daran anknüpfend der (Kern-)Familie, kommt heute Art. 8 Abs. 3 Satz 1 und 2 BV zu, nach dem Mann und Frau gleichberechtigt sind und das Gesetz für ihre rechtliche und tatsächliche Gleichstellung vor allem in der Familie sorgt.

Allgemein und damit auch für Art. 13 Abs. 1 BV gewinnen weiter Art. 8 Abs. 1 und 2 BV Bedeutung, nach denen alle Menschen vor dem Gesetz gleich sind und niemand wegen des Geschlechts oder der Lebensform diskriminiert werden darf.

4.   Insbesondere: *Schutz der Kinder und Jugendlichen*

Mit Art. 11 BV finden sich schliesslich dem einfachgesetzlichen Familienrecht vorangehende Grundrechte für Kinder und Jugendliche. Kinder und Jugendliche haben danach Anspruch auf besonderen Schutz ihrer Unversehrtheit und auf Förderung ihrer Entwicklung und üben ihre Rechte im Rahmen ihrer Urteilsfähigkeit aus.

5.   *Weiteres Verfassungsrecht*

Weitere verfassungsrechtliche Bestimmungen, die die Familie bzw. das Familienrecht direkt oder indirekt betreffen, sind etwa Art. 116 Abs. 1 BV, nach dem der Bund bei der Erfüllung seiner Aufgaben die Bedürfnisse der Familie berücksichtigt und Massnahmen zum Schutz der Familie unterstützen kann, sowie Art. 41 Abs. 1 lit. c BV, nach dem sich Bund und Kantone in Ergänzung zu persönlicher Verantwortung und privater Initiative dafür einsetzen, dass Familien als Gemeinschaften von Erwachsenen und Kindern geschützt und gefördert werden. Besondere Bedeutung erlangt schliesslich Art. 119 BV über Fortpflanzungsmedizin und Gentechnologie im Humanbereich.

II.   Völkerrecht

Neben dem Volksrecht, neben dem Recht des schweizerischen Volkes, steht das Völkerrecht. Dieses erlangt insbesondere vor dem Hintergrund von Art. 190 BV besondere Bedeutung, nach dem Bundesgesetze und damit auch das Familienrecht des Schweizerischen Zivilgesetzbuchs für das Bundesgericht und die anderen rechtsanwendenden Behörden massgebend sind. Da nach Art. 190 BV jedoch zugleich das Völkerrecht massgebend ist, ist (nur) aus dieser

Perspektive eine Überprüfung des schweizerischen Familienrechts möglich, – sei es durch die Rechtsprechung des Bundesgerichts, sei es durch vom Völkerrecht vorgesehene Gerichtshöfe.

Für das schweizerische Familienrecht gilt dies insbesondere für die Konvention zum Schutz der Menschenrechte und Grundfreiheiten (Europäische Menschenrechtskonvention, EMRK), die für die Schweiz am 28. November 1974 in Kraft getreten ist, und die Rechtsprechung des Europäischen Gerichtshofs für Menschenrechte. So bestimmt Art. 12 EMRK das «Recht auf Eheschliessung» dahin, dass Männer und Frauen im heiratsfähigen Alter das Recht haben, nach den innerstaatlichen Gesetzen, welche die Ausübung dieses Rechts regeln, eine Ehe einzugehen und eine Familie zu gründen. Und auch hier findet sich neben Art. 12 EMRK ein Art. 8 EMRK, der das «Recht auf Achtung des Privat- und Familienlebens» bestimmt und nach dessen ersten Absatz jede Person insbesondere das Recht auf Achtung ihres Privat- und Familienlebens hat.

Kindesrechte bzw. Kinderschutz im Völkerrecht kommen namentlich über das Übereinkommen (der Vereinten Nationen) über die Rechte des Kindes (Kindesrechtskonvention, KRK) zum Ausdruck, das für die Schweiz am 26. März 1997 in Kraft getreten ist.

Beispiel: Die Kindesrechtskonvention war etwa eine Triebfeder für die Anerkennung des Rechts auf Kenntnis der eigenen Abstammung (siehe unten S. 203).

C. (Familien-)Prozessrecht

Gegenstand des Familienrechts im Schweizerischen Zivilgesetzbuch waren zunächst auch grundlegende Bestimmungen, wie bei familienrechtlichen Streitigkeiten zu verfahren, zu prozessieren sei (lat. procedere = vorwärts gehen). Seit dem 1. Januar 2011 finden sich diese nun in der neu geschaffenen Schweizerischen Zivilprozessordnung (Zivilprozessordnung, ZPO) wieder. Von den prozessrechtlichen Regelungen im Zivilgesetzbuch zeugen noch heute die Lücken im Gesetzestext.

> **Beispiel:** Weggefallen ist im Familienrecht etwa der Abschnitt über das «Scheidungsverfahren». Die Art. 135–158 ZGB sind heute unbesetzt.

D. Weitere Familienrechtsquellen

Rechtliche Regelungen im Hinblick auf die «Familie» finden sich schliesslich noch in weiteren Rechtsquellen. Genannt werden soll hier etwa das Bundesgesetz über das Internationale Privatrecht, das bestimmt, ob und inwieweit bei Auslandsberührung des Sachverhaltes die schweizerischen oder ausländischen (familien-)rechtlichen Vorschriften Anwendung finden. Auch finden sich etwa Verordnungen des Bundesrats, die auf Verordnungsermächtigungen im Familienrecht zurückgehen und den dort aufgestellten Regelungsrahmen näher ausfüllen.

> **Beispiel:** So etwa die Zivilstandsverordnung (ZStV) vom 28. April 2004 (Stand 1. Juli 2022), die Verordnung über die Aufnahme von Pflegekindern (Pflegekinderverordnung, PAVO) vom 19. Oktober 1977 oder die Verordnung über die Adoption (Adoptionsverordnung, AdoV) vom 29. Juni 2011 (Stand 1. Januar 2012).

E.   Die Gliederung des Familienrechts

Die Gliederung eines Gesetzes kann nach verschiedenen Gesichtspunkten erfolgen. Der schweizerische Gesetzgeber hat sich beim Erlass des ZGB dazu entschieden, kein «Lesebuch» zu verfassen, mit dem man Schritt für Schritt das geltende Recht vermittelt bekommt und so vom «Bekannten zum Unbekannten fortgeschritten» wird. Vielmehr wollte der Gesetzgeber ein «Nachschlagewerk» schaffen, bei dem man an jeder Stelle des Gesetzes die anderen Teile als bekannt – oder wiederum als nachzuschlagen – voraussetzen kann. Im Übrigen hielt man es für «angemessen», an den Anfang des Gesetzbuchs die Regelungen über die Person und die Familie zu stellen, da man in ihnen die «Grundlagen der ganzen privaten Rechtsordnung» sah.

Das Familienrecht als solches war und ist heute noch in drei Abteilungen gegliedert: zunächst in gewisser Fortschreibung des ehezentrierten Familienbildes des historischen Gesetzgebers «Das Eherecht», darauf die von der Ehe im Laufe der Geschichte zunehmend gelösten Bestimmungen über «Die Verwandtschaft», sowie schliesslich heute «Der Erwachsenenschutz».

Das Eherecht Art. 90–251	Die Verwandtschaft Art. 252–348	Der Erwachsenenschutz Art. 360–456

2. Teil: Das Eherecht

§ 2 Die Ehe im Wandel der Zeit

Bereits weit vor dem Inkrafttreten des Zivilgesetzbuchs begriff man in der Schweiz in christlicher Tradition die Ehe als die durch übereinstimmenden Willen von Mann und Frau zustande gekommene Lebensgemeinschaft. Wenn auch willentlich begründet, so wurde die Ehe dennoch als eine Einrichtung (Institution) verstanden, die auch Drittinteressen, insbesondere Interessen der Nachkommen und der Gesellschaft, dienen und daher nicht zur freien Verfügung der Ehegatten stehen sollte. Das durch die Eheschliessung begründete Rechtsverhältnis der ehelichen Gemeinschaft, namentlich ihre Auflösung, wurde daher nicht durch das sogenannte Vertragsrecht, sondern durch ein dann vom Willen der Ehegatten weitgehend abgelöstes (Ehe-)Recht geregelt.

Eine andere Perspektive auf die Ehe eröffnete zunächst die Aufklärung zur zweiten Hälfte des 18. Jahrhunderts (allgemein hierzu bereits S. 3 f.). Einhergehend mit der allgemeinen Betonung individueller (Willens-)Freiheit wurde nun auch das Eherecht dem, wenn auch besonderen Vertragsrecht zugewiesen: Der Wille von Mann und Frau sollte bestimmend für die Begründung, die Ausgestaltung und die Beendigung der Ehe sein. Als Scheidungsgrund trat der (blosse) beiderseitige Wille zur Aufhebung der Ehe in den Vordergrund. Auch Vorrangstellungen in der Ehe konnten nur noch durch (stillschweigenden) Vertrag begründet werden. Insbesondere erfuhr jedoch mit der Betonung des Individualrechts die Frage der Emanzipation, der Gleichberechtigung der Frau besondere Aufmerksamkeit.

Die Romantik zum ausgehenden 18. Jahrhundert (dazu allgemein S. 4) betonte auch für die Ehe die Natürlichkeit, die natürliche Liebe von Mann und Frau – und öffnete sich damit zugleich wieder der Behauptung einer natürlichen Vorrangstellung des Mannes vor der Frau in der Ehe. Mit Betonung der natürlichen Liebe zwischen Mann und Frau musste sich aber auch jeder kirchliche oder staatliche Eheschliessungsakt wie auch die Scheidung der Ehe als blosse Förmlichkeit darstellen.

Spätestens mit der Neubegründung der Kernfamilie im 19. Jahrhundert durch den Liberalismus, als eheliche Gemeinschaft von Mann und Frau zusammen mit den ehelichen Kindern, als sozialer Einheit und Grundpfeiler der bürgerlichen Gesellschaft (oben S. 4 f.), nahm die Ehe ihre Zentralstellung im Familienrecht ein. Familienrecht war nun zunächst Eherecht. Die in der Romantik betonte Natürlichkeit der (Liebes-)Beziehung lud man sittlich auf und führte sie mit den so gewonnenen sittlichen Pflichten wieder in die Rechtsordnung zurück. Der Eheschliessungsakt konnte wieder als das Rechtsverhältnis zwischen den Ehegatten begründend angesehen werden, und der Wegfall der Liebe war für die Scheidung der Ehe nur noch insoweit von Bedeutung, als keine sittliche Pflicht zur Liebe mehr bestand. Für den blossen Willen der Ehegatten zur Scheidung blieb daher kein Raum mehr. Zugleich entzog die Vorstellung von der Ehe als natürliches Verhältnis zwischen Mann und Frau das Innenverhältnis zwischen den Ehegatten weitgehend dem Zugriff des Staates bzw. einer rechtlichen Regelung. Raum war im Wesentlichen nur noch für vermögensrechtliche Regelungen, während die Rechtsordnung aus der persönlichen Beziehung der Ehegatten weitgehend verdrängt wurde.

Im Zivilgesetzbuch vom 1. Januar 1912 spiegelte sich dieses bürgerliche Eheverständnis noch unmittelbar wider. Zum einen wurde der Ehe bereits in der Gliederung, dann aber auch in der Ausgestaltung der weiteren Regelungen über die Verwandtschaft, eine Zentralstellung im Familienrecht zugewiesen. Zum anderen fand das bürgerliche Eheverständnis auch inhaltlich über die Bestimmungen des Zivilgesetzbuchs Ausdruck. Trotz der seit 1881 durch schweizerisches Bundesrecht bestimmten gleichen Handlungsfähigkeit von Frau und Mann betonte man für die Ehe als Besonderheit weiter das «natürliche Verhältnis der Ehegatten» und die Bedeutung «der in Natur und Sitte begründeten persönlichen Autorität des Ehemannes». So hiess es denn im Zivilgesetzbuch noch bis zum Inkrafttreten der Reform des Eherechts am 1. Januar 1988, dass der Ehemann das «Haupt der Gemeinschaft sei» (Art. 160 aZGB), die Frau hingegen dem Mann «mit Rat und Tat zur Seite [steht] und … ihn in seiner Sorge für die Gemeinschaft nach Kräften zu unterstützen habe» (Art. 161 Abs. 2 aZGB). Art. 161 Abs. 3 aZGB lautete schlicht: «Sie führt den Haushalt.»

Spätestens mit dem sozialen Wandel, den gleichen Bildungs- und Ausbildungsmöglichkeiten und dem grundsätzlich gleichen Zugang zum Beruf, verlor das Argument des natürlichen Unterschieds der Geschlechter für die Regelung des (Ehe-)Rechts zunehmend an Überzeugungskraft. Nicht zuletzt vor diesem Hintergrund trat zum 1. Januar 1988 die besagte Reform des Eherechts in Kraft, mit der der Gesetzgeber der Gleichberechtigung von Mann und Frau auch in Ehe und Familie Rechnung tragen wollte – mit einer von nun an partnerschaftlich verstandenen Ehe.

Zugleich wurde die Zentralstellung der Ehe im Familienrecht zunehmend relativiert. Deutlich wurde dies zunächst mittelbar über die (Ehe-)Scheidung, die bei Erlass des Zivilgesetzbuchs noch eine Randerscheinung war, heute aber zum gesellschaftlichen Alltag gehört; statistisch betrachtet werden in der Schweiz rund 40 Prozent aller Ehen durch Scheidung aufgelöst. Relativiert wird damit aber auch die Ehe in ihrer Bedeutung für die Kinder und das Kindesrecht, treten mit der Scheidung gerade Zweit- und Drittbeziehungen sowie sogenannte Stieffamilien (Patchworkfamilien) hervor, in denen die Kinder nicht mehr nur bei ihren leiblichen Eltern aufwachsen, sondern etwa bei einem Elternteil und dessen neuen Partner leben, die teilweise wiederum selbst eigene Kinder mit in die Beziehung bringen. Zugleich werden viele Kinder heute ausserhalb einer Ehe geboren.

Am 1. Januar 2007 wurde dann gar die Alleinstellung der Ehe für die Begründung der ihr eigenen Rechtsfolgen um eine (nur) weitgehend parallele Regelung der eingetragenen Partnerschaft für gleichgeschlechtliche Partnerschaften ergänzt. Zumindest für zukünftige Fälle wurde dieses Nebeneinander jedoch bereits zum 1. Juli 2022 wiederum durch die Einführung der «Ehe für alle» abgelöst.

Ganz allgemein ist schliesslich neben die Ehe die faktische Lebensgemeinschaft getreten und damit die Frage gestellt, ob die Ehe des Zivilgesetzbuchs um eine rechtliche Regelung weiterer Lebensgemeinschaften ergänzt werden sollte (zur faktischen Lebensgemeinschaft S. 275 f.).

§ 3   Gliederung des Gesetzes

Der schweizerische Gesetzgeber hat sich dazu entschieden, das Eherecht im ZGB in vier Titel zu unterteilen:

Die Eheschliessung Art. 90–109	Die Ehescheidung und die Ehetrennung Art. 111–134	Die Wirkungen der Ehe im Allgemeinen Art. 159–179	Das Güterrecht der Ehegatten Art. 181–251

Auch hier zeigt sich wieder, dass das Zivilgesetzbuch nach dem Willen des Gesetzgebers kein «Lesebuch», sondern ein «Nachschlagewerk» sein soll. Uns hilft es aber wenig, etwas über die Ehescheidung zu lesen, wenn wir noch nicht einmal etwas über die Wirkungen der Ehe im Allgemeinen und insbesondere das Güterrecht der Ehegatten gelesen haben – also über die Wirkungen der Gemeinschaft, die nun aufgelöst werden soll. Das vorliegende Buch verfolgt denn auch andere Ziele als das Gesetzbuch: Es ist ein «Lesebuch». Hier werden daher nach der Eheschliessung zuerst die Wirkungen der Ehe, das Güterrecht der Ehegatten und erst dann die Ehescheidung behandelt.

§ 4 Die Eheschliessung

«Nachschlagewerk» und kein «Lesebuch» – das gilt auch für die Gliederung des Titels über «Die Eheschliessung»: «Das Verlöbnis», «Die Ehevoraussetzungen», «Vorbereitung der Eheschliessung und Trauung» und schliesslich «Die Eheungültigkeit».

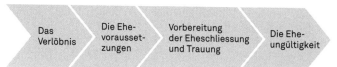

Wir werden zunächst «Die Ehevoraussetzungen» behandeln, bevor etwas über «Das Verlöbnis» zu lesen sein wird – denn für «Das Verlöbnis» als Eheversprechen muss man zunächst wissen, was überhaupt die Voraussetzungen der Ehe selbst, was «Die Ehevoraussetzungen» sind.

A. Die Ehevoraussetzungen

Die (Ehe-)Voraussetzungen, die erfüllt sein müssen, damit man die «Ehe» als rechtliche Gemeinschaft schliessen kann, hat der Gesetzgeber in den Art. 94–96 ZGB näher bestimmt.

I. Ehefähigkeit

Nach Art. 94 Abs. 1 ZGB kann die Ehe von zwei Personen eingegangen werden, die das 18. Altersjahr zurückgelegt haben und urteilsfähig sind. Art. 94 Abs. 1 ZGB stellt also Voraussetzungen auf, um in dieser Hinsicht rechtlich handeln zu können. Art. 94 Abs. 1 ZGB kann damit zunächst als besondere Bestimmung gegenüber der allgemeinen Regelung der Handlungsfähigkeit in den Art. 12 ff. ZGB verstanden werden.

2. Teil: Das Eherecht

Doch was ist das Besondere an dieser Bestimmung, wenn bereits nach Art. 13 ZGB die Handlungsfähigkeit besitzt, wer volljährig und urteilsfähig ist – und volljährig, wer das 18. Lebensjahr zurückgelegt hat? Bei dem Recht, die Ehe eingehen zu können, handelt es sich um ein Recht, das der Person um ihrer Persönlichkeit willen zusteht, sprich Entscheidungen in diesem Bereich im geringeren Masse als sonst vernunftmässig begründet und vielmehr durch die gesamte Persönlichkeitsstruktur der berechtigten Person geprägt werden. Nach der allgemeinen Bestimmung des Art. 19c Abs. 1 Hs. 1 ZGB könnte daher auch eine urteilsfähige handlungsunfähige Person das Recht, die Ehe einzugehen, selbständig ausüben, und damit eigentlich auch Personen unter 18 Jahren; vorbehalten nur die Fälle, in welchen das Gesetz die Zustimmung des gesetzlichen Vertreters vorsieht.

> **Beispiel:** A (17), der weiss, worauf er sich mit der Ehe einlässt, möchte B (21) heiraten.

Mit der Bestimmung, dass Brautleute zur Eingehung der Ehe das 18. Altersjahr zurückgelegt haben und urteilsfähig sein müssen, bildet Art. 94 Abs. 1 ZGB eine Ausnahme von diesem allgemeinen Konzept. Man kann sogar so weit gehen und sagen, dass man erst mit 18 Jahren eherechtsfähig wird.

Im Hintergrund der besonderen Regelung des Art. 94 Abs. 1 ZGB steht die hohe Scheidungshäufigkeit bei sehr jungen Ehegatten. Der Gesetzgeber hielt es für zumutbar, bis zum 18. Lebensjahr zu warten – aufgrund der (weitgehenden) Gleichstellung von «ehelichen» und «ausserehelichen» Kindern (dazu unten S. 160) auch bei Schwangerschaft der noch minderjährigen Frau.

II. Ehehindernisse

Trotz der Ehefähigkeit können jedoch nach dem Willen des Gesetzgebers auch weitere Umstände die Schliessung der Ehe hindern. Hierbei handelt es sich zugleich um Einschränkungen der mit Art. 14 BV gewährleisteten Ehe(-schliessungsfreiheit). Diese Einschränkungen müssen somit vor dem Hintergrund von Art. 36 Abs. 3 BV verhältnismässig sein und sind daher grundsätzlich eng auszulegen.

1. Verwandtschaft

Art. 95 ZGB stellt das Ehehindernis der «Verwandtschaft» auf. Hintergrund sind genetisch-biologische, aber auch soziologische Überlegungen des Gesetzgebers.

Der Ehe wird noch heute vom Gesetzgeber eine auch «natürliche» Aufgabe zugewiesen: «die Verbindung von Mann und Frau und die Erhaltung des menschlichen Geschlechts». Indem der Gesetzgeber mit Art. 95 Abs. 1 ZGB die Eheschliessung zwischen Verwandten in gerader Linie sowie zwischen Geschwistern und Halbgeschwistern verbietet, trägt er Untersuchungen Rechnung, nach denen bei Kindern aus solchen Beziehungen eine erhöhte Gefahr erblicher Schädigung zumindest nicht ausgeschlossen sein soll. Deshalb hebt nach Art. 95 Abs. 2 ZGB auch die Adoption, mit der das Adoptivkind die *Rechts*stellung eines Kindes der Adoptiveltern erhält und das bisherige Kindesverhältnis erlischt (S. 191), das Ehehindernis der Verwandtschaft zwischen dem Adoptivkind und seinen Nachkommen einerseits und seiner angestammten Familie andererseits nicht auf – die genetische Abstammung bleibt bestehen.

Hinweis: Die Regelungen des Zivilgesetzbuchs werden namentlich durch strafrechtliche Bestimmungen zum «Inzest» flankiert.

Art. 213 StGB. (1) Wer mit einem Blutsverwandten in gerader Linie oder einem voll- oder halbbürtigen Geschwister den Beischlaf vollzieht, wird mit Freiheitsstrafe bis zu drei Jahren oder Geldstrafe bestraft.

(2) Minderjährige bleiben straflos, wenn sie verführt worden sind.

Das Verbot des Art. 95 ZGB dient zugleich aber auch dem Schutz der sexuellen Selbstbestimmung, nicht zuletzt vor dem Hintergrund familiärer Abhängigkeitsverhältnisse. Daher gilt das Verbot nach Art. 95 Abs. 1 ZGB gleichgültig, ob die Verwandtschaft auf Abstammung beruht oder auf Adoption, durch die das Adoptivkind die Rechtsstellung eines Kindes der Adoptiveltern erhält – und damit ein rechtliches Kindesverhältnis zu den Adoptiveltern entsteht (näher S. 191).

> **Hinweis:** Das nach Art. 95 Abs. 1 Ziff. 2 aZGB bestehende Verbot der Eheschliessung zwischen Stiefeltern und Stiefkindern wurde zum 1. Januar 2006 aufgehoben. Verwiesen wurde nicht zuletzt darauf, dass ein solches Verbot «in einer Zeit, in der das rechtlich ungebundene Zusammenleben von der Gesellschaft ohne weiteres toleriert wird, wenig Sinn» mache.

2. Frühere Ehe

Wer bereits einmal eine Ehe oder eingetragene Partnerschaft eingegangen ist, muss nach Art. 96 ZGB, wenn er eine neue Ehe eingehen will, den Nachweis erbringen, dass die frühere Ehe oder eingetragene Partnerschaft für ungültig erklärt oder aufgelöst worden ist. Der schweizerische Gesetzgeber lässt damit sogenannte Doppel- und Mehrfachehen, sogenannte Bigamie und Polygamie, rechtlich nicht zu.

> **Hinweis:** Auch hier finden sich flankierende strafrechtliche Bestimmungen, insbesondere über die «Mehrfache Ehe oder eingetragene Partnerschaft».
>
> Art. 215 StGB. Wer eine Ehe schliesst oder eine Partnerschaft eintragen lässt, obwohl er verheiratet ist oder in eingetragener Partnerschaft lebt, wer mit einer Person, die verheiratet ist oder in eingetragener Partnerschaft lebt, die Ehe schliesst oder die Partnerschaft eintragen lässt, wird mit Freiheitsstrafe bis zu drei Jahren oder Geldstrafe bestraft.

Dies ist nicht selbstverständlich und anderen Rechtsordnungen teilweise fremd. Die Begründungen für diese Regelung werden jedoch kaum noch herausgearbeitet. Man beschränkt sich regelmässig auf einen Verweis auf ihre kulturelle Begründung.

III.   Und die Geschlechterverschiedenheit?

Im deutschen Wortlaut der Art. 94–96 ZGB über «Die Ehevoraussetzungen» las man bereits vor der am. 1. Juli 2022 in Kraft getretenen Revision des Zivilgesetzbuchs (Ehe für alle) nichts über eine Geschlechterverschiedenheit der Partner als Voraussetzung der Ehe. Hingegen sprach der französische Wortlaut des Art. 94 Abs. 1 aZGB von «l'homme et la femme» und auch in späteren Bestimmungen der deutschen Fassung war von «Braut» und «Bräutigam» die Rede (Art. 98 Abs. 1 aZGB). Über das Wortlautargument hinaus war aber auch nach historischer, systematischer und teleologischer Auslegung die Geschlechterverschiedenheit Ehevoraussetzung (dazu bereits oben S. 8 f.). Neu spricht nun die deutsche Fassung von Art. 94 ZGB davon, dass die Ehe von «zwei Personen» eingegangen werden kann, während man in der französischen Fassung von «deux personnes» und der italienischen Fassung von «gli sposi» liest.

B.   Das Verlöbnis

Die Eheschliessung ist regelmässig kein spontaner Entschluss, sondern wird oft im Voraus geplant, im Voraus einander versprochen. Nach dem Willen des Gesetzgebers soll bereits durch dieses Eheversprechen ein besonderes (Rechts-)Verhältnis zwischen den dann Verlobten begründet werden (Art. 90 Abs. 1 ZGB). Für den Fall, dass das Eheversprechen nicht eingehalten wird, hat der Gesetzgeber weitere, besondere Folgen der Auflösung des Verlöbnisses bestimmt (Art. 91–93 ZGB).

I. Verlobung

Das Verlöbnis wird nach Art. 90 Abs. 1 ZGB durch das (gegenseitige) Eheversprechen und damit durch Vertrag begründet.

> **Hinweis:** Auch wenn der Begriff nach verbreiteter Ansicht letztlich nicht ganz zutreffend sein soll, so mag man sich die Art. 90–93 ZGB über das Verlöbnis zum besseren Verständnis als Spezialregelung des sogenannten Vorvertrags im Sinne des Art. 22 Abs. 1 OR vorstellen, nach dem durch Vertrag die Verpflichtung zum Abschluss eines künftigen Vertrages begründet werden kann.

Anwendbar sind über Art. 7 ZGB daher insbesondere die allgemeinen Vorschriften der Art. 1 ff. OR über den Abschluss des Vertrages – so dass die übereinstimmende gegenseitige Willensäusserung der Parteien auch beim Verlöbnis eine ausdrückliche oder stillschweigende (konkludente) sein kann (Art. 1 Abs. 2 OR).

> **Beispiel:** Ein stillschweigendes Verlöbnis kann etwa im Austausch von Verlobungsringen zu sehen sein. Für die Annahme eines stillschweigenden Verlöbnisses als gegenseitiges Eheversprechen ist es jedoch regelmässig nicht ausreichend, dass ein gemeinsamer Haushalt begründet oder gemeinsamer Hausrat angeschafft wird.

Besondere Bedeutung erlangt weiter Art. 20 Abs. 1 OR, nach dem ein Vertrag, der einen unmöglichen oder widerrechtlichen Inhalt hat oder gegen die guten Sitten verstösst, nichtig ist.

> **Beispiel:** Dies ist etwa der Fall, wenn die Ehevoraussetzungen nicht erfüllt werden können und eine spätere Eheschliessung daher unmöglich ist.

Anders als die Ehefähigkeit nach Art. 94 Abs. 1 ZGB setzt die Verlobung nicht voraus, dass die Verlobten das 18. Altersjahr zurückgelegt haben. Art. 90 Abs. 1 ZGB nimmt vielmehr die allgemeinen Regelungen der Art. 12 ff. ZGB über die Handlungsfähigkeit auf. So können nach Art. 19c Abs. 1 Hs. 1 ZGB auch urteilsfähige handlungsunfähige Personen das (Verlobungs-)Recht, das ihnen um ihrer Persönlichkeit willen zusteht, selbständig ausüben. Nach Art. 19c Abs. 1 Hs. 2 ZGB bleiben jedoch die Fälle vorbehalten, in welchen das Gesetz die Zustimmung des gesetzlichen Vertreters vorsieht: Nach Art. 90 Abs. 2 ZGB werden Minderjährige ohne Zustimmung des gesetzlichen Vertreters durch ihre Verlobung nicht verpflichtet. Grund für die Regelung des Art. 90 Abs. 2 ZGB ist nicht zuletzt, dass jenseits des besonderen Persönlichkeitsbezugs mit der Verlobung finanzielle Folgen für den Minderjährigen verbunden sein können.

Werden Minderjährige ohne Zustimmung des gesetzlichen Vertreters durch ihre Verlobung auch nicht verpflichtet, so wird dennoch der andere Verlobte verpflichtet – sofern er nicht ebenfalls minderjährig ist. Es entsteht also eine sogenannte hinkende Verpflichtung: zu seinem Schutz wird der minderjährige Verlobte nicht verpflichtet, jedoch selbst durch Rechte aus dem Verlöbnis geschützt.

Schliesslich finden nach Art. 7 ZGB die allgemeinen Bestimmungen des Obligationenrechts neben der Entstehung grundsätzlich auch auf die Erfüllung und Aufhebung des Verlöbnisses Anwendung. Art. 90 Abs. 3 ZGB enthält insoweit jedoch eine Sonderregel: Aus dem Verlöbnis entsteht kein klagbarer Anspruch auf Eingehung der Ehe. Das Verlöbnis begründet daher nur eine sogenannte unvollkommene Verbindlichkeit, eine Naturalobligation. Das Eheversprechen kann nicht erzwungen werden, doch bleibt dem Gesetzgeber mit dem Verlöbnis als solchen der rechtliche Anknüpfungspunkt für die weiteren Rechtsfolgen der Art. 91–93 ZGB.

II.   Auflösung des Verlöbnisses

Auch wenn nach Art. 90 Abs. 3 ZGB kein klagbarer Anspruch auf Eingehung der Ehe besteht, ist hiermit noch keine Wertung hinsichtlich der von Art. 7 ZGB weiter in Bezug genommenen allgemeinen Bestimmungen über Schadensersatz-, Genugtuung und ungerechtfertigter Bereicherung getroffen. Insoweit erkennt der Gesetzgeber aber die allgemeinen Rechtsfolgen grundsätzlich auch für das (Rechts-)Verhältnis zwischen den Verlobten an, gestaltet diese jedoch für das Verlöbnis besonders aus.

Hinweis: Es verwundert daher nicht, wenn man heute darüber streitet, ob es neben den allgemeinen Regelungen des Obligationenrechts überhaupt einer (Spezial-)Regelung des Verlöbnisses bedarf. Der Gesetzgeber hat jedoch an den besonderen Bestimmungen der Art. 90–93 ZGB festgehalten, auch aus Gründen der Rechtstradition – und trotz der auch in seinen Augen sehr geringen praktischen Bedeutung des Verlöbnisses.

I. Geschenke

Wird das Verlöbnis anders als durch Tod aufgelöst, können die Verlobten nach Art. 91 Abs. 1 ZGB die einander gemachten Geschenke zurückfordern – mit Ausnahme der gewöhnlichen Gelegenheitsgeschenke.

Mit Art. 91 Abs. 1 ZGB bringt der Gesetzgeber zum Ausdruck, dass er den Verlobten, der während des Verlöbnisses ein Geschenk erhalten hat, nach Auflösung des Verlöbnisses und damit Nichterfüllung des Eheversprechens als ungerechtfertigt bereichert ansieht.

Hinweis: Briefe und Photographien sollen in diesem Sinne keine Geschenke, d.h. keine vermögenswerte Zuwendungen sein. Nach teilweise vertretener Ansicht sollen sie jedoch in analoger Anwendung von Art. 91 Abs. 1 ZGB bzw. unter den Voraussetzungen von Art. 28a ZGB rückforderbar sein.

Der Gesetzgeber unterstellt den Verlobten bei der Schenkung den Willen, dass das Geschenk bei Auflösung des Verlöbnisses zurückerstattet werden soll. Die Vereinbarung einer konkludenten (Resolutiv-)Bedingung (Art. 154 OR) der späteren Eheschliessung müssen die Verlobten so nicht beweisen.

Hinweis: Anders ist dies bei Geschenken von Dritten, etwa Eltern der Verlobten, von denen eine solche Resolutivbedingung zu beweisen bzw. ein Rückforderungsanspruch nach Art. 249 OR besonders zu begründen ist.

Ausgenommen sind nach dem Gedanken der bedingten Schenkung die gewöhnlichen Gelegenheitsgeschenke.

Beispiel: Die zum Geburtstag geschenkte Uhr, die auch ohne Verlöbnis dem anderen als Partner geschenkt worden wäre. Ob ein Gelegenheitsgeschenk vorliegt, bestimmt sich daher regelmässig in Abhängigkeit von den tatsächlichen Vermögensverhältnissen der Verlobten.

Sind die Geschenke nicht mehr vorhanden, so greift der Gesetzgeber jedoch wieder auf die allgemeine Regelung der ungerechtfertigten Bereicherung im Obligationenrecht zurück: Nach Art. 91 Abs. 2 ZGB richtet sich die Rückerstattung nach den Bestimmungen über die ungerechtfertigte Bereicherung, sprich den Art. 64 ff. OR.

2. Beitragspflicht

Hat eine oder einer der Verlobten im Hinblick auf die Eheschliessung in guten Treuen Veranstaltungen getroffen, so kann sie oder er bei Auflösung des Verlöbnisses nach Art. 92 ZGB von der oder dem andern einen angemessenen Beitrag verlangen, sofern dies nach den gesamten Umständen nicht als unbillig erscheint. Veranstaltungen sind dabei alle (Rechts-)Handlungen mit Wirkung für das Vermögen.

Beispiel: Aufgabe einer Arbeitsstelle, Miete einer grösseren Wohnung, Kauf eines Hochzeitskleides, Buchung einer Hochzeitsreise. Nicht jedoch Veranstaltungen, die auch bei sonstiger Nähebeziehung zum Partner getroffen worden wären, wie etwa laufende Ausgaben.

Hinweis: Für Veranstaltungen Dritter kann über Art. 92 ZGB nur ein Beitrag verlangt werden, wenn die Veranstaltungen sonst von einem der Verlobten getroffen worden wären und ihm daher zuzurechnen sind. Dies kann beispielhaft der Fall sein, wenn Eltern einer der Verlobten bei der Vorbereitung der Eheschliessung die Kosten für die Hochzeitsfeierlichkeiten übernehmen.

Der Gesetzgeber wollte mit Art. 92 ZGB verhindern, dass eine oder einer der Verlobten aufgrund des Verlöbnisses einen (Vermögens-) Schaden erleidet. Bei der Regelung der Folgen der Auflösung des Verlöbnisses und damit der Nichterfüllung des Eheversprechens verzichtet der Gesetzgeber jedoch darauf, auf ein (subjektives) Verschulden am sogenannten Verlöbnisbruch abzustellen. Der Gesetzgeber nimmt vielmehr von einer gemeinschaftlichen Verantwortlichkeit der Verlobten und damit den gesamten (objektiven) Umständen Ausgang. So setzt auch die Ausnahme, dass die Beitragspflicht nach den gesamten Umständen als unbillig erscheint, kein Verschulden der oder des Verlobten voraus – kann diesen Ausschluss jedoch begründen.

3. Verjährung

Mit Art. 93 ZGB sieht der Gesetzgeber schliesslich eine besondere Verjährungsfrist vor. Ansprüche aus dem Verlöbnis verjähren nach Art. 93 ZGB (bereits) mit Ablauf eines Jahres nach der Auflösung. Grund hierfür ist der besondere Persönlichkeitsbezug der infrage stehenden Rechte und damit ein besonders begründetes Bedürfnis für den von der Verjährung allgemein angestrebten (Rechts-) Frieden.

4. Exkurs: Anspruch auf Genugtuung

Erlitt ein Verlobter durch Verlöbnisbruch ohne sein Verschulden eine schwere Verletzung in seinen persönlichen Verhältnissen, so konnte ihm der Richter nach Art. 93 aZGB bei Schuld des anderen Verlobten eine Geldsumme als Genugtuung zusprechen. Diese Bestimmung hat der Gesetzgeber mit Wirkung zum 1. Januar 2000 aufgehoben und den Verlobten auf den, seiner Ansicht nach wohl inhaltsgleichen, Anspruch auf Genugtuung nach Art. 49 OR verwiesen.

C. Vorbereitung der Eheschliessung und Trauung

Die Art. 97–103 ZGB regeln die Vorbereitung der Eheschliessung und die Trauung.

I. Grundsätze

Art. 97 ZGB bestimmt dabei zunächst die Grundsätze der Vorbereitung der Eheschliessung und der Trauung:

Die Ehe wird nach dem Vorbereitungsverfahren vor der Zivilstandsbeamtin oder dem Zivilstandsbeamten geschlossen (Art. 97 Abs. 1 ZGB). Der schweizerische Gesetzgeber hat sich damit für den sogenannten Grundsatz der obligatorischen Zivilehe entschieden. Eine Ehe (mit rechtlichen Wirkungen) kann in der Schweiz nur vor der Zivilstandsbeamtin oder dem Zivilstandsbeamten geschlossen werden.

Darüber hinaus darf vor der Ziviltrauung eine religiöse Eheschliessung nicht durchgeführt werden (Art. 97 Abs. 3 ZGB). Früher beruhte dieses Verbot auf Gedanken aus den Zeiten des «Kulturkampfes», sprich Auseinandersetzungen zwischen Staat und Kirche im sogenannten Säkularisierungsprozess. Heute liegt der Vorschrift ein ganz anderer Gedanke zugrunde: mit Beibehaltung der Vorschrift wollte der Gesetzgeber insbesondere verhindern, dass Ehegatten aufgrund einer (bloss) religiösen Eheschliessung zur irrigen Annahme verleitet werden, mit ihr seien bereits die rechtlichen, insbesondere vermögensrechtlichen Wirkungen der Ehe des Zivilgesetzbuchs verbunden.

Hinweis: Siehe hierzu auch das Merkblatt des Eidgenössischen Amtes für das Zivilstandswesen «Religiöse Eheschliessung durch Verantwortliche religiöser Gemeinschaften in der Schweiz» (https://www.bj.admin.ch/dam/bj/de/data/gesellschaft/zivilstand/merkblaetter/ehe/mb-religioeseeheschliessung-d.pdf).

Wenn auch das Vorbereitungsverfahren den Zivilstandsbehörden zugewiesen wird, so ist doch der Ort der Trauung teilweise vom Ort des Zivilstandsamts bzw. dem Zivilstandskreis gelöst: Nach Art. 97 Abs. 2 ZGB können sich die Verlobten im Zivilstandskreis ihrer Wahl trauen lassen. Der Gesetzgeber verweist zur Begründung der Regelung auf schweizerische Tradition. Bedeutung hat die freie Wahl des Zivilstandskreises vor allem, weil die Trauung im Trauungslokal des Zivilstandskreises stattzufinden hat, den die Verlobten gewählt haben (dazu unten S. 34).

Hinweis: Die Trauung kann daher nicht an frei gewählten Orten stattfinden. Häufig stellen die Zivilstandsämter jedoch (auch) besondere Trauungslokale zur Verfügung. Dies schliesst jedoch Unterschiede zwischen den verschiedenen Zivilstandskreisen nicht aus.

II.   Im Hintergrund: Ausführungsbestimmungen

Auf den Grundsätzen des Art. 97 ZGB bauen die Art. 98–100 ZGB über das Vorbereitungsverfahren und die Art. 101–102 ZGB über die Trauung auf. Die nötigen Ausführungsbestimmungen erlassen hingegen nach Art. 103 ZGB der Bundesrat und, im Rahmen ihrer Zuständigkeit, die Kantone.

Die Ausführungsbestimmungen des Bundesrats finden sich insbesondere in der Zivilstandsverordnung, dort wiederum hauptsächlich im siebten Kapitel, den Art. 62–75 ZStV über die «Vorbereitung der Eheschliessung und Trauung». Die Bestimmungen der Zivilstandsordnung sind daher mitzudenken, wenn (Ausführungs-)Fragen im Zivilgesetzbuch nicht abschliessend geregelt sind. Auch im Folgenden werden sie zu den jeweiligen bundesrechtlichen Regelungen beispielhaft angeführt.

Hinweis: Für kantonale Ausführungsbestimmungen ist aufgrund der umfassenden bundesrechtlichen Regelungen kaum Raum. Kantonale Vorschriften können etwa, soweit Art. 72 Abs. 3 ZStV («An Sonntagen und an den am Amtssitz des Zivilstandsamtes geltenden allgemeinen Feiertagen dürfen keine Trauungen stattfinden.») nicht bereits Vorgaben enthält, mögliche Zeitpunkte der Trauung näher bestimmen (vgl. Art. 99 Abs. 3 ZGB).

III. Vorbereitungsverfahren

Aufgrund der durch die Eheschliessung begründeten besonderen Rechtsfolgen und dem besonderen Persönlichkeitsbezug der ehelichen Gemeinschaft hat der Gesetzgeber zur Eheschliessung nicht den blossen (Vertrags-)Schluss zwischen den Ehegatten ausreichen lassen, sondern diesem ein besonderes (Vorbereitungs-)Verfahren vorgeschaltet. Ermöglicht werden soll damit einerseits eine vorausgehende Prüfung der Ehevoraussetzungen, andererseits soll damit insbesondere auch die Information der Ehegatten über die Rechtsfolgen ihres Entschlusses gewährleistet werden.

1. Gesuch

Auch wenn sich die Verlobten nach Art. 97 Abs. 2 ZGB im Zivilstandskreis ihrer Wahl trauen lassen können, haben sie nach Art. 98 Abs. 1 ZGB das Gesuch um Durchführung des Vorbereitungsverfahrens beim Zivilstandsamt des Wohnortes einer oder eines der Verlobten zu stellen. Damit will der Gesetzgeber vor allem verhindern, dass die Zivilstandsämter beliebter Zivilstandskreise zusätzlich zur Trauung auch die Arbeitsbelastung durch das Vorbereitungsverfahren tragen müssen. Darüber hinaus sieht der Gesetzgeber das Zivilstandsamt des Wohnortes für am besten geeignet an, die Ehevoraussetzungen zu prüfen.

Hinweis: Nach Art. 62 Abs. 2 ZStV hebt ein nachträglicher Wohnsitzwechsel die einmal begründete Zuständigkeit nicht auf.

Die Verlobten müssen bei Gesuchsstellung persönlich erscheinen, sofern sie nicht nachweisen, dass dies für sie offensichtlich unzumutbar ist; in diesem Fall wird die schriftliche Durchführung des Vorbereitungsverfahrens bewilligt (Art. 97 Abs. 2 ZGB). Die Pflicht zum persönlichen Erscheinen soll zum einen die Mitverantwortung der Ehegatten im Vorbereitungsverfahren betonen und bereits zu diesem Zeitpunkt die rechtliche Bedeutung der Eheschliessung hervorheben. Zum anderen wird dem Zivilstandsamt so unmittelbar ein Eindruck über die Ehevoraussetzung der Urteilsfähigkeit vermittelt. Die gesetzlich eröffnete Ausnahme vom persönlichen Erscheinen ist daher eng auszulegen.

> **Beispiel:** Eine solche Ausnahme kann insbesondere bei Auslandsschweizerinnen und Auslandsschweizern anzunehmen sein, die in der Schweiz heiraten wollen.

Die Verlobten haben ihre Personalien mittels Dokumenten zu belegen und beim Zivilstandsamt persönlich zu erklären, dass sie die Ehevoraussetzungen erfüllen (Art. 98 Abs. 3 Hs. 1 ZGB). Die Erklärungen der Verlobten dienen zugleich als Beweis(-mittel).

> **Hinweis:** Nach Art. 65 Abs. 2 ZStV ermahnt die Zivilstandsbeamtin oder der Zivilstandsbeamte die Verlobten zur Wahrheit und informiert sie über die Straffolgen etwa einer Urkundenfälschung. Art. 64 ZStV listet die von den Verlobten dem Gesuch beizulegenden Dokumente auf. Die Dokumente dürfen nach Art. 16 Abs. 2 Satz 2 ZStV grundsätzlich nicht älter als sechs Monate sein.

Die Bestimmung des Art. 98 Abs. 3 Hs. 2 ZGB, dass die Verlobten die nötigen Zustimmungen vorlegen, ist zurzeit gegenstandslos. Sie betrifft Fälle, in denen die Eheschliessung nur mit Zustimmung des gesetzlichen Vertreters möglich ist. Von dieser Regelung(-stechnik) macht der Gesetzgeber heute keinen Gebrauch (mehr).

2. Durchführung und Abschluss des Vorbereitungsverfahrens

Die Durchführung und der Abschluss des Vorbereitungsverfahrens werden von Art. 99 ZGB geregelt. Das Zivilstandsamt prüft in einem ersten Schritt nach Art. 99 Abs. 2 ZGB, ob:

- das Gesuch ordnungsgemäss eingereicht worden ist;
- die Identität der Verlobten feststeht; und
- die Ehevoraussetzungen erfüllt sind, insbesondere ob keine Umstände vorliegen, die erkennen lassen, dass das Gesuch offensichtlich nicht dem freien Willen der Verlobten entspricht.

Sind diese Anforderungen erfüllt, teilt das Zivilstandsamt nach Art. 99 Abs. 2 ZGB den Verlobten den Abschluss des Vorbereitungsverfahrens sowie die nach Art. 100 ZGB bestehenden gesetzlichen Fristen für die Trauung mit. Es legt im Einvernehmen mit den Verlobten im Rahmen der kantonalen Vorschriften den Zeitpunkt der Trauung fest oder stellt auf Antrag eine Ermächtigung zur Trauung in einem anderen Zivilstandskreis aus (Art. 99 Abs. 3 ZGB).

> **Hinweis:** Sind die Ehevoraussetzungen nicht erfüllt oder bleiben erhebliche Zweifel bestehen, so verweigert das Zivilstandsamt nach Art. 67 Abs. 3 ZStV die Trauung. Der Entscheid der Zivilstandsbeamtin oder des Zivilstandsbeamten über die Verweigerung der Eheschliessung wird den Verlobten schriftlich mitgeteilt; er enthält eine Rechtsmittelbelehrung (Art. 67 Abs. 4 ZStV).

3. Fristen

Die Trauung kann nach Art. 100 ZGB innerhalb von drei Monaten, nachdem der Abschluss des Vorbereitungsverfahrens mitgeteilt wurde, stattfinden. Mit dieser Maximalfrist soll einer missbräuchlichen Verwendung der Trauungsermächtigung entgegengewirkt werden.

Beispiel: Schliessung der Ehe mit einer anderen Person nach einem bei einem anderen Zivilstandsamt durchgeführten Vorbereitungsverfahren.

Hinweis: Der vor dem 1. Januar 2020 geltende Art. 100 Abs. 1 aZGB sah zusätzlich zur Maximalfrist von drei Monaten eine «Bedenkfrist» von zehn Tagen vor, vor deren Ablauf die Ehe ausser in Ausnahmefällen (vgl. Art. 100 Abs. 2 aZGB) nicht geschlossen werden durfte. Diese Minimalfrist von zehn Tagen hatte ihren eigentlichen Ursprung jedoch in einer Zeit, in der das Vorbereitungsverfahren noch als sogenanntes «Verkündverfahren» ausgestaltet war, und so Einsprüche Dritter gegen die Eheschliessung ermöglicht werden sollten (vgl. Art. 108 Abs. 1 aZGB). Das PartG sah bei seiner Einführung bereits keine «Bedenkfrist» für die Beurkundung der eingetragenen Partnerschaft mehr vor und auch für die Ehe wurde diese mit Wirkung zum 1. Januar 2020 abgeschafft.

IV. Trauung

1. Ort

Auch wenn sich die Verlobten nach Art. 97 Abs. 2 ZGB im Zivilstandskreis ihrer Wahl trauen lassen können, so sind sie letztendlich doch vor Ort gebunden: Nach Art. 101 Abs. 1 ZGB findet die Trauung im Trauungslokal des Zivilstandskreises statt – den die Verlobten gewählt haben.

Hinweis: Regelmässig stehen in einem Zivilstandskreis jedoch mehrere Trauungslokale zur Verfügung und es werden Trauungslokale auch an historisch oder anderweitig reizvollen Orte vorgesehen. Eine freie Wahl des Ortes der Trauung ist jedoch nicht vorgesehen.

Ist das Vorbereitungsverfahren vor dem Hintergrund des Art. 98 Abs. 1 ZGB in einem anderen Zivilstandskreis durchgeführt worden, so müssen die Verlobten eine nach Art. 99 Abs. 3 ZGB auszustellende Trauungsermächtigung vorlegen.

Nur wenn die Verlobten nachweisen, dass es für sie offensichtlich unzumutbar ist, sich in das Trauungslokal zu begeben, kann die Trauung an einem anderen Ort stattfinden (Art. 101 Abs. 2 ZGB). Anknüpfungspunkt der Unzumutbarkeit ist hierbei jedoch nicht der Ort der Trauung als solcher, sondern die Unzumutbarkeit, sich räumlich in das Trauungslokal zu «begeben».

> **Beispiel:** So kann es etwa bei Krankheit oder Unfall zu sogenannten Haus- oder Spitaltrauungen kommen. Gleiches gilt nach dem Gesetzgeber für eine Trauung im Gefängnis, die sogenannte Gefängnistrauung, wenn die Strafvollzugsbehörde aus Sicherheitsgründen weder Urlaub bewilligen noch einer amtlichen Überführung zustimmen kann.

2. Form

Schliesslich schreibt das Gesetz mit Art. 102 ZGB eine besondere Form der Eheschliessung vor. Zweck ist auch hier namentlich die Betonung der besonderen rechtlichen Bedeutung der Eheschliessung.

So ist die Trauung nach Art. 102 Abs. 1 ZGB öffentlich und findet in Anwesenheit von zwei volljährigen und urteilsfähigen Zeuginnen oder Zeugen statt.

> **Hinweis:** Die Zivilstandsbeamtin oder der Zivilstandsbeamte kann die Zahl der teilnehmenden Personen aus Ordnungsgründen beschränken; wer die Trauhandlung stört, wird weggewiesen (Art. 72 ZStV).

Den (Trau-)Zeugen kommt keine (Beweis-)Funktion hinsichtlich der Eheschliessungserklärungen als solchen zu. Die Anwesenheit der Zeugen soll lediglich die Feierlichkeit der Trauhandlung betonen (sogenannte «Solennitäts»-Zeugen).

> **Hinweis:** Vor einigen Jahren wurde darüber diskutiert, den Verlobten freizustellen, in Anwesenheit von Zeuginnen oder Zeugen zu heiraten – und damit Art. 102 Abs. 1 ZGB in dieser Hinsicht in eine Kann-

Vorschrift umzuändern. An dem Zeugenerfordernis wird jedoch zurzeit noch festgehalten, weil man diese «schöne Tradition» nicht ohne Not über Bord werfen wollte. Das PartG sah für die Beurkundung der eingetragenen Partnerschaft die Anwesenheit von Zeugen nicht vor.

Auf die Eheschliessungserklärungen bezieht sich (erst) Art. 102 Abs. 2 ZGB. Um die Bedeutung des jeweiligen Willensentschlusses hervorzuheben und im weiteren Sinn eine freie Entscheidung der Verlobten zu ermöglichen, richtet die Zivilstandsbeamtin oder der Zivilstandsbeamte an beide einzeln die Frage, ob sie miteinander die Ehe eingehen wollen.

Hinweis: Die Trauung wird nach Art. 71 Abs. 2 ZStV vollzogen, indem die Zivilstandsbeamtin oder der Zivilstandsbeamte an die Verlobten einzeln die Frage richtet:

«N. N., ich richte an Sie die Frage: Wollen Sie mit M. M. die Ehe eingehen?»

«M. M., ich richte an Sie die Frage: Wollen Sie mit N. N. die Ehe eingehen?»

Dieses übereinstimmende Wollen, diese übereinstimmenden Willenserklärungen begründen die Ehe, sind für sie konstitutiv. Die Ehe ist mit dem zweiten «Ja»(-wort) geschlossen. Art. 102 Abs. 3 ZGB hat daher bloss deklaratorische Bedeutung: bejahen die Verlobten die Frage der Zivilstandsbeamtin oder des Zivilstandsbeamten, wird die Ehe durch ihre beidseitige Zustimmung als geschlossen erklärt.

Hinweis: Nach Art. 71 Abs. 3 ZStV erklärt die Zivilstandsbeamtin oder der Zivilstandsbeamte: «Da Sie beide meine Frage bejaht haben, ist Ihre Ehe durch Ihre beidseitige Zustimmung geschlossen.»

D. Eheungültigkeit

Für die Eheungültigkeit sieht der Gesetzgeber mit den Art. 104–109 ZGB besondere Bestimmungen vor, die von den über Art. 7 ZGB ansonsten anzuwendenden allgemeinen Bestimmungen des Obligationenrechts abweichen. Im Gegensatz zu anderen Rechtsgeschäften, bei denen der Gesetzgeber etwa für die Berufung auf «Mängel des Vertragsschlusses» kein besonderes Verfahren vorsieht, hat der Gesetzgeber für die Ehe im Regelfall ein (Klage-)Verfahren zur Voraussetzung der Ungültigkeitserklärung der Ehe bestimmt. Voraussetzung ist dabei jedoch einerseits, dass eine Ehe überhaupt zustande gekommen ist und damit eine Abgrenzung von sogenannten Nichtehen erforderlich. Andererseits kennt das Gesetz aufgrund einer nur begrenzten Zahl von Ungültigkeitsgründen auch Ehen, die mangelhaft zustande gekommen sind, bei denen die Mängel aber keine (Un-)Gültigkeitsfolgen haben.

Nichtehe

Ungültig(erklärung)

Mängel ohne (Un-)Gültigkeitsfolgen

I. Grundsatz

Nach Art. 104 ZGB kann die vor der Zivilstandsbeamtin oder dem Zivilstandsbeamten geschlossene Ehe nur aus einem in den Art. 105 ff. ZGB vorgesehenen Gründen für ungültig erklärt werden. Über diese (Spezial-)Regelung bringt der Gesetzgeber zum Ausdruck, dass die Regeln des Obligationenrechts entgegen Art. 7 ZGB auf Mängel der Trauung keine Anwendung finden. Dabei weicht der Gesetzgeber von den Regeln des Obligationenrechts insbesondere insoweit ab, als er für die Ungültigkeit rechtstechnisch keinen privaten rechtsgestaltenden Akt genügen lässt, sondern eine gerichtliche Ungültigkeitserklärung auf Ungültigkeitsklage voraussetzt.

Hinweis: Die praktische Bedeutung der Eheungültigkeit(-serklärung) ist äusserst gering. 2015, dem Zeitpunkt der letzten statistischen Erhebung, wurden etwa nur 22 Ehen für ungültig erklärt, während im gleichen Jahr 16'960 Ehen geschieden wurden.

II.   In Abgrenzung: Nichtehe

Die mangelhafte Ehe ist zunächst von sogenannten Nichtehen abzugrenzen, sprich von Sachverhalten, die bereits nicht als Ehe (-schliessung) begriffen werden können. Nach dem Gesetzgeber soll dies bei «fundamentalen Mängeln» vorliegen, in diesem Sinne also bei Nichtvorliegen der für die Ehe nach dem Zivilgesetzbuch begriffswesentlichen Voraussetzungen.

Beispiel: Dies soll etwa für Trauungen gelten, die nicht vor einer Zivilstandsbeamtin oder einem Zivilstandsbeamten erfolgt sind.

III.   Unbefristete Ungültigkeit

Zunächst bestimmt der Gesetzgeber solche Ungültigkeitsgründe, die im besonderen Masse Allgemeininteressen berühren und deshalb unbefristet geltend gemacht werden können. Im französischen Wortlaut werden sie plastisch als «Causes absolues» bezeichnet.

1.   Gründe

Ein solcher Ungültigkeitsgrund liegt nach Art. 105 ZGB vor, wenn:

– zur Zeit der Eheschliessung einer der Ehegatten bereits verheiratet ist oder in eingetragener Partnerschaft mit einer Drittperson lebt und die frühere Ehe oder die eingetragene Partnerschaft nicht aufgelöst worden ist (Ziff. 1); angesprochen ist damit das Ehehindernis der Bigamie und Polygamie nach Art. 96 ZGB;

Hinweis: Wenn die frühere Ehe jedoch in der Zwischenzeit aufgehoben wurde, besteht ein Allgemeininteresse an der Ungültigkeitserklärung nicht (mehr). Es wäre sinnlos, die Ehe aufzulösen, wenn die Parteien nach der Auflösung ohne weiteres wieder rechtsgültig heiraten können. Denkbar bleibt jedoch eine Ungültigkeitserklärung aufgrund Art. 107 Ziff. 3 ZGB, wenn der Ehegatte über wesentliche persönliche Eigenschaften des anderen absichtlich getäuscht worden ist (dazu unten S. 41 f.) – vorausgesetzt, der Ehegatte hat hieran selbst ein Interesse.

- zur Zeit der Eheschliessung einer der Ehegatten nicht urteilsfähig und seither nicht wieder urteilsfähig geworden ist (Ziff. 2); dies bezieht sich auf die Ehevoraussetzung der Urteilsfähigkeit nach Art. 94 Abs. 1 ZGB;

Hinweis: Ist der Ehegatte wieder urteilsfähig geworden, besteht an der Ungültigkeitserklärung kein Allgemeininteresse mehr, aber der Ehegatte kann, wenn er hieran ein Interesse hat, selbst nach Art. 107 Ziff. 1 ZGB die Ungültigkeitserklärung verlangen, weil er bei der Trauung aus einem vorübergehenden Grund nicht urteilsfähig war (dazu unten S. 41).

- die Eheschliessung infolge Verwandtschaft unter den Ehegatten verboten ist (Ziff. 3); damit wird das Ehehindernis der Verwandtschaft nach Art. 95 ZGB aufgenommen;

- einer der Ehegatten minderjährig ist, es sei denn, die Weiterführung der Ehe entspricht den überwiegenden Interessen der Ehegatten (Ziff. 6); angesprochen ist hiermit die Ehevoraussetzung nach Art. 94 Abs. 1 ZGB, dass die Brautleute das 18. Altersjahr zurückgelegt haben müssen;

Hinweis: Überwiegende Interessen an der Weiterführung der Ehe sollen vorliegen, wenn rechtlich geschützte persönliche oder wirtschaftliche Interessen die über Art. 105 Ziff. 6 ZGB zum Ausdruck kommenden allgemeinen Schutzinteressen überwiegen. Der Ungültigkeitsgrund entfällt jedoch auch hier, wenn der Ehegatte volljährig wird.

Zu den besonderen Ungültigkeitsgründen der sogenannten Scheinehe und Zwangsheirat (Art. 105 Ziff. 4 und 5 ZGB) unten S. 44 ff.

2. *Klage*

Entsprechend der Begründung der Ungültigkeit der Ehe im Allgemeininteresse, ist auch die Berechtigung zur Klage nach Art. 106 ZGB weit gefasst. Die Klage ist von der zuständigen kantonalen Behörde am Wohnsitz der Ehegatten von Amtes wegen zu erheben; überdies kann jedermann klagen, der ein Interesse hat (Art. 106 Abs. 1 Satz 1 ZGB).

> **Hinweis:** Das öffentliche Interesse wird damit von der zuständigen kantonalen Behörde am Wohnsitz der Ehegatten geltend gemacht, um Kompetenzkonflikte zwischen Heimat- oder Wohnsitzkanton zu vermeiden.

Andere Behörden des Bundes und der Kantone melden jedoch nach Art. 106 Abs. 1 Satz 2 ZGB der zuständigen Behörde, wenn sie Anlass zur Annahme haben, dass ein Ungültigkeitsgrund vorliegt – soweit dies mit ihren Aufgaben vereinbar ist.

> **Beispiel:** Dies ist nicht der Fall, wenn die Aufgaben dieser Behörden nach der Wertung des Gesetzgebers ein umfassend geschütztes Vertrauensverhältnis zur betroffenen Person voraussetzen.

Soweit die Klage von jedermann erhoben werden kann, der ein Interesse hat, sind damit rechtlich geschützte Interessen gemeint, persönlicher wie auch wirtschaftlicher Natur, und im Grundsatz unabhängig davon, ob sie aktuell oder virtuell, sprich gegenwärtig sind oder nur in Zukunft gegenwärtig werden können.

Die Klage kann dabei nach Art. 106 Abs. 3 ZGB jederzeit eingereicht werden, sie unterliegt keiner Verjährung. Nach Auflösung der Ehe wird deren Ungültigkeit jedoch nicht mehr von Amtes wegen verfolgt, das öffentliche Interesse besteht nicht fort. Es kann aber jedermann, der ein Interesse hat, die Ungültigerklärung verlangen (Art. 106 Abs. 2 ZGB).

> **Beispiel:** Als für die Klage begründende Drittinteressen, die darüber hinaus auch noch nach Auflösung der Ehe tragen, kommen namentlich erbrechtlich geschützte Interessen Dritter in Betracht.

Allgemein vorbehalten sind jedoch Fälle des offenbaren Rechtsmissbrauchs (Art. 2 Abs. 2 ZGB).

IV. Befristete Ungültigkeit

Mit den Regeln der Art. 107–108 ZGB über die befristete Ungültigkeit wendet sich der Gesetzgeber der Ungültigkeit(-serklärung) der Ehe aufgrund von Individualinteressen zu. Der französische Wortlaut spricht auch hier eingängig von «Causes relatives».

1. Gründe

Ein Ehegatte kann nach Art. 107 ZGB verlangen, dass die Ehe für ungültig erklärt wird, wenn er:

- bei der Trauung aus einem vorübergehenden Grund nicht urteilsfähig war (Ziff. 1);

  Hinweis: Die noch fortdauernde Urteilsunfähigkeit führt zur Anwendung von Art. 105 Ziff. 2 ZGB (S. 39).

- sich aus Irrtum hat trauen lassen, sei es, dass er die Ehe selbst oder die Trauung mit der betreffenden Person nicht gewollt hat (Ziff. 2);

  > **Beispiel:** Als (eher theoretisches) Beispiel wird der Fall geführt, dass sich die Verlobten vor der Trauung nicht gesehen und nur schriftlichen Kontakt hatten – und bei der Trauung eine andere Person die Ehe schliesst.

- die Ehe geschlossen hat, weil er über wesentliche persönliche Eigenschaften des anderen absichtlich getäuscht worden ist (Ziff. 3); nicht erfasst sind damit wirtschaftliche Eigenschaften.

> **Beispiel:** Als wesentliche persönliche Eigenschaften können etwa Krankheiten in Betracht kommen, die die Gesundheit des Ehegatten oder der Kinder gefährden.

2. Klage

Bereits Art. 107 ZGB macht einleitend deutlich, dass (nur) der Ehegatte verlangen kann, dass die Ehe für ungültig erklärt wird. Anders als bei den unbefristeten Ungültigkeitsgründen, die auf Allgemeininteressen gründen, ist daher eine Klage der Behörden von Amtes wegen wie auch eines dritten Interessierten ausgeschlossen.

Die Ungültigkeitsklage ist nach Art. 108 Abs. 1 ZGB innerhalb von sechs Monaten seit Kenntnis des Ungültigkeitsgrundes oder seit dem Wegfall der Drohung einzureichen, in jedem Fall aber vor Ablauf von fünf Jahren seit der Eheschliessung. Dabei handelt es sich nach dem Willen des Gesetzgebers um eine Verwirkungs- nicht um eine Verjährungsfrist, so dass insbesondere entgegen der über Art. 7 ZGB grundsätzlich anwendbaren allgemeinen Bestimmungen des Obligationenrechts eine Hinderung oder Unterbrechung (der Verjährung) nicht in Betracht kommt. Grund dafür soll auch hier der besondere Persönlichkeitsbezug und so zugleich das besondere Bedürfnis an zeitnahem (Rechts-)Frieden sein.

Entsprechend der Ausgestaltung der relativen Ungültigkeit(-sklage) als Schutzinstrument individueller Interessen der Ehegatten, geht das Klagerecht nach Art. 108 Abs. 2 Hs. 1 ZGB nicht auf die Erben über. Ist jedoch durch eine bereits erhobene Klage der über das beschränkte Klagerecht mittelbar begründete Schutz des Fortbestandes der Ehe aufgehoben, hält es der Gesetzgeber für gerechtfertigt, dass die Erben auch bei eigenen, hinzutretenden Interessen an der bereits erhobenen Klage festhalten können (Art. 108 Abs. 2 Hs. 2 ZGB).

V.   Wirkungen des Urteils

Art. 109 Abs. 1 Hs. 1 ZGB bestimmt, dass die Ungültigkeit einer Ehe erst wirksam wird, nachdem das Gericht die Ungültigerklärung ausgesprochen hat. Die Ungültigkeitserklärung wirkt also nicht auf den Zeitpunkt der Eheschliessung zurück. Der Gesetzgeber hat es im Grundsatz für gerechtfertigt erachtet, bis zum Zeitpunkt der Ungültigkeitserklärung die Ehe als wirksam zu behandeln – und damit wie bei anderen Dauerschuldverhältnissen eine Rückabwicklung im Grundsatz auszuschliessen (zu ausländerrechtlich begründeten Ausnahmen für die Entstehung des Kindesverhältnisses jedoch hier unten S. 167). Für die Wirkungen der gerichtlichen Ungültigerklärung auf die Ehegatten und die Kinder sollen daher nach Art. 109 Abs. 2 ZGB sinngemäss die Bestimmungen über die Scheidung gelten (die für sich jedoch in beschränktem Masse eine Rückabwicklung vermittelt, dazu S. 146 ff.).

Etwas anders gelagert stellt sich der Fall im Hinblick auf erbrechtliche Ansprüche dar. Nach Ansicht des Gesetzgebers stehen diese unter der stillschweigenden Bedingung, dass die Ehe Bestand hat (zur Berücksichtigung dieses Gedankens auch im Hinblick auf die Scheidungsfolgen unten S. 136). Vor dem Hintergrund der besonderen Bestimmung der Ungültigkeitsfolgen muss daher Art. 109 Abs. 1 Hs. 1 ZGB ausdrücklich bestimmen, dass der überlebende Ehegatte die erbrechtlichen Ansprüche in jedem Fall verliert – unabhängig davon, ob die Eheungültigkeit vor oder nach dem Tod des jeweiligen Ehegatten ausgesprochen wird.

VI.   In Abgrenzung: Mängel ohne (Un-)Gültigkeitsfolgen

Im Unterschied zu vorangegangenen Gesetzesfassungen (Art. 131 aZGB) steht heute über Mängel, die keine Folgen für die Gültigkeit der Ehe haben, nichts mehr im Gesetz. Sie sind nur noch mittelbar aus einer Gesamtschau von Ehenichtigkeits- und Eheungültigkeitsgründen ableitbar. Als Mängel ohne Gültigkeitsfolgen kommt dabei namentlich der Verstoss gegen blosse Verfahrensvorschriften in Betracht.

> **Beispiel:** So insbesondere bei Trauung entgegen Art. 102 Abs. 1 ZGB ohne Anwesenheit von zwei Zeugen.

E. Insbesondere: Schein- und Zwangsehen

Dieses heute geltende Grundgerüst wurde in neuerer Zeit insbesondere mit Blick auf zwei Regelungsgenstände ergänzt bzw. fortgeschrieben: sogenannte Scheinehen zur Umgehung des Ausländerrechts, sowie im Hinblick auf sogenannte Zwangsehen, sprich fremdbestimmte Eheschliessungen, namentlich mit durch Dritte bestimmten Ehegatten. Der Gesetzgeber hat diese Fälle zum Anlass genommen, im Zuge eines am 1. Januar 2008 in Kraft getretenen Bundesgesetzes über die Ausländerinnen und Ausländer sowie einem seit dem 1. Juli 2013 geltenden Bundesgesetz über Massnahmen gegen Zwangsheiraten, auch im Zivilgesetzbuch besondere Regelungen zu schaffen.

I. (Schein-)Ehen zur Umgehung des Ausländerrechts

Im Ausländerrecht stellt sich die Frage der rechtlichen Behandlung einer (Schein-)Begründung der Ehe, sofern diese für die Zulassung und den Aufenthalt von Ausländerinnen und Ausländern in der Schweiz vorausgesetzt wird. Der schweizerische Gesetzgeber hat sich dazu entschieden, solchen Scheinehen nicht nur die ausländerrechtlichen Rechtsfolgen abzusprechen, sondern auch zivilrechtlich die Rechtsfolgen einer gültigen Ehe. So liegt nach Art. 105 Ziff. 4 ZGB ein unbefristeter Ungültigkeitsgrund vor, wenn einer der Ehegatten keine Lebensgemeinschaft begründen, sondern die Bestimmungen über Zulassung und Aufenthalt von Ausländerinnen und Ausländern umgehen will (zu den besonderen Wirkungen des Eheungültigkeitsurteils in diesem Fall S. 167).

Auch für das Vorbereitungsverfahren finden sich Bestimmungen, um solche Eheschliessungen bereits im Voraus zu verhindern. Nach Art. 97a Abs. 1 ZGB tritt die Zivilstandsbeamtin oder der Zivilstandsbeamte auf das Gesuch um Durchführung des Vorbereitungsverfahrens nicht ein, wenn eine oder einer der Verlobten offensichtlich keine Lebensgemeinschaft begründen, sondern die Bestimmungen über Zulassung und Aufenthalt von Ausländerinnen und Ausländern umgehen will. Zur Bestimmung dieser Voraussetzung hört die Zivilstandsbeamtin oder der Zivilstandsbeamte die Brautleute an und kann bei anderen Behörden oder bei Drittpersonen Auskünfte einholen (Art. 97a Abs. 2 ZGB).

Dazu dient weiter, dass Verlobte, die nicht Schweizerbürgerinnen oder Schweizerbürger sind, während des Vorbereitungsverfahrens ihren rechtmässigen Aufenthalt in der Schweiz nachweisen müssen (Art. 98 Abs. 4 ZGB), wie auch umgekehrt, dass das Zivilstandsamt nach Art. 99 Abs. 4 ZGB der zuständigen Behörde die Identität von Verlobten mitteilt, die ihren rechtmässigen Aufenthalt in der Schweiz nicht nachgewiesen haben.

Hinweis: Näher bestimmt werden diese Regelungen namentlich durch Art. 74a ZStV über die «Umgehung des Ausländerrechts».

II. Zwangsehen

Im Bemühen, Zwangsehen (besser) entgegentreten zu können, hat der Gesetzgeber mit Art. 105 Ziff. 5 ZGB bestimmt, dass ein unbefristeter Ungültigkeitsgrund vorliegt, wenn ein Ehegatte die Ehe nicht aus freiem Willen geschlossen hat (zum oft bei Zwangsehen hinzutretenden Umstand der Minderjährigkeit als solchen oben S. 39).

Hinweis: Zur «Evaluation der Bestimmungen im Zivilgesetzbuch zu Zwangsheiraten und Minderjährigenheiraten» der Bericht des Bun-

desrats vom 29. Januar 2020 unter https://www.ejpd.admin.ch/dam/
bj/de/data/gesellschaft/gesetzgebung/minderjaehrigenheirat/ber-br.
pdf.download.pdf/ber-br.pdf.

Nicht erfasst werden sollen hingegen sogenannte «arrangierte»
Ehen, namentlich die blosse Mitwirkung aussenstehender Personen,
wie Eltern des Paares oder eines Vermittlers – wobei die Grenz-
ziehung zwischen Zwang und blosser Beeinflussung im Einzelfall
schwer zu bestimmen ist.

Hinweis: Flankierend bestimmt heute zur «Zwangsheirat»

Art. 181a StGB. (1) Wer jemanden durch Gewalt oder Androhung
ernstlicher Nachteile oder durch andere Beschränkung seiner Hand-
lungsfreiheit nötigt, eine Ehe einzugehen oder eine Partnerschaft
eintragen zu lassen, wird mit Freiheitsstrafe bis zu fünf Jahren oder
Geldstrafe bestraft. ...

Auch für die Zwangsehen sieht der Gesetzgeber bereits eine erste
Regelung im Vorbereitungsverfahren vor: das Zivilstandsamt
prüft, ob die Ehevoraussetzungen erfüllt sind – insbesondere ob
keine Umstände vorliegen, die erkennen lassen, dass das Gesuch
offensichtlich nicht dem freien Willen der Verlobten entspricht
(Art. 99 Abs. 1 Ziff. 3 ZGB).

Hinweis: Aufgenommen wird diese Regelung durch Art. 71 V ZStV,
der weiter bestimmt, dass die Zivilstandsbeamtin oder der Zivilstandsbeamte diese Tatsachen den Strafverfolgungsbehörden anzeigt.

§ 5   Die Wirkungen der Ehe im Allgemeinen

Der Schweizer Gesetzgeber hat darauf verzichtet, die Bestimmungen über die Wirkungen der Ehe nach persönlichen und vermögensrechtlichen Wirkungen zu untergliedern. Auf den ersten Blick
scheint zwar eine solche Gliederung durch ihre Einfachheit zu be-
stechen. Schaut man jedoch genauer hin, so sieht man, dass sich
viele Fragen des Eherechts in ihrer persönlichen und vermögens-

rechtlichen Wirkung überschneiden. Der Schweizer Gesetzgeber fasst daher in einem ersten Titel über «Die Wirkungen der Ehe im Allgemeinen» diejenigen Bestimmungen zusammen, die für die Eheleute unabhängig von ihrem Güterstande gelten, und ordnet in dem folgenden Titel «Das Güterrecht der Ehegatten».

A. Eheliche Gemeinschaft; Rechte und Pflichten der Ehegatten

Mit Art. 159 ZGB stellt der Gesetzgeber den Bestimmungen über «Die Wirkungen der Ehe im Allgemeinen» sein (Leit-)Bild der Ehe voran.

Nach Art. 159 Abs. 1 ZGB werden die Ehegatten durch die Trauung zur ehelichen Gemeinschaft verbunden. Diese Gemeinschaft besteht nur unter den Personen der Ehegatten. Nach aussen hin nehmen die Ehegatten weiter als (Einzel-)Personen am Rechtsverkehr teil. So ist die eheliche Gemeinschaft vom Gesetzgeber nicht als selbständige juristische Person ausgestaltet worden. Sie ist selbst nicht rechtsfähig.

Der Zweck der ehelichen Gemeinschaft wird vom Gesetz nicht ausdrücklich bestimmt. In Zusammenschau der gesetzlichen Regelungen der Ehe tritt jedoch als Zweck hervor, dass die Ehegatten zusammenleben, eine Lebensgemeinschaft bilden – die sich, worauf dann besonders Art. 159 Abs. 2 ZGB hinweist, insbesondere auch auf die Kinder bezieht. Dennoch beginnen die Wirkungen der ehelichen Gemeinschaft nicht etwa erst durch einen «Vollzug» der Ehe oder gar die Geburt eines Kindes. Art. 159 Abs. 1 ZGB betont vielmehr, dass die Ehegatten bereits durch die Trauung zu dieser ehelichen Gemeinschaft verbunden werden.

Die Ehegatten verpflichten sich nach Art. 159 Abs. 2 ZGB gegenseitig, das Wohl der Gemeinschaft in einträchtigem Zusammenwirken zu wahren und für die Kinder gemeinsam zu sorgen. Damit betont der Gesetzgeber zum einen, dass die Ehegatten an das Wohl der Gemeinschaft gebunden sind. Zum anderen wird mit dem Erfordernis einträchtigen Zusammenwirkens und gemeinsamer Sorge die partnerschaftliche Entscheidung über die Mittel der Zweckerreichung hervorgehoben, insbesondere über die Aufgabenverteilung innerhalb der Lebensgemeinschaft.

Art. 159 Abs. 3 ZGB verweist schliesslich darauf, dass sich die Ehegatten Treue und Beistand schulden. War diese Bestimmung zunächst noch der Mittler zwischen dem natürlichen Verhältnis der Ehegatten und der Rechtsordnung (dazu oben S. 5), wird heute die Pflicht zu Treue und Beistand selbst als rechtliche Pflicht begriffen.

B.   Name

Art. 160 ZGB bestimmt die Wirkungen der Ehe für den Namen. Dabei dient der Name einer Person (rechtlich) zwei Funktionen: zum einen der Identifikation der Person gegenüber Staat und Gesellschaft und zum anderen subjektiv gekehrt als Ausdruck der Persönlichkeit.

Grundgedanke des Namensrechts ist heute, dass jede Person ihren (Ledig-)Namen bis zum Tod behält. Auch nach der Eheschliessung behält daher jeder Ehegatte grundsätzlich seinen Namen (Art. 160 Abs. 1 ZGB). Die Frage, welchen Namen in diesem Fall die Kinder tragen sollen, löst der Gesetzgeber dahin auf, dass die Verlobten nach Art. 160 Abs. 3 ZGB bestimmen, welchen ihrer Ledignamen ihre Kinder tragen sollen (näher zum Namen des Kindes unten S. 233 ff.).

Eine Ausnahme vom Grundsatz des Art. 160 Abs. 1 ZGB bestimmt Art. 160 Abs. 2 ZGB. Den Ehegatten soll in der Ehe die Möglichkeit gegeben werden, über einen gemeinsamen Namen ihre Verbundenheit zum Ausdruck zu bringen. So können die Verlobten gegenüber der Zivilstandsbeamtin oder dem Zivilstandsbeamten erklären, dass sie einen ihrer Ledignamen als gemeinsamen Familiennamen tragen wollen.

Hinweis: Die Möglichkeit, einen sogenannten «Allianznamen» zu tragen, sprich den Namen des Ehegatten oder den Ledignamen verbunden mit dem eigenen Namen als amtlichen Namen zu wählen, berücksichtigt das geltende (Namens-)Recht nicht. Ausserhalb des amtlichen Verkehrs steht den Ehegatten jedoch diese Namensführung frei. Gemäss Art. 2 Abs. 4 des Ausweisgesetzes (AwG) kann der Allianzname insbesondere in Pass und Identitätskarte aufgeführt werden. Eine hilfreiche Übersicht zu möglichen Varianten bei der Namensführung gibt das Merkblatt des Eidgenössischen Amts für das Zivilstandswesen «Anwendungsbeispiele Name und Bürgerrecht» (https://www.bj.admin.ch/dam/data/bj/gesellschaft/gesetzgebung/archiv/namensrecht/anwendungsbeispiele-d.pdf).

C. Bürgerrecht

Art. 161 ZGB regelt die Wirkungen der Ehe auf das Kantons- und Gemeindebürgerrecht.

Hinweis: Fragen des Schweizer Bürgerrechts werden hingegen durch das Bundesgesetz über Erwerb und Verlust des Schweizer Bürgerrechts (Bürgerrechtsgesetz, BüG) geregelt.

Die Verbundenheit mit Heimatkanton und Heimatgemeinde ist nicht nur gefühlsbedingt, sondern regelmässig auch mit Vorteilen verbunden.

Beispiel: So namentlich das Stimm- und Wahlrecht in der Bürgergemeinde sowie teilweise Vergünstigungen für Bürger eines Kantons oder einer Gemeinde in Bereichen des Schul- und Spitalwesens, bei Stipendien und Wettbewerben.

Art. 161 ZGB bringt insoweit die Gleichberechtigung der Ehegatten zum Ausdruck: jeder Ehegatte behält sein Kantons- und Gemeindebürgerrecht. Damit hat sich der Gesetzgeber dagegen entschieden, Gleichberechtigung dadurch herbeizuführen, dass jeder Ehegatte zusätzlich zu seinem Kantons- und Gemeindebürgerrecht das Recht des anderen Ehegatten erlangt. Durch eine Häufung von Bürger- und Gemeinderechten von Generation zu Generation würden «völlig unübersichtliche und nur schwer zu ordnende Zustände geschaffen».

D. Eheliche Wohnung

Die Ehegatten bestimmen gemeinsam die eheliche Wohnung (Art. 162 ZGB). Auch hier gilt die Betonung des Gesetzgebers der gemeinsamen, partnerschaftlichen Bestimmung, wo und wie in ehelicher Gemeinschaft gewohnt werden soll.

Art. 162 ZGB geht vom Grundsatz des Zusammenlebens in einer ehelichen Wohnung aus. Von diesem Grundsatz kann jedoch durch gemeinsame Bestimmung abgewichen werden. So ist es zum einen nicht ausgeschlossen, dass die Ehegatten gemeinsam mehrere eheliche Wohnungen bestimmen. Zum anderen können die Ehegatten auch in anderen Formen zusammenleben und gemeinsam bestimmen, keine Ehewohnung zu haben. Allgemeine Leitlinie der Bestimmung ist auch hier das Wohl der Gemeinschaft im Sinne des Art. 159 Abs. 2 ZGB.

Beispiel: Für die Bestimmung der ehelichen Wohnung sind beispielsweise der Arbeitsort der Ehegatten, Schulungsmöglichkeiten für die Kinder oder das Einkommen der Gemeinschaft von Bedeutung.

E.   Unterhalt der Familie

Die Art. 163–165 ZGB regeln den «Unterhalt der Familie», genauer den Unterhalt der ehelichen Gemeinschaft.

I.   Im Allgemeinen

Das Bild der partnerschaftlichen Ehe, wie es seit der Reform des Eherechts zum 1. Januar 1988 dem Gesetz zugrunde liegt, bringt auch Art. 163 Abs. 1 ZGB zum Ausdruck: die Ehegatten sorgen gemeinsam, ein jeder nach seinen Kräften, für den gebührenden Unterhalt der Familie. Dabei wird «Familie» hier vom Gesetzgeber synonym zum Begriff der ehelichen Gemeinschaft in Art. 159 ZGB verwandt und umfasst damit auch die Sorge für die Kinder.

Wenn der Gesetzgeber in Art. 163 Abs. 1 ZGB von «gebührendem» Unterhalt spricht, so ist damit der Unterhalt gemeint, der dieser Familie gebührt, d.h. der nach den konkreten Familienverhältnissen erforderliche Unterhalt. Die Familienverhältnisse richten sich dabei grundsätzlich nach der Lebensführung, sprich nach der unter den Ehegatten vereinbarten konkreten Zwecksetzung der Gemeinschaft.

Wie über die Verhältnisse, in denen die Familie leben soll, verständigen sich die Ehegatten nach Art. 163 Abs. 2 ZGB über den Beitrag, den jeder von ihnen leistet. Als Beispiele von Beitragsleistungen nennt das Gesetz Geldzahlungen, Besorgen des Haushaltes, Betreuen der Kinder oder die Mithilfe im Beruf oder Gewerbe des anderen. Insbesondere die Haushaltsführung sollte damit als der Geldzahlung gleichwertige Art der Beitragsleistung hervorgehoben werden. Art. 163 Abs. 2 ZGB zwingt den Ehegatten damit keine bestimmte Aufgabenverteilung auf, schliesst jedoch eine «Hausfrauen-» oder «Hausmann-»Ehe auch nicht aus.

Für die konkrete Entscheidung der Ehegatten ist auch hier nach Art. 159 Abs. 2 ZGB das Wohl der Gemeinschaft leitend. Der Gesetzgeber macht mit Art. 163 Abs. 3 ZGB jedoch deutlich, dass sich dieses Wohl nicht nur auf Bedürfnisse der ehelichen Gemeinschaft

als solcher gründet, sondern auch persönliche Umstände der Ehegatten zu berücksichtigen sind.

II. Betrag zur freien Verfügung

Der Ehegatte, der den Haushalt besorgt, die Kinder betreut oder
dem anderen im Beruf oder Gewerbe hilft, hat nach Art. 164 Abs. 1
ZGB Anspruch darauf, dass der andere ihm regelmässig einen angemessenen Betrag zur freien Verfügung ausrichtet. Dabei handelt
es sich nicht um Entgelt für die Tätigkeit und damit einen «Haus-
frauenlohn». Der Gesetzgeber möchte vielmehr eine gleichberech-
tigte Stellung des Ehegatten, der über keine Einkünfte verfügt, und
des erwerbstätigen Ehegatten erreichen. Bei der Festsetzung des
Betrages nach Art. 164 Abs. 2 ZGB sind daher eigene Einkünfte des
berechtigten Ehegatten und eine verantwortungsbewusste Vorsorge
für Familie, Beruf oder Gewerbe (seitens des erwerbstätigen Ehegatten) zu berücksichtigen.

III. Ausserordentliche Beiträge eines Ehegatten

Arbeitet der Ehegatte im Beruf oder Gewerbe des anderen mit
oder trägt der Ehegatte aus seinem Einkommen oder Vermögen
an den Unterhalt der Familie bei, so können die Ehegatten als
(Rechts-)Grund gemeinsam einen Arbeits-, Darlehens-, Gesell-
schaftsvertrag oder ein anderes Rechtsverhältnis begründen. Wie
mit Art. 165 Abs. 3 ZGB deutlich wird, kann der Ehegatte in diesem
Fall nur das vereinbarte, sprich selbst (mit-)bestimmte Entgelt verlangen.

Häufig fehlen jedoch solche Vereinbarungen zwischen Ehegatten.
Mit Art. 165 Abs. 1 und 2 ZGB versucht der Gesetzgeber, hierfür
einen Ausgleich zu schaffen. Hat ein Ehegatte im Beruf oder Gewerbe des anderen erheblich mehr mitgearbeitet, als sein Beitrag
an den Unterhalt der Familie nach Art. 163 ZGB verlangt, so steht
ihm nach Art. 165 Abs. 1 ZGB dafür ein Anspruch auf angemessene
Entschädigung zu.

> **Beispiel:** Eine erhebliche Mehrarbeit wird regelmässig angenommen, wenn diese ansonsten von einem Dritten gegen Entgelt hätte erbracht werden müssen.

Zu beachten ist, dass im Einzelfall die Beistandspflicht nach Art. 159 Abs. 3 ZGB bereits zu einer Erweiterung der Beitragspflicht nach Art. 163 ZGB führen kann.

> **Beispiel:** Dies kann etwa bei erheblicher Mehrarbeit aufgrund Krankheit des anderen Ehegatten der Fall sein.

Der «angemessene Ausgleich» entspricht nicht dem vollen Entgelt, der für diese Arbeit hätte gezahlt werden müssen. Massgebend ist hier nicht das Verhältnis zu Dritten, sondern das Verhältnis unter den Ehegatten. Auch auf der (Rechts-)Folgenseite des Art. 165 Abs. 1 ZGB kann daher die Beistandspflicht nach Art. 159 Abs. 3 ZGB Bedeutung erlangen.

Schliesslich gelten diese Überlegungen für die Mehrarbeit auch, wenn ein Ehegatte aus seinem Einkommen oder Vermögen an den Unterhalt der Familie bedeutend mehr beigetragen hat, als er verpflichtet war (Art. 165 Abs. 2 ZGB).

> **Beispiel:** Dies kann etwa bei Zurverfügungstellung von Grundeigentum für die Familienwohnung der Fall sein.

F. Vertretung der ehelichen Gemeinschaft

Die eheliche Gemeinschaft ist als solche nicht rechtsfähig (S. 47). Zur Berechtigung und Verpflichtung der Ehegatten als Gemeinschaftsmitglieder ist daher im Grundsatz gemeinsames Handeln bzw. die rechtsgeschäftliche Ermächtigung des anderen Ehegatten zur Stellvertretung nach den über Art. 7 ZGB anwendbaren Art. 32–40 OR erforderlich. Diese Abhängigkeit vom Willen des anderen Ehegatten wird jedoch nach Ansicht des Gesetzgebers der ehelichen Gemeinschaft nicht gerecht – und droht andererseits, ihre Funktionsfähigkeit gegenüber Dritten zu beeinträchtigen, die durch die obligationenrechtlichen Regelungen über die Stellvertretung ohne Ermächtigung nur teilweise Schutz geniessen.

Mit Art. 166 Abs. 1 ZGB hat der Gesetzgeber daher bestimmt, dass während des Zusammenlebens jeder Ehegatte die eheliche Gemeinschaft für die laufenden Bedürfnisse (von Gesetzes wegen) vertritt. Jeder Ehegatte verpflichtet sich durch solche Handlungen nach Art. 166 Abs. 3 ZGB persönlich und, soweit diese nicht für Dritte erkennbar über die Vertretungsbefugnis hinausgehen, solidarisch auch den anderen Ehegatten. Art. 166 Abs. 1 ZGB soll jedem der Ehegatten während des Zusammenlebens die Besorgung der laufenden Bedürfnisse der ehelichen Gemeinschaft ermöglichen. Verhindert werden soll so eine Beeinträchtigung der Funktionsfähigkeit der ehelichen Gemeinschaft. (Blosses) Mittel zu diesem Zweck ist der Gläubigerschutz, der sich über die im Rahmen des Art. 166 Abs. 3 ZGB bestehende Solidarhaftung vermittelt (Art. 143 ff. OR).

«Laufende Bedürfnisse» sind der laufende (Unterhalts-)Bedarf der Familie.

Beispiel: Laufende Bedürfnisse können etwa der Kauf von Nahrungsmitteln, Kleidern, Schulbüchern, die Ausführung kleinerer Reparaturen durch Handwerker oder der Kauf kleinerer Haushaltsgeräte sein.

Für die übrigen Bedürfnisse der Familie kann ein Ehegatte die eheliche Gemeinschaft nach Art. 166 Abs. 2 ZGB hingegen nur allein vertreten:

– wenn er vom anderen oder vom Gericht dazu ermächtigt worden ist (Ziff. 1);

> **Beispiel:** Die Ermächtigung zur Erneuerung eines Mietvertrags.

– wenn das Interesse der ehelichen Gemeinschaft keinen Aufschub des Geschäftes duldet und der andere Ehegatte wegen Krankheit, Abwesenheit oder ähnlichen Gründen nicht zustimmen kann (Ziff. 2).

> **Beispiel:** Dies kann etwa der Fall sein, wenn ein Ehegatte über unaufschiebbare Reparaturarbeiten an einem Gebäude entscheiden muss.

G. Beruf und Gewerbe der Ehegatten

Art. 167 ZGB schreibt die nach Art. 159 Abs. 2 ZGB bestehende Bindung der Ehegatten an das Wohl der Gemeinschaft für die Wahl und Ausübung eines Berufes oder Gewerbes fort. Bei der Wahl und Ausübung seines Berufes oder Gewerbes nimmt jeder Ehegatte auf den anderen und das Wohl der ehelichen Gemeinschaft Rücksicht. Dies gilt insbesondere, wenn die eheliche Gemeinschaft Kinder umfasst und in dieser Hinsicht das Wohl der ehelichen Gemeinschaft vom Kindeswohl (mit-)bestimmt wird (zum Kindeswohl unten S. 212).

H.   Rechtsgeschäfte der Ehegatten

I.   Im Allgemeinen

Die Gemeinschaftsbindung unter den Ehegatten bzw. die ehelichen Pflichten als solche sollen nach dem Willen des Gesetzgebers die Handlungsfähigkeit der Ehegatten nicht einschränken. Dies kommt auch über Art. 168 ZGB zum Ausdruck, nach dem jeder Ehegatte im (Aussen-)Verhältnis mit dem anderen oder mit Dritten Rechtsgeschäfte abschliessen kann – sofern das Gesetz nichts anderes bestimmt.

> **Beispiel:** Solch «andere» Bestimmungen finden sich etwa mit Art. 494 Abs. 1 OR, nach dem die Bürgschaft einer verheirateten Person zu ihrer Gültigkeit der vorgängig oder spätestens gleichzeitig abgegebenen schriftlichen Zustimmung des Ehegatten bedarf – wenn die Ehe nicht durch richterliches Urteil getrennt ist.

II.   Wohnung der Familie

Unmittelbar im Zivilgesetzbuch findet sich eine besondere Bestimmung im Hinblick auf die Wohnung der Familie, da sie regelmässig den Lebensmittelpunkt der Familienmitglieder bildet.

Nach Art. 169 ZGB kann ein Ehegatte nur mit der ausdrücklichen Zustimmung des anderen einen Mietvertrag kündigen, das Haus oder die Wohnung der Familie veräussern oder durch andere Rechtsgeschäfte die Rechte an den Wohnräumen der Familie beschränken – selbst wenn er alleinige Mietvertragspartei bzw. Alleineigentümer ist.

Kann der Ehegatte diese Zustimmung nicht einholen oder wird sie ihm ohne triftigen Grund verweigert, so kann er nach Art. 169 ZGB das Gericht anrufen.

«Wohnung der Familie» ist dabei abweichend von der «ehelichen Wohnung» im Sinne des Art. 162 ZGB (S. 50) der Lebensmittelpunkt der Familienmitglieder, so dass Familien- und Ehewohnung(en) auseinanderfallen können.

> **Beispiel:** A heiratet B. Beide arbeiten in Zürich. Sie entschliessen sich gemeinsam, ihr Leben während drei Wochen im Monat in einer Wohnung in Zürich (A Alleinmieter) und jeweils die letzte Woche des Monats in einer Wohnung in St. Moritz (B Alleinmieterin) zu verbringen, da sie Teile ihrer Arbeitsverpflichtungen auch von zu Hause aus erbringen können. Ihr sozialer Lebensmittelpunkt ist jedoch weiterhin Zürich.
>
> Beide Wohnungen sind nach dem Willen der Ehegatten «eheliche Wohnungen» i.S.v. Art. 162 ZGB. Aber nur die Wohnung in Zürich ist «Wohnung der Familie» im Sinne von Art. 169 ZGB und geniesst damit den über diese Bestimmung vermittelten besonderen Schutz.

Hinweis: Für andere Sachen, insbesondere den sogenannten Hausrat, hat der Gesetzgeber keine entsprechenden Regelungen vorgesehen. Die Ehegatten sind in dieser Hinsicht auf die Massnahmen zum Schutz der ehelichen Gemeinschaft nach Art. 171–179 ZGB verwiesen (zu Beschränkungen der Verfügungsbefugnis des anderen Ehegatten auf dieser Grundlage unten S. 62).

Fehlt die Zustimmung des Ehegatten oder diese Ermächtigung des Richters, so ist das Rechtsgeschäft des Ehegatten nichtig.

Hinweis: Art. 169 ZGB wird durch die Bestimmungen der Art. 266m–266o OR fortgeschrieben und dort durch Vorschriften über die «Kündigung durch den Vermieter» ergänzt.

I. Auskunftspflicht

Vor dem Hintergrund der nach Art. 159 Abs. 2 ZGB bestehenden Verpflichtung, gemeinsam für das Wohl der Gemeinschaft zu sorgen, hielt der Gesetzgeber die gegenseitige Auskunft über die finanzielle Situation des jeweils anderen Ehegatten für «selbstverständlich». Mit Art. 170 Abs. 1 ZGB hat der Gesetzgeber die Auskunftspflicht daher allgemein begründet: Jeder Ehegatte kann so vom andern Auskunft über dessen Einkommen, Vermögen und Schulden verlangen.

Besondere Bedeutung hat diese Auskunftspflicht insbesondere für den ordentlichen Güterstand der Errungenschaftsbeteiligung (sowie allgemein zu Art. 185 Abs. 2 Ziff. 4 ZGB S. 74). Erforderlich sind entsprechende Auskünfte aber bereits zur Bestimmung der Wirkungen der Ehe im Allgemeinen, sprich der Bestimmung der Unterhaltsbeiträge (Art. 163 ZGB), für den Anspruch des haushaltsführenden Ehegatten (Art. 164 ZGB) sowie für den Umfang der Vertretungsbefugnis der einzelnen Ehegatten (Art. 166 ZGB).

Die Voraussetzung eines besonderen Interesses an der Auskunft hielt der Gesetzgeber dabei für selbstverständlich.

> **Beispiel:** Ausgeschlossen sind damit etwa Auskunftsbegehren aus reiner Neugier oder Schikane.

Nun kann es vorkommen, dass sich die Ehegatten über die Pflicht, den Umfang oder die Form der Auskunft nicht einig sind. Auf das Begehren eines Ehegatten kann daher nach Art. 170 Abs. 2 ZGB das Gericht den anderen Ehegatten oder Dritte verpflichten, die erforderlichen Auskünfte zu erteilen und die notwendigen Urkunden vorzulegen. Vorbehalten bleibt im Hinblick auf die Auskunftspflicht Dritter (nur) das Berufsgeheimnis der Rechtsanwälte, Notare, Ärzte, Geistlichen und ihrer Hilfspersonen (Art. 170 Abs. 3 ZGB).

J. Schutz der ehelichen Gemeinschaft

Für den (Rechts-)Schutz innerhalb der ehelichen Gemeinschaft, insbesondere die Durchsetzung ehelicher Rechte und Pflichten, hat der Gesetzgeber darauf verzichtet, unbesehen auf allgemeine Vorschriften zur Rechtsprechung und Zwangsvollstreckung zurückzugreifen. Bei Meinungsverschiedenheiten in der Ehe sei es vorzugswürdig, dass sich die Ehegatten untereinander verständigen. Das Gericht soll nach dem Willen des Gesetzgebers grundsätzlich nur um «Vermittlung» angerufen werden können und lediglich in besonders bestimmten Fällen entscheiden dürfen (vgl. bereits hier Art. 171, 172 Abs. 1 und 2 ZGB einerseits und Art. 169, 170, 172 Abs. 3, 173–178, 185 ZGB andererseits). Verbleibende (offene) Meinungsverschiedenheiten sind nach Ansicht des Gesetzgebers für «den Ehefrieden … besser, als wenn ein Ehegatte dem anderen einen Entscheid aufzwingt».

> **Hinweis:** Wenn hingegen (Dritt-)Interessen der Kinder betroffen sind, finden die besonderen Bestimmungen der Art. 307 ff. ZGB zum «Kindesschutz» Anwendung (dazu unten S. 220 ff.).

I. Beratungsstellen

Nach Art. 171 ZGB sorgen die Kantone dafür, dass sich die Ehegatten bei Eheschwierigkeiten gemeinsam oder einzeln an Ehe- oder Familienberatungsstellen wenden können. Damit soll zum einen professionelle(re) Hilfe ermöglicht werden, als diese vielleicht durch den Richter möglich ist.

> **Beispiel:** Beratung im Hinblick auf sexuelle, psychologische, wirtschaftliche und rechtliche Probleme in der Ehe.

Zum anderen wollte der Gesetzgeber niedrigschwellige Angebote schaffen, da Ehegatten oft die Schwelle zu offiziellen (gerichtlichen) Behörden nicht überschreiten würden.

Zwang zu einer solch in-offiziellen Beratung besteht jedoch nicht.

II. Gerichtliche Massnahmen

Gerichtliche Massnahmen hat der Gesetzgeber durch die Art. 172–179 ZGB besonderes geregelt.

1. Im Allgemeinen

Erfüllt ein Ehegatte seine Pflichten gegenüber der Familie nicht oder sind die Ehegatten in einer für die eheliche Gemeinschaft wichtigen Angelegenheit uneinig, so können sie gemeinsam oder einzeln nach Art. 172 Abs. 1 ZGB das Gericht um Vermittlung anrufen – unabhängig davon, ob sie sich bereits (freiwillig) im Rahmen des Art. 171 ZGB haben beraten lassen.

Ob der Ehegatte die Pflicht schuldhaft nicht erfüllt oder nicht, ist unerheblich. Darüber hinaus soll die Voraussetzung der Uneinigkeit in einer für die eheliche Gemeinschaft wichtigen Angelegenheit nach Willen des Gesetzgebers (nur) erfüllt sein, wenn die «vitalen Interessen der ehelichen Gemeinschaft» berührt werden.

> **Beispiel:** Etwa Wahl der gemeinsamen Wohnung oder der Berufsausübung, grundsätzlich aber nicht persönliche Angelegenheiten, wie Fragen der politischen oder religiösen Überzeugung.

Nach Art. 172 Abs. 2 ZGB mahnt das Gericht die Ehegatten an ihre Pflichten und versucht, sie zu versöhnen; es kann mit ihrem Einverständnis Sachverständige beiziehen oder sie an eine Ehe- oder Familienberatungsstelle weisen.

Nur wenn nötig, d.h. wenn solche Massnahmen ohne Erfolg bleiben oder von vornherein vergeblich sind, trifft das Gericht nach Art. 172 Abs. 3 Satz 1 ZGB auf Begehren eines Ehegatten die vom Gesetz vorgesehenen Massnahmen. Sinngemäss anwendbar ist weiter die Bestimmung des Art. 28b ZGB über den Schutz der Persönlichkeit gegen Gewalt, Drohungen oder Nachstellungen (Art. 172 Abs. 3 Satz 2 ZGB).

Hinweis: Weitere Massnahmen sollen nach dem Willen des Gesetzgebers nicht getroffen werden können, da eine «gewisse Gefahr» bestehe, «dass der Richter unter Umständen die persönliche Freiheit eines Ehegatten allzu leicht einschränken könnte». Ausserdem sei «kaum anzunehmen, dass es in dieser Materie für die ganze Schweiz zu einer einigermassen einheitlichen Rechtsprechung kommen würde, wodurch das Risiko einer Ungleichbehandlung und Rechtsunsicherheit» entstünde.

2. Während des Zusammenlebens

a. Geldleistungen

Sind sich die Ehegatten über den Unterhalt der Familie nach Art. 163 ZGB nicht einig, so setzt auf Begehren eines Ehegatten das Gericht die Geldbeiträge fest (Art. 173 Abs. 1 ZGB).

Hinweis: Umfasst sind damit insbesondere auch die Unterhaltskosten für die in der ehelichen Gemeinschaft lebenden Kinder (Art. 278 ZGB). Näher dazu S. 242 f.

Das Gleiche gilt für Streitigkeiten in Bezug auf den Betrag zur freien Verfügung nach Art. 164 ZGB und im Hinblick auf ausserordentliche Beiträge eines Ehegatten nach Art. 165 ZGB: das Gericht setzt auf Begehren eines Ehegatten den Betrag für den Ehegatten fest, der den Haushalt besorgt, die Kinder betreut oder dem anderen im Beruf oder Gewerbe hilft (Art. 173 Abs. 2 ZGB).

Unter «Unterhalt» begreift man grundsätzlich nur die Unterhaltung gegenwärtiger oder zukünftiger Bedürfnisse. Deutlich wird dies nicht zuletzt über Art. 173 Abs. 3 ZGB, nach dem die Leistungen nur für die Zukunft gefordert werden können – oder für das Jahr vor Einreichung des Begehrens. Mit dieser Ausnahme soll vermieden werden, dass dem Ehegatten bei einer vor Klageerhebung versuchten gütlichen Einigung Nachteile entstehen.

b.   Entzug der Vertretungsbefugnis

Mit den gesetzlichen Vertretungsbefugnissen nach Art. 166 ZGB besteht zugleich die Gefahr ihres Miss- oder Fehlgebrauchs. Art. 174 Abs. 1 ZGB eröffnet daher die Möglichkeit des gänzlichen oder teilweisen Entzugs der Vertretungsbefugnis durch das Gericht. Um die eheliche Gemeinschaft in dieser Hinsicht nicht mittelbar auszuhöhlen, lässt der Gesetzgeber jedoch nicht ein Begehren des anderen Ehegatten genügen, sondern setzt weiter voraus, dass der Ehegatte seine Befugnis zur Vertretung der ehelichen Gemeinschaft überschreitet oder sich als unfähig erweist, sie auszuüben.

Mit Blick auf Dritte schützt der Gesetzgeber den guten Glauben auf das (Fort-)Bestehen der Vertretungsbefugnis der Ehegatten. Zwar kann der gute Glaube an die Vertretungsbefugnis durch Mitteilung an Dritte beseitigt werden. Zum Schutz der Persönlichkeit(-srechte) des anderen Ehegatten lässt der Gesetzgeber jedoch grundsätzlich nur eine persönliche Mitteilung des Entzugs zu (Art. 174 Abs. 2 ZGB). Eine Veröffentlichung und eine dadurch begründete Wirksamkeit gegenüber der Öffentlichkeit, sprich allen Dritten, ist nach Willen des Gesetzgebers nur bei Veröffentlichung auf Anordnung des Gerichts begründet (Art. 174 Abs. 3 ZGB).

3.   *Aufhebung des gemeinsamen Haushaltes*

a.   Gründe

Die Führung eines gemeinsamen Haushalts ist nicht notwendig für ein eheliches Zusammenleben (zur ehelichen Wohnung oben S. 50). Die Ehegatten können einen gemeinsamen Haushalt auch nachträglich gemeinsam aufheben. Führen die Ehegatten jedoch einen gemeinsamen Haushalt, so ist ein Ehegatte nach Art. 175 ZGB allein berechtigt, diesen für solange aufzuheben, als seine Persönlichkeit, seine wirtschaftliche Sicherheit oder das Wohl der Familie durch das Zusammenleben ernstlich gefährdet ist.

b. Regelung des Getrenntlebens

Mit der nach Art. 175 ZGB begründeten Aufhebung des gemeinsamen Haushaltes stellen sich regelmässig weitere Fragen, die wiederum partnerschaftlich entschieden werden können – oder über die auf Begehren eines Ehegatten nach Art. 176 Abs. 1 ZGB das Gericht entscheidet. So muss das Gericht:

- die Unterhaltsbeiträge an die Kinder und den Unterhaltsbeitrag an den Ehegatten festlegen (Ziff. 1);
- die Benützung der Wohnung und des Hausrates regeln (Ziff. 2);
- die Gütertrennung anordnen, wenn es die Umstände rechtfertigen (Ziff. 3).

Nach Art. 176 Abs. 2 ZGB kann ein Ehegatte diese Begehren auch stellen, wenn das Zusammenleben (faktisch) unmöglich ist, namentlich weil der andere es grundlos ablehnt.

> **Beispiel:** Ein Zusammenleben soll weiter (faktisch) unmöglich sein, wenn etwa der Aufenthaltsort des anderen Ehegatten nicht ausfindig gemacht werden kann oder dieser fürsorgerisch untergebracht ist.

Haben die Ehegatten minderjährige Kinder, so trifft das Gericht nach Art. 176 Abs. 3 ZGB nach den Bestimmungen über die Wirkungen des Kindesverhältnisses die nötigen Massnahmen (zu diesen S. 204 ff.). Da die Kindesinteressen im Grundsatz gegenüber der ehelichen Gemeinschaft als solcher selbständig zu bestimmen sind, gilt Art. 176 Abs. 3 ZGB unabhängig davon, ob die Aufhebung des gemeinsamen Haushalts begründet ist, ein Zusammenleben überhaupt unmöglich ist oder die Ehegatten gar diesbezügliche Vereinbarungen getroffen haben.

> **Hinweis:** Zur Erweiterung der Zuständigkeit des Gerichts auf Kindesschutzmassnahmen durch Art. 315a ZGB unten S. 231 f.

4. Vollstreckung

Neben diesen (Sonder-)Regeln zur Rechtsprechung hat der Gesetzgeber auch für die (Zwangs-)Vollstreckung ehelicher Rechte und Pflichten besondere Bestimmungen vorgesehen.

a. Inkassohilfe und Vorschüsse

Einleitend die Vorschriften über die Vollstreckung bestimmt Art. 176a ZGB, dass die Bestimmungen über die Inkassohilfe und die Vorschüsse bei Scheidung und bei den Wirkungen des Kindesverhältnisses ebenfalls Anwendung finden (zur Begründung dieser Vorschriften hier S. 154 und 250).

b. Anweisungen an den Schuldner

Erfüllt ein Ehegatte seine Unterhaltspflicht gegenüber der Familie nicht, so kann das Gericht dessen Schuldner nach Art. 177 ZGB anweisen, ihre Zahlungen ganz oder teilweise dem anderen Ehegatten zu leisten. Damit wird weder ein Übergang des Forderungsrechts bewirkt noch eine Anweisung im Sinne des Art. 466 OR erteilt. Dem anderen Ehegatten wird nach dem Willen des Gesetzgebers vielmehr ein «Inkassoauftrag zugunsten der ehelichen Gemeinschaft» erteilt.

5. Beschränkungen der Verfügungsbefugnis

Insbesondere in Ehekrisen kann es vorkommen, dass seitens eines Ehegatten ein Missbrauch seiner Verfügungsbefugnis (über seine Rechte) erfolgt. Art. 169 ZGB enthält insoweit eine besondere Sicherung, als er solche Rechtsgeschäfte in Bezug auf die Familienwohnung grundsätzlich von der ausdrücklichen Zustimmung des anderen Ehegatten abhängig macht (näher S. 56). Andere Rechte werden hingegen keiner solch generellen (Verfügungs-)Beschränkung unterworfen.

> **Beispiel:** Damit ist ein Ehegatte grundsätzlich nicht daran gehindert, über (seine) Hausratsgegenstände zu verfügen, verschwenderische Geschenke zu machen, Dritten treuhänderisch Sachen zu übertragen und sogar Grundstücke zu veräussern oder zu belasten (zur Behandlung solcher Rechtshandlungen durch das Güterrecht etwa S. 74).

Soweit es jedoch die Sicherung der wirtschaftlichen Grundlagen der Familie oder die Erfüllung einer vermögensrechtlichen Verpflichtung aus der ehelichen Gemeinschaft erfordert, kann das Gericht nach Art. 178 Abs. 1 ZGB auf Begehren eines Ehegatten die Verfügung über bestimmte Vermögenswerte von dessen Zustimmung abhängig machen.

> **Beispiel:** Von Bedeutung ist hier etwa die Verpflichtung zum Unterhalt der Familie nach Art. 163 ZGB, soweit sie auf Geldzahlung gerichtet ist (zur Sicherung nachehelichen Unterhalts hingegen S. 154 f.). Als besonders geregelte vermögensrechtliche Verpflichtung aus der ehelichen Gemeinschaft kommen weiter im ehelichen Güterrecht begründete Ansprüche in Betracht, wie etwa der Anspruch eines Ehegatten auf Beteiligung am Vorschlag nach den Art. 215–217 ZGB (S. 102 ff.).

Das Gericht trifft die geeigneten sichernden Massnahmen (Art. 178 Abs. 2 ZGB).

> **Beispiel:** Geeignete sichernde Massnahmen können etwa die Sperre von Guthaben oder die Hinterlegung von Vermögenswerten sein.

Untersagt das Gericht einem Ehegatten, über ein Grundstück zu verfügen, lässt es dies nach Art. 178 Abs. 3 ZGB von Amtes wegen im Grundbuch anmerken.

6. Änderung der Verhältnisse

Ändern sich die Verhältnisse, so passt das Gericht auf Begehren eines Ehegatten nach Art. 179 Abs. 1 Satz 1 ZGB die getroffenen Massnahmen an oder hebt sie auf, wenn ihr Grund weggefallen ist. Dies soll (nur) der Fall sein, wenn die Veränderung wesentlich und dauerhaft ist – oder die Massnahmen mit unzutreffenden Verhältnissen begründet wurden.

> **Hinweis:** Vor dem Hintergrund, dass die Kindesschutzbehörde über Abänderungen der elterlichen Sorge zu entscheiden hat, soweit sich diese Frage losgelöst von einem eherechtlichen Verfahren oder dem Streit um den Unterhaltsbeitrag stellt (S. 210), gelten nach Art. 179 Abs. 1 Satz 2 ZGB die Bestimmungen über die Änderung der Verhältnisse bei Scheidung sinngemäss (zu diesen S. 157).

Die für das Getrenntleben angeordneten Massnahmen fallen von Gesetzes wegen dahin, wenn die Ehegatten das Zusammenleben wieder aufnehmen – mit Ausnahme der Massnahme der Gütertrennung und der Kindesschutzmassnahmen (Art. 179 Abs. 2 ZGB). Diese Massnahmen sind selbständig begründet. So kann das Gericht nach Art. 187 Abs. 2 ZGB auf Begehren eines Ehegatten die Wiederherstellung des früheren Güterstandes erst dann anordnen, wenn der Grund der Gütertrennung bzw. die sie begründenden Umstände weggefallen sind (S. 74 f.). Auch Kindesschutzmassnahmen sind nach Art. 313 Abs. 1 ZGB (nur) der neuen Lage anzupassen, wenn sich die diesen zugrunde liegenden besonderen Verhältnisse verändern (S. 226 f.).

§ 6 Das Güterrecht der Ehegatten

Der sechste Titel des Zivilgesetzbuchs umfasst mit den Art. 181–251 ZGB «Das Güterrecht der Ehegatten». «Gut» – das kommt von althochdeutsch «guot» und bezeichnet «Gutes, Vermögen, Besitz». Das Güterrecht des sechsten Titels enthält somit besondere Bestimmungen über das Verhältnis der Ehegatten zu ihren Gütern, zu ihrem Vermögen. Mit Eingehung der Ehe, mit Begründung der «ehelichen Gemeinschaft» stellt sich die Frage, ob diese Gemeinschaft auch Einfluss auf das bis dahin eigene Vermögen der Ehegatten hat. Und was vermögen die Ehegatten dann als Gemeinschaft? Gibt es ein gemeinsames Vermögen, ein Gemeinschaftsvermögen? Schliesslich: Was passiert, wenn die eheliche Gemeinschaft wieder aufgelöst wird, durch Scheidung oder Tod?

Diese Fragen beantworten die Art. 181–251 ZGB. Der Gesetzgeber hat sie in einem eigenen Abschnitt zusammengefasst und so den Bestimmungen über «Die Wirkungen der Ehe im Allgemeinen» gegenübergestellt, die für die Eheleute unabhängig von ihrem Güterstand gelten – und dabei zugleich auch vermögensrechtliche Bestimmungen umfassen (zu den Gründen oben S. 46 f.). «Das Güterrecht der Ehegatten» stellt damit letztlich nur einen Ausschnitt aus dem ehelichen Vermögensrecht dar.

A. Allgemeine Vorschriften

I. Ordentlicher Güterstand

Nach Art. 181 ZGB unterstehen die Ehegatten den Vorschriften über die Errungenschaftsbeteiligung (Art. 196–220 ZGB), sofern sie nicht durch Ehevertrag etwas anderes vereinbaren oder der ausserordentliche Güterstand eingetreten ist.

Ehevertrag	Ordentlicher Güterstand	Ausserordentlicher Güterstand

1. *Freiheit des Ehevertrags*

Die grundlegende Frage, die der Gesetzgeber mit Art. 181 ZGB beantwortet hat, ist: Dürfen die Ehegatten selbst bestimmen, wie sie während der Ehe zu ihren Gütern stehen? Der schweizerische Gesetzgeber hat sich im Ausgangspunkt mit Art. 181 ZGB für die Freiheit der Ehegatten entschieden, einen Vertrag über ihren Güterstand abzuschliessen. Besondere Bestimmungen hierzu folgen in den Art. 182–184 ZGB.

2. *Der ordentliche Güterstand*

Der Gesetzgeber wollte die Ehegatten jedoch nicht zwingen, bei Eheschluss eine Entscheidung über ihren Güterstand zu treffen – nicht zuletzt, weil «die Prognose für einen sachgerechten Entscheid im Allgemeinen ohnehin wenig günstig ist, da sich Brautleute grössere eheliche Schwierigkeiten oder gar eine Scheidung nicht vorstellen können oder wollen».

Damit musste der Gesetzgeber jedoch die Frage beantworten, welcher Güterstand gelten sollte, wenn die Ehegatten bei Eheschliessung keine Vereinbarung über den Güterstand getroffen haben. Ausgangspunkt wäre gewesen, dass die Güter getrennt bleiben, sprich eine Gütertrennung – sozusagen als «Negation der güterrechtlichen Verbindung von Mann und Frau». Dagegen sprach jedoch in den Augen des Gesetzgebers die (Rechts-)Erwartung der Ehegatten:

> «Man darf von dem gesetzlichen System verlangen, dass es die Wirkungen festhalte, die in guten Treuen vorherrschend als mit der Ehe verbunden gedacht werden. Denn die Ehe ist keine Handelsgesellschaft, die man eingehen mag oder nicht, je nach den vermögensrechtlichen Chancen, die sie bietet. Sie ist eine Gemeinschaft, die unabhängig von den vermögensrechtlichen Wirkungen eingegangen wird, und deren Wirkungen eben deshalb nicht bloss durch Vertrag, sondern, soweit es die sittliche Grundlage erfordert, auch vermögensrechtlich ohne weiteres durch Gesetz begründet werden sollen.»

Der Gesetzgeber stand daher vor der Aufgabe, eine Ordnung vorzusehen, die «in einer einigermassen harmonischen Ehe in durchschnittlichen wirtschaftlichen Verhältnissen und mit durchschnittlichen gesellschaftlichen Vorstellungen über die Stellung von Mann und Frau als richtig angesehen und praktiziert wird»: den sogenannten ordentlichen Güterstand.

Mit der heute geltenden Regelung sucht der Gesetzgeber einen Ausgleich «zwischen dem Bestreben nach Gleichberechtigung von Ehemann und Ehefrau und Anerkennung der Persönlichkeit jedes Ehegatten einerseits und dem Anliegen, das Wohl der ehelichen Gemeinschaft zu fördern und zu unterstützten, anderseits». Damit ist zwar auch aus dieser Perspektive von der Trennung des eigenen Guts, des Eigenguts jedes Ehegatten während der Ehe auszugehen. Darüber hinaus verweist der Gesetzgeber jedoch auf rechtstatsächliche Untersuchungen, die gezeigt hätten, wie sehr die Ehe weiter, mit Blick insbesondere auf die «wirtschaftliche Bedeutung der Tätigkeit im Haus», als «wirtschaftliche Einheit empfunden» wird. Die Gütertrennung wurde daher im Gesetzgebungsverfahren als ordentlicher Güterstand abgelehnt, und vielmehr das, was die Ehegatten während der Ehe «erringen», besonders berücksichtigt. Als ordentlichen Güterstand hat der Gesetzgeber daher eine sogenannte Errungenschaftsbeteiligung gewählt, die er durch die Art. 196–220 ZGB näher bestimmt.

3.   Der ausserordentliche Güterstand

Neben den ordentlichen Güterstand, der an das gesetzliche Leitbild der Ehe als partnerschaftliche Gemeinschaft anknüpft, und den durch (Ehe-)Vertrag vereinbarten Güterstand, stellt Art. 181 ZGB schliesslich einen «ausserordentlichen Güterstand». Unabhängig vom Willen der Ehegatten sieht dieser bei Eintritt ausser*ordentlicher* Umstände in der Ehe einen ebenso ausserordentlichen Güterstand vor, der durch die 185–192 ZGB näher geregelt wird (S. 72 ff.).

II. Ehevertrag

Vor der Regelung des ausserordentlichen Güterstandes folgen auf den einleitenden Art. 181 ZGB aber mit den Art. 182–184 ZGB zunächst besondere Vorschriften über den «Ehevertrag»: den Inhalt des Vertrages (Art. 182 ZGB), die Vertragsfähigkeit (Art. 183 ZGB) und die Form des Vertrages (Art. 184 ZGB).

1. *Inhalt des Vertrages*

Ein Ehevertrag kann nach Art. 182 Abs. 1 ZGB vor oder nach der Heirat geschlossen werden, d.h., der güterrechtliche Vertrag ist unabhängig von dem Vertrag bzw. der Schliessung der Ehe als solcher.

Inhalt des Vertrages kann damit die Begründung, aber auch eine Änderung des bestehenden Güterstandes sein.

> Hinweis: Dies ist nicht selbstverständlich, besteht doch etwa die Gefahr, dass diese Freiheit zum Schaden Dritter missbraucht, insbesondere Vermögen dem Zugriff von Gläubigern entzogen wird. Denkbar ist dies etwa bei einem Wechsel vom Güterstand der Gütergemeinschaft zum ordentlichen Güterstand der (blossen) Errungenschaftsbeteiligung. Der Gesetzgeber hat versucht, über die «Form des Vertrages» nach Art. 184 ZGB (S. 72) und den «Schutz der Gläubiger» nach Art. 193 ZGB (S. 76). Ausgleich für dadurch begründete Gefahren zu schaffen.

Nachdem Art. 181 ZGB noch die (Ehe-)Vertragsfreiheit als Grundsatz hervorhebt, bestimmt Art. 182 Abs. 2 ZGB die Rückbindung an bestimmte (Ehe-)Vertragstypen des Gesetzes: Die Verlobten oder Ehegatten können ihren Güterstand nur innerhalb der gesetzlichen Schranken wählen, aufheben oder ändern. Zwar wären von der Ehevertragsfreiheit im Grundsatz auch für einen Ehegatten benachteiligende und gänzlich untypische Vereinbarungen des ehelichen Güterstandes erfasst gewesen. Der Gesetzgeber wollte jedoch einerseits damit verbundene Benachteiligungen der Ehegatten so weit wie möglich verhindern. Andererseits sah er in untypischen Vereinbarungen eine Gefahr für die Sicherheit im Rechtsverkehr, sprich für Dritte, die wie Gläubiger, aber auch potentielle (Rechts-)Geschäftspartner ein (rechtliches) Interesse am Vermögen der Ehegatten haben. Es bliebe ungewiss, wem die Güter wirklich gehören und wer darüber verfügen darf. Der Gesetzgeber hat sich daher entschieden, den Ehegatten im Gesetz zwingend bestimmte Vertragstypen vorzugeben: den Güterstand der Errungenschaftsbeteiligung (Art. 196–220 ZGB), den Güterstand der Gütergemeinschaft (Art. 221–246 ZGB) sowie den Güterstand der Gütertrennung (Art. 247–251 ZGB).

Errungenschaftsbeteiligung	Gütergemeinschaft	Gütertrennung

In diesem, vom Gesetzgeber vorgegebenen Rahmen, sollen die Ehegatten jedoch «Spielraum für formlose Abreden entsprechend ihren spezifischen persönlichen Bedürfnissen haben und nicht jedes Mal auf den Abschluss eines Ehevertrages angewiesen sein, wenn der ordentliche Güterstand ihren Vorstellungen nicht vollständig entspricht» (zu solchem Gestaltungsspielraum etwa S. 83).

2. Vertragsfähigkeit

Die (Ehe-)Vertragsfähigkeit regelt Art. 183 ZGB. Sie stellt sich als Konkretisierung des allgemeinen Handlungsfähigkeitsrechts dar.

Hinweis: Um Interessen des Rechtsverkehrs zu genügen, setzt das Gesetz für die Handlungsfähigkeit grundsätzlich die Volljährigkeit voraus – knüpft aber hieran die Vermutung der Urteilsfähigkeit. Eine Ausnahme hiervon regelt Art. 19c Abs. 1 ZGB, nach dem urteilsfähige handlungsunfähige Personen die Rechte, die ihnen um ihrer Persönlichkeit willen zustehen, selbständig ausüben – vorbehalten die Fälle, in welchen das Gesetz die Zustimmung des gesetzlichen Vertreters vorsieht. Grund dieser Regelung ist die Wertung des Gesetzgebers, dass die Ausübung des infrage stehenden Rechts dem (Rechts-)Verkehrsschutz vorgeht, so dass unmittelbar an die Urteilsfähigkeit angeknüpft werden kann. Drittinteressen soll in diesem Fall durch den Vorbehalt der Zustimmung des gesetzlichen Vertreters genügt werden.

Der Gesetzgeber wertet das Recht, einen Ehevertrag abzuschliessen, ausdrücklich als höchstpersönliches Recht im Sinne des Art. 19c Abs. 1 Hs. 1 ZGB, so dass auch der urteilsfähige, aber handlungsunfähige Ehegatte dieses Recht selbständig ausübt. Einen Vorbehalt der Zustimmung des gesetzlichen Vertreters nach Art. 19c Abs. 1 Hs. 2 ZGB bestimmt hingegen Art. 183 Abs. 2 ZGB: «Minderjährige sowie volljährige Personen unter einer Beistandschaft, die den Abschluss eines Ehevertrags umfasst, bedürfen der Zustimmung ihres gesetzlichen Vertreters.»

3. Form des Vertrages

Mit der von Art. 184 ZGB geregelten «Form des Vertrages» ist der Schutz der Ehegatten vor Übereilung, Übervorteilung, zugleich jedoch auch ein gewisser Drittschutz bezweckt. So muss der Ehevertrag öffentlich beurkundet werden – und von den vertragschliessenden Personen sowie gegebenenfalls vom gesetzlichen Vertreter unterzeichnet werden.

> Hinweis: Überlegt hatte der Gesetzgeber noch, ob dieses Formerfordernis nicht im Einzelfall mit der Form der Eheschliessung nach Art. 102 ZGB verbunden werden könnte. Letztlich hat sich der Gesetzgeber jedoch für eine besondere (Schutz-)Vorschrift entschieden.

Über Art. 184 ZGB kommt zugleich die Wertung des Gesetzgebers zum Ausdruck, dass das Recht, einen Ehevertrag abzuschliessen, so eng mit der Persönlichkeit der Ehegatten verbunden ist, dass der Wille einer anderen Person nicht an Stelle des Willens der Ehegatten treten kann. Damit ist insbesondere eine Vertretung durch den gesetzlichen Vertreter nach Art. 19c Abs. 2 ZGB ausgeschlossen.

III. Ausserordentlicher Güterstand

Wie die Art. 182–184 ZGB den in Art. 181 ZGB genannten «Ehevertrag» näher regeln, hat der Gesetzgeber auch den in Art. 181 ZGB genannten «ausserordentlichen Güterstand» mit den Art. 185–192 ZGB näher geregelt.

Mit dem ausserordentlichen Güterstand knüpft der Gesetzgeber dabei weder an den ordentlichen Gang der Dinge noch an einen etwaigen Willen der Ehegatten an, sondern an für die Ehe ausserordentliche Umstände. Der ausserordentliche Gerichtsstand tritt ein: «Auf Begehren eines Ehegatten» (Art. 185–187 ZGB), oder «Bei Konkurs und Pfändung» (Art. 188–191 ZGB). In beiden Fällen hält es der Gesetzgeber für angezeigt, die Vermögen der Ehegatten zu entflechten, und verweist mit den Art. 185 Abs. 1 ZGB und Art. 188 ZGB auf einen der typischen Güterstände, der Typen des Gesetzes: die Gütertrennung. Die so mit der Änderung verbundene «Güterrechtliche Auseinandersetzung» des alten Güterstandes regelt abschliessend Art. 192 ZGB.

1. *Auf Begehren eines Ehegatten*

a. Anordnung

Die Gütertrennung wird auf das Begehren eines Ehegatten vom Gericht angeordnet, wenn ein wichtiger Grund dafür vorliegt (Art. 185 Abs. 1 ZGB). Man kann dies vereinfacht als ausser-ordentliche Kündigung des geltenden Güterstandes betrachten. Wie bei ausserordentlichen Kündigungen üblich, setzt diese einen wichtigen Grund voraus. Dabei ist jedoch mit Art. 185 Abs. 1 ZGB ein besonderes Verfahren zur Feststellung dieses Grundes vor Gericht vorgesehen.

Ein wichtiger Grund soll nach dem Willen des Gesetzgebers vorliegen, wenn das Funktionieren des Güterstandes ernstlich gefährdet ist oder jeglichen Sinn verloren hat. Nach Art. 185 Abs. 2 ZGB liegt ein wichtiger Grund namentlich vor, wenn eine Weiterführung der ehelichen Gemeinschaft im Hinblick auf ein gemeinsames Wirtschaften nicht mehr gerechtfertigt erscheint (insbesondere Ziff. 1 und 2), oder das hierfür erforderliche Zusammenwirken nicht mehr gegeben ist (Ziff. 3–5), sprich:

- wenn der andere Ehegatte überschuldet ist oder sein Anteil am Gesamtgut gepfändet wird (Ziff. 1);

- wenn der andere Ehegatte die Interessen des Gesuchstellers oder der Gemeinschaft gefährdet (Ziff. 2); gemeint sind damit die güterrechtlichen Ansprüche und Anwartschaften des anderen Ehegatten bzw. die wirtschaftliche Grundlage der ehelichen Gemeinschaft;

> **Beispiel:** Eine solche Interessengefährdung kann etwa bei schlechter Verwaltung, Misswirtschaft oder Verschwendung gegeben sein.

- wenn der andere Ehegatte in ungerechtfertigter Weise die erforderliche Zustimmung zu einer Verfügung über das Gesamtgut verweigert (Ziff. 3); bezuggenommen wird damit auf Art. 228 Abs. 1 ZGB über die Gütergemeinschaft (dazu unten S. 112 f.);
- wenn der andere Ehegatte dem Gesuchsteller die Auskunft über sein Einkommen, sein Vermögen und seine Schulden oder über das Gesamtgut verweigert (Ziff. 4), und damit seine Auskunftspflicht nach Art. 170 ZGB nicht erfüllt (zu dieser oben S. 58);
- wenn der andere Ehegatte dauernd urteilsunfähig ist (Ziff. 5); nach Ansicht des Gesetzgebers ist in diesem Fall ein gemeinsames Wirtschaften nicht mehr möglich. Umgekehrt kann auch der gesetzliche Vertreter der urteilsunfähigen Person nach Art. 185 Abs. 3 ZGB die Anordnung der Gütertrennung verlangen.

b.   Aufhebung

Trotz Anordnung des ausser*ordentlichen* Güterstandes kann jedoch auch wieder zurück zur Ordnung gefunden werden. So können die Ehegatten jederzeit durch Ehevertrag wieder ihren früheren oder einen anderen Güterstand vereinbaren (Art. 187 Abs. 1 ZGB). Hinzu tritt, dass die Anordnung eben auf ausser-ordentlichen Umständen beruht. Ist daher der Grund der Anordnung weggefallen, so kann das Gericht auf Begehren eines Ehegatten die Wiederherstellung des früheren Güterstandes anordnen (Art. 187 Abs. 2 ZGB).

2. Bei Konkurs und Pfändung

Auch bei Konkurs und Pfändung hält es der Gesetzgeber für angezeigt, die Vermögen der Ehegatten zu entflechten.

Der Konkurs führt dazu, dass sämtliches pfändbare Vermögen, das dem Schuldner zurzeit der Konkurseröffnung gehört, gleichviel wo es sich befindet, eine einzige (Konkurs-)Masse bildet, die zur gemeinsamen Befriedigung der Gläubiger dient (Art. 197 Abs. 1 SchKG). Der Gesetzgeber lässt daher nach Art. 188 ZGB von Gesetzes wegen Gütertrennung eintreten, wenn über einen Ehegatten, der in Gütergemeinschaft lebt, der Konkurs eröffnet wird.

Das Bedürfnis, die Vermögen der Ehegatten zu entflechten, kann sich auch bei Pfändung ergeben. Ist ein Ehegatte, der in Gütergemeinschaft lebt, für eine Eigenschuld betrieben und sein Anteil am Gesamtgut gepfändet worden, kann daher nach Art. 189 ZGB die Aufsichtsbehörde in Betreibungssachen beim Gericht die Anordnung der Gütertrennung verlangen. Das Begehren richtet sich dabei gegen beide Ehegatten (Art. 190 Abs. 1 ZGB).

Die Ehegatten können nicht von sich aus zur Gütergemeinschaft zurückkehren, wenn die Gläubiger befriedigt sind. Art. 191 Abs. 1 ZGB schränkt zum Gläubigerschutz die Ehevertragsfreiheit ein. Grundsätzlich kann nur das Gericht nach Art. 191 Abs. 1 ZGB auf Begehren eines Ehegatten die Wiederherstellung der Gütergemeinschaft anordnen. Etwas anderes gilt für die Errungenschaftsbeteiligung, bei der nach Ansicht des Gesetzgebers eine solche Gefährdung von Gläubigerinteressen nicht gegeben ist – und die die Ehegatten daher nach Art. 191 Abs. 2 ZGB durch Ehevertrag vereinbaren können.

3. Güterrechtliche Auseinandersetzung

Die Frage, was bei Eintritt des ausserordentlichen Güterstandes der Güter-Trennung mit dem bisherigen Güterstand passiert, hat der Gesetzgeber mit Art. 192 ZGB entschieden: tritt Gütertrennung ein, so gelten für die güterrechtliche Auseinandersetzung die Bestimmungen des bisherigen Güterstandes, sofern das Gesetz nichts anderes bestimmt. Die Bestimmungen des bisherigen Güterstandes sind die später im Gesetz behandelten Art. 204–220 ZGB über die «Auflösung ... und Auseinandersetzung» des ordentlichen Güterstandes der Errungenschaftsbeteiligung sowie die Art. 236–246 ZGB für den Güterstand der Gütergemeinschaft (dazu unten S. 88 ff. und 118 ff.).

IV. Schutz der Gläubiger

Auch wenn sich der Gesetzgeber im Grundsatz für die Vertragsfreiheit in Bezug auf Begründung und Änderung des Güterstandes entschieden hat, so hat er den Gläubigerschutz nicht aus den Augen verloren. So kann durch Begründung oder Änderung des Güterstandes oder durch güterrechtliche Auseinandersetzungen ein Vermögen, aus dem bis anhin die Gläubiger eines Ehegatten oder der Gemeinschaft Befriedigung verlangen konnten, dieser Haftung nicht entzogen werden (Art. 193 Abs. 1 ZGB). Aber selbst, wenn ein solches Vermögen auf einen Ehegatten übergegangen ist, so hat dieser die Schulden zu bezahlen, kann sich aber von dieser Haftung so weit befreien, als er nachweist, dass das empfangene Vermögen hierzu nicht ausreicht (Art. 193 Abs. 2 ZGB).

V. Verwaltung des Vermögens eines Ehegatten durch den anderen

Abschliessend die allgemeinen Vorschriften über das Güterrecht der Ehegatten wendet sich der Gesetzgeber zunächst der Verwaltung der Güter, der Vermögensverwaltung selbst zu. Die Vermögensverwaltung als solche unterstellt der Gesetzgeber keiner besonderen Regelung. Sie erfolgt daher im Grundsatz durch den jeweiligen Ehegatten.

Häufig kommt es jedoch vor, dass die Vermögensverwaltung einem der Ehegatten überlassen wird. Hat ein Ehegatte dem anderen ausdrücklich oder stillschweigend die Verwaltung seines Vermögens überlassen, so gelten die Bestimmungen über den Auftrag, sofern nichts anderes vereinbart ist (Art. 195 Abs. 1 ZGB). Bedeutung gewinnt damit auch Art. 394 Abs. 3 OR, nach dem eine Vergütung (nur) zu leisten ist, wenn sie verabredet oder üblich ist. Im vorliegenden Zusammenhang geht der Gesetzgeber jedoch davon aus, dass die Vermögensverwaltung regelmässig unentgeltlich ist, da sie vor dem Hintergrund des Art. 166 Abs. 2 ZGB als Beitrag zum ehelichen Unterhalt anzusehen sei. Vorbehalten bleiben aber namentlich die Verpflichtungen des Auftraggebers nach Art. 402 OR, zum Ersatz von Auslagen und Verwendungen sowie eines erwachsenen Schadens.

Diese, wie auch etwaige Verpflichtungen des vermögensverwaltenden Ehegatten bei Beendigung der Vermögensverwaltung, sind wiederum aus der Perspektive der besonderen Beistandspflichten in der ehelichen Gemeinschaft zu betrachten. Die (besonderen) Bestimmungen über die Tilgung von Schulden zwischen Ehegatten bleiben daher nach Art. 195 Abs. 2 ZGB vorbehalten. Sie finden sich in den Vorschriften zu den einzelnen Güterständen, sprich Art. 203 Abs. 2, Art. 235 Abs. 2 und Art. 250 Abs. 2 ZGB (dazu S. 87, 117 und 126).

VI.   Inventar

Schliesslich schreibt Art. 195a ZGB die Pflicht zum einträchtigen Zusammenwirken zum Wohl der Gemeinschaft nach Art. 159 Abs. 2 ZGB sowie die Auskunftspflicht nach Art. 170 ZGB über das Einkommen, Vermögen und Schulden für das Güterrecht der Ehegatten fort. Jeder Ehegatte kann jederzeit vom anderen verlangen, dass er bei der Aufnahme eines Inventars ihrer Vermögenswerte mit öffentlicher Urkunde mitwirkt (Art. 195a Abs. 1 ZGB). Anknüpfend hieran wird ein solches Inventar nach Art. 195a Abs. 2 ZGB als richtig vermutet, wenn es binnen eines Jahres seit Einbringen der Vermögenswerte errichtet wurde (zu sich ansonsten stellenden Beweisproblemen unten S. 83 ff. und 110).

B. Der ordentliche Güterstand der Errungenschaftsbeteiligung

Anschliessend an die allgemeinen Vorschriften zum Güterrecht wendet sich der Gesetzgeber den einzelnen Güterständen zu. Das Verhältnis, in dem die Ehegatten zu ihren Gütern, zu ihrem Vermögen im ordentlichen Güterstand stehen, regelt der Gesetzgeber in den Art. 196–220 ZGB unter der Abschnittsüberschrift «Der ordentliche Güterstand der Errungenschaftsbeteiligung».

I. In Abgrenzung: Errungenschaftsgemeinschaft

Eine Möglichkeit, das erwirtschaftete Gut und damit die Errungenschaft der Ehegatten während der Ehe zu berücksichtigen, wäre es gewesen, die während der Ehe fortbestehende Gütertrennung, die grundsätzliche Trennung der Vermögen der Ehegatten, durch ein gemeinschaftliches Vermögen zu ergänzen – das das, was jeder der Ehegatten während der Ehe «erringt», umfasst (die sogenannte Errungenschaftsgemeinschaft).

Damit hätten sich jedoch in den Augen des Gesetzgebers zum einen praktische Schwierigkeiten der Regelung von Verwaltung und Verfügung dieses Gemeinschaftsvermögens ergeben, insbesondere vor dem Hintergrund drohenden Missbrauchs. Zum anderen wäre mit einer Gemeinschaft der Errungenschaften im Grundsatz auch eine Gemeinschaft der Haftung namentlich für Unternehmungen des anderen Ehegatten verbunden gewesen.

Auf der Suche nach einem (ordentlichen) Güterstand, «der einerseits den Ehegatten möglichst grosse Freiheit einräumt, anderseits aber auch den Gemeinschaftsgedanken zur Geltung bringt», entschied sich der Gesetzgeber daher statt für die Gütertrennung oder die Errungenschaftsgemeinschaft für einen dritten Weg: einen sogenannten Güterstand der Errungenschafts*beteiligung*, der durch die Art. 196–220 ZGB näher bestimmt wird.

Die Vermögen der Ehegatten und damit auch ihre jeweilige Errungenschaft bleiben in diesem Güterstand während der Ehe getrennt, um so den einzelnen Ehegatten eine möglichst grosse Freiheit einzuräumen und zugleich Missbrauchsgefahren und praktische Schwierigkeiten bei Verwaltung und Verfügung über ein Gemeinschaftsvermögen zu vermeiden. Schulden, die ein Ehegatte während der Ehe begründet, belasten grundsätzlich nur sein Vermögen. Der eheliche Gemeinschaftsgedanke soll während der Ehe (bloss) durch gegenseitige Pflichten zum Ausdruck gebracht werden, einerseits zur Förderung der Gemeinschaft, andererseits aber auch mit dem von Art. 164 ZGB bestimmten Anspruch des haushaltsführenden Ehegatten auf einen angemessenen Anteil am Einkommen des anderen zur freien Verfügung (S. 52).

Hingegen wird bei Auflösung der Ehe durch Scheidung oder Tod und damit bei Liquidation der Gemeinschaft und des mit ihr bestehenden Pflichtenverhältnisses für die Zukunft eine Beteiligung an der Errungenschaft des anderen Ehegatten vorgesehen. Haftungsrisiken wird dadurch begegnet, dass nur eine Beteiligung an der positiven Errungenschaft, dem Vorschlag, nicht an der negativen, dem Rückschlag, vorgesehen ist. Die Beteiligung an wirtschaftlichen Risiken bleibt damit auf die Hälfte der eigenen Errungenschaft beschränkt.

II. Eigentumsverhältnisse

Das Verhältnis, in dem die Ehegatten in diesem ordentlichen Güterstand der Errungenschaftsbeteiligung zu ihrem Eigentum stehen, die «Eigentumsverhältnisse», regelt der Gesetzgeber näher in den Art. 196–200 ZGB.

1. Zusammensetzung

Der ordentliche Güterstand der Errungenschaftsbeteiligung zeichnet sich durch eine grundsätzliche Trennung der Güter während der Ehe aus; der Gemeinschaftsgedanke der Ehe wird den Vermögen von aussen durch gegenseitige Pflichten übergestülpt (oben S. 79). Die (Beteiligung an der) Errungenschaft selbst tritt nur bei Auflösung der Ehe hervor.

Der Güterstand der Errungenschaftsbeteiligung umfasst daher nach Art. 196 ZGB die Errungenschaft und das Eigengut jedes Ehegatten. Der Gesetzgeber hat also schon während der Ehe das Vermögen jedes Ehegatten in Eigengut und (Eigen-)Errungenschaft jedes Ehegatten geteilt.

Damit wird zum einen die Wertung und Berechnung gegenüber einer nachträglichen Herauslösung von Werten aus dem Vermögen des anderen Ehegatten erleichtert. Zum anderen kann der Gesetzgeber mit der Errungenschaft als Einheit nun auch in anderer Hinsicht rechnen, wenn andere Interessen bei der Auflösung hinzutreten, wie etwa im Fall des Todes eines Ehegatten im Rahmen des Erbrechts.

2. Errungenschaft

Was «Errungenschaft» ist, wird von Art. 197 Abs. 1 ZGB näher bestimmt: die Vermögenswerte, die ein Ehegatte während der Dauer des Güterstandes entgeltlich erwirbt – sprich grundsätzlich was als Gegenleistung für eine Leistung des Ehegatten erworben wird. Solche Fälle zählt Art. 197 Abs. 2 ZGB beispielhaft auf. Die Errungenschaft eines Ehegatten umfasst danach insbesondere:

- seinen Arbeitserwerb (Ziff. 1);

- die Leistungen von Personalfürsorgeeinrichtungen, Sozialversicherung und Sozialfürsorgeeinrichtungen (Ziff. 2); diese sind Ersatz für eine verminderte oder fehlende Arbeitsfähigkeit; da die Pensionskassen durch Zahlungen von Arbeitgebern und Arbeitnehmern getragen werden (zweite Säule, S. 138 ff.), handelt es sich um einen «zeitlich aufgeschobenen Lohn»;

- die Entschädigungen wegen Arbeitsunfähigkeit (Ziff. 3); wie bei den Fürsorgeleistungen nach Ziff. 2 handelt es sich bei diesen Schadensersatzleistungen um Ausgleich für die verminderte oder fehlende Arbeitsfähigkeit, nur anders begründet;

- die Erträge seines Eigengutes (Ziff. 4); der Gesetzgeber wollte hiermit die Interessengemeinschaft der Ehegatten stärker betonen; die Gemeinschaft wird damit ähnlich einer Nutzniesserin am Eigengut behandelt;

- Ersatzanschaffungen für Errungenschaft (Ziff. 5); d.h., dass der neue Vermögenswert den gleichen Regeln wie der ersetzte Vermögenswert folgt – was einen «engen Zusammenhang» voraussetzt.

> **Beispiel:** Nach Willen des Gesetzgebers kann es sich dabei um einen mittelbaren oder unmittelbaren Ersatz handeln: unmittelbar, wenn etwa die Versicherungs- oder Enteignungsentschädigung eine zerstörte Sache oder eine enteignete Liegenschaft ersetzt, mittelbar, wenn ein Vermögenswert verkauft, ein Preis dafür gelöst und mit diesem Preis ein anderer Wert gekauft

> wird, wie bei dem Verkauf eines Bildes zwecks Finanzierung
> eines Personenwagens.

Als weitere, nicht namentlich aufgeführte Vermögenswerte, gehören zur Errungenschaft etwa der Betrag zur freien Verfügung des haushaltführenden Ehegatten (Art. 164 ZGB), der Ausgleich für die ausserordentliche Mitarbeit des Ehegatten im Beruf oder Gewerbe des anderen (Art. 165 Abs. 1 ZGB), die Geldbeiträge an den Unterhalt der Familie des einen an den anderen Ehegatten (Art. 163, 173 und 176 Abs. 1 ZGB), sowie auch die Unterhaltsleistungen Dritter aufgrund einer gesetzlichen (Art. 276, 295, 328 ZGB, S. 240, 253, 262) oder moralischen Pflicht.

Zu beachten ist aber auch hier, dass die Zuordnung zur Errungenschaft die freie Verfügung des Ehegatten über sein (Errungenschafts-)Vermögen grundsätzlich nicht einschränkt (dazu weiter unten S. 85 f.).

3. Eigengut

a. Nach Gesetz

Eigengut sind nach Art. 198 ZGB von Gesetzes wegen:

– die Gegenstände, die einem Ehegatten ausschliesslich zum persönlichen Gebrauch dienen (Ziff. 1); gemeint sind mit «Gegenständen» im Grundsatz bewegliche Sachen, die im Eigentum eines Ehegatten stehen und wegen ihrer Beschaffenheit oder Zweckbestimmung dem Eigentümer zum eigenen und ausschliesslichen Gebrauch dienen;

> Beispiel: Dies können im Einzelfall etwa Kleidungsstücke, Bücher, Erinnerungsgegenstände oder Sport- und Hobbygerätschaften sein.

- die Vermögenswerte, die einem Ehegatten zu Beginn des Güterstandes gehören oder ihm später durch Erbgang oder sonstwie unentgeltlich zufallen (Ziff. 2), damit Vermögenswerte, die nicht von den Ehegatten während der Ehe «errungen» wurden;
- Genugtuungsansprüche (Ziff. 3), bei denen es also nicht um Schadensersatz für ein Gut, sondern um die eigene Persönlichkeit geht, ohne Wirkung nach aussen;
- Ersatzanschaffungen für Eigengut (Ziff. 4), wobei auch hier ein «enger Zusammenhang» (S. 81 f.) vorausgesetzt wird.

b.   Nach Ehevertrag

Diese Zuordnung von Vermögen zu Errungenschaft und Eigengut und damit zu unterschiedlichen Rechtsfolgen bei Auflösung des Güterstandes nimmt der Gesetzgeber denn auch als Anknüpfungspunkt, um den Ehegatten (Gestaltungs-)Freiheit innerhalb des Güterstandes der Errungenschaftsbeteiligung zu eröffnen – und so ihren «besonderen Verhältnissen» Rechnung zu tragen (siehe oben S. 71 f.). So hält es der Gesetzgeber für zulässig, dass Ehegatten durch Ehevertrag Vermögenswerte der Errungenschaft, die für die Ausübung eines Berufes oder den Betrieb eines Gewerbes bestimmt sind, zu Eigengut erklären (Art. 199 Abs. 1 ZGB). Überdies sollen die Ehegatten nach Art. 199 Abs. 2 ZGB durch Ehevertrag vereinbaren können, dass Erträge aus dem Eigengut nicht in die Errungenschaft fallen.

4.   *Beweis*

In der ehelichen Gemeinschaft, beim Zusammenleben der Ehegatten, ist es jedoch oft nicht (mehr) einfach, festzustellen, wer Eigentümer eines bestimmten Vermögenswerts ist – und nicht selten weiter, ob dieser Vermögenswert Eigengut oder Errungenschaft ist. Mit Art. 195a ZGB hat der Gesetzgeber dieser besonderen Interessenlage allgemein Rechnung getragen, indem er vorsieht, dass jeder Ehegatte jederzeit vom anderen verlangen kann, dass er bei der Aufnahme eines Inventars ihrer Vermögenswerte mit öffentlicher Urkunde mitwirkt, und dieses Inventar als richtig vermutet wird, wenn es binnen eines Jahres seit Einbringen der Vermögenswerte errichtet wurde (dazu S. 77 f.). Ungelöst bleibt die zugrunde liegende Problemstellung jedoch in Fällen, in denen kein (hinreichendes) Inventar aufgenommen wurde.

Mit Art. 200 Abs. 1 ZGB wendet sich der Gesetzgeber daher zunächst der Frage des Eigentums, der Zugehörigkeit eines Vermögenswerts zu einem (Vermögen) der Ehegatten für den Fall des Güterstandes der Errungenschaftsbeteiligung zu: Wer behauptet, ein bestimmter Vermögenswert sei Eigentum des einen oder anderen Ehegatten, muss dies beweisen. Art. 200 Abs. 1 ZGB schreibt damit im Wesentlichen Art. 8 ZGB fort und bringt so zum Ausdruck, dass grundsätzlich keine besonderen Beweisregeln gelten. Anwendung finden jedoch etwa die allgemeinen, sachenrechtlichen Vermutungen der Art. 930 und 931 ZGB sowie Art. 937 ZGB.

> Hinweis: Da diese Vermutungen jedoch an den Besitz anknüpfen, ist ihr Anwendungsbereich vor dem Hintergrund des ehelichen Zusammenlebens deutlich eingeschränkt. So findet etwa Art. 930 Abs. 1 ZGB, nach dem vom Besitzer einer beweglichen Sache vermutet wird, dass er ihr Eigentümer ist, auf Hausrat regelmässig keine Anwendung – vor allem, weil der Hausrat in diesen Fällen in blossem Mitbesitz der Ehegatten steht.

Dabei kann es vorkommen, dass diese Vermutungen für beide Ehegatten zugleich sprechen, aber jeder Ehegatte behauptet, Eigentümer des Vermögenswertes zu sein.

> Beispiel: Hochzeitsgeschenk, während der Ehe aus Mitteln beider Ehegatten angeschaffte und gemeinsam gebrauchte Gegenstände, wie beispielsweise Bücher, Bilder oder etwa Personenwagen.

Kann nun der Beweis des Eigentums eines der Ehegatten nicht erbracht werden, wären grundsätzlich die Bestimmungen der Art. 652–654 ZGB über das Gesamteigentum anzuwenden: Haben mehrere Personen, die durch Gesetzesvorschrift oder Vertrag zu einer Gemeinschaft verbunden sind, eine Sache kraft ihrer Gemeinschaft zu Eigentum, so sind sie nach Art. 652 ZGB Gesamteigentümer; es geht das Recht eines jeden auf die ganze Sache.

Der Gesetzgeber hält jedoch die Bestimmungen der Art. 646–651a ZGB über das Miteigentum für flexibler: Haben mehrere Personen eine Sache nach Bruchteilen und ohne äusserliche Abteilung in ihrem Eigentum, so sind sie Miteigentümer (Art. 646 Abs. 1 ZGB). Nach Art. 200 Abs. 2 ZGB wird daher in den Fällen, in denen der Beweis des Eigentums eines Ehegatten nicht erbracht werden kann, das Miteigentum beider Ehegatten angenommen.

Schliesslich stellt sich die Frage, ob der Vermögenswert Eigengut oder Errungenschaft des jeweiligen Ehegatten ist. (Auch) hier privilegiert der Gesetzgeber die Errungenschaft. Alles Vermögen eines Ehegatten gilt bis zum Beweis des Gegenteils als Errungenschaft (Art. 200 Abs. 3 ZGB).

III. Verwaltung und Nutzung

Die Errungenschaftsbeteiligung knüpft insoweit an die Gütertrennung an, als auch sie von der Freiheit jedes Ehegatten ausgeht, über sein Vermögen zu verfügen. Jeder Ehegatte bleibt «Herr über sein Vermögen», unabhängig davon, ob dieses sein Eigengut ist, oder das Gut des Ehegatten eigentlich gemeinsam errungen wurde.

Bis zur Auflösung der Ehe verwaltet und nutzt daher jeder Ehegatte nach Art. 201 Abs. 1 ZGB (frei) seine Errungenschaft und sein Eigengut und verfügt darüber – innerhalb der gesetzlichen Schranken.

> **Beispiel:** Als Schranken kommen zum einen Pflichten in Betracht – die (bloss) dazu verpflichten, über das Vermögen bzw. Vermögensbestandteile nicht zu verfügen (zur Begründung dieser Rechtstechnik in der ehelichen Gemeinschaft oben S. 79). Schranken können in besonders begründeten Fällen jedoch auch in Beschränkungen des Verfügungsrechts als solchen, in Verfügungsbeschränkungen bestehen, wie etwa im Fall von Art. 169 ZGB mit Blick auf die Wohnung der Familie (dazu S. 56 f.).

Steht hingegen ein Vermögenswert im Miteigentum beider Ehegatten, insbesondere aufgrund der Vermutung des Art. 200 Abs. 2 ZGB, so kann kein Ehegatte ohne Zustimmung des anderen über seinen Anteil verfügen, sofern nichts anderes vereinbart ist (Art. 201 Abs. 2 ZGB). Zieht der Gesetzgeber auch die Bestimmungen über das Miteigentum dem «weniger flexiblen Gesamteigentum» vor (dazu soeben S. 84 f.), so ist ihm die allgemeine Lösung des Art. 646 Abs. 3 ZGB, nach der jeder Miteigentümer für seinen Anteil die Rechte und Pflichten eines Eigentümers hat und diesen Anteil insbesondere veräussern und verpfänden kann, für die Ehe zu flexibel.

IV. Haftung gegenüber Dritten

Da bis zur Auflösung der Errungenschaftsbeteiligung die Vermögen beider Ehegatten grundsätzlich getrennt bleiben, hat der ordentliche Güterstand auch keinen Einfluss auf die Haftung. Nach Art. 202 ZGB haftet jeder Ehegatte für seine Schulden mit seinem gesamten Vermögen.

Für eine gemeinsame Haftung bedarf es daher einer, über den Güterstand der Errungenschaftsbeteiligung als solchen hinausgehenden, besonderen Begründung. Diese wird teils vom Gesetz gegeben, wenn etwa Art. 166 Abs. 3 ZGB für die Vertretung der ehelichen Gemeinschaft bestimmt, dass sich jeder Ehegatte durch diese Handlungen persönlich und, soweit diese nicht für Dritte erkennbar über die Vertretungsbefugnis hinausgehen, solidarisch auch den anderen Ehegatten verpflichtet (dazu S. 53 ff.). Die Begründung einer gemeinsamen Haftung kann sich aber etwa auch aus gemeinsamer Haftungsübernahme beider Ehegatten ergeben.

> **Beispiel:** Die Ehegatten verpflichten sich solidarisch zur Rückerstattung eines Darlehens (vgl. etwa Art. 143 ff. OR).

V. Schulden zwischen Ehegatten

Grundsätzlich soll der Güterstand der Errungenschaftsbeteiligung auch keinen Einfluss auf die Fälligkeit von Schulden zwischen den Ehegatten selbst haben. Diesen Grundsatz stellt Art. 203 Abs. 1 ZGB auf. Es gelten daher die allgemeinen (obligations-)rechtlichen Bestimmungen.

> **Beispiel:** So können während der Ehe nach den Bestimmungen des Obligationenrechts Rechtsverhältnisse begründet werden, aus denen Forderungen und damit Schulden des einen Ehegatten gegenüber dem anderen entstehen (Kauf, Miete, Darlehen, Arbeits-, Werk- oder Gesellschaftsverträge, Geschäftsführung, ungerechtfertigte Bereicherung, unerlaubte Handlung, etc.). Schulden können aber auch aufgrund familienrechtlicher Bestimmungen begründet sein, so etwa nach Art. 165 ZGB bei ausserordentlichen Beiträgen eines Ehegatten an den Unterhalt der Familie (dazu oben S. 52 f.).

Gerade im Hinblick auf die Schulden zwischen Ehegatten wird jedoch diese Selbständigkeit der Vermögen beider Ehegatten durch eine auf dem Gedanken der ehelichen Gemeinschaft beruhenden Pflichtenbindung relativiert. Fortgeschrieben werden die ehelichen Pflichten zur Wahrung des Wohls der Gemeinschaft und zum Beistand nach Art. 159 Abs. 2 und 3 ZGB: Bereitet die Zahlung von Geldschulden oder die Erstattung geschuldeter Sachen dem verpflichteten Ehegatten ernstliche Schwierigkeiten, welche die eheliche Gemeinschaft gefährden, so kann er verlangen, dass ihm Fristen eingeräumt werden; die Forderung ist sicherzustellen, wenn es die Umstände rechtfertigen (Art. 203 Abs. 2 ZGB).

VI. Auflösung des Güterstandes und Auseinandersetzung

Die Gründe für die Auflösung des Güterstandes der Errungenschaftsbeteiligung sind vielfältig. So wird der Güterstand der Errungenschaftsbeteiligung bei Tod eines Ehegatten und damit der Auflösung der Ehe als solcher, bei Scheidung und richterlicher Auflösung bei Verschollenheit, bei Ungültigkeit der Ehe, bei Trennung, bei Vereinbarung eines anderen Güterstandes (Gütertrennung oder Gütergemeinschaft) oder bei gerichtlicher Anordnung der Gütertrennung aufgelöst.

Art. 204 ZGB hebt diese Auflösungs*gründe* (teils) noch einmal ausdrücklich hervor. Besonders geregelt wird mit den Art. 204–220 ZGB zuvorderst jedoch der *Zeitpunkt* der Auflösung des Güterstandes und die durch die Auflösung begründete Auseinandersetzung.

1. *Zeitpunkt der Auflösung*

Den Zeitpunkt der Auflösung des Güterstandes bestimmt der Gesetzgeber mit Art. 204 ZGB in Abhängigkeit von dem die Auflösung begründenden Grund.

Eine besondere Bestimmung des Auflösungszeitpunktes hielt er deswegen für erforderlich, da bei Scheidung, Trennung und Ungültigerklärung der Ehe an das die Auflösung begründende Ereignis noch ein Verfahren zur Überprüfung dieser Begründung anknüpft (zur Scheidung beispielsweise S. 129 ff.). Es soll vermieden werden, dass die Länge des Verfahrens Einfluss auf den Umfang der Errungenschaft hat, insbesondere soll keiner der Ehegatten das Verfahren künstlich in die Länge ziehen, damit sich weitere Errungenschaft ansammelt und sein (Beteiligungs-)Anspruch grösser wird. Deshalb wird gemäss Art. 204 Abs. 2 ZGB bei Scheidung, Trennung, Ungültigerklärung der Ehe oder gerichtlicher Anordnung der Gütertrennung die Auflösung des Güterstandes auf den Tag zurückbezogen, an dem das Begehren eingereicht worden ist.

Wird der Güterstand hingegen aufgrund des Tods eines Ehegatten oder aufgrund der Vereinbarung eines anderen Güterstandes aufgelöst, so stellen sich diese Probleme nicht. Daher fallen nach Art. 204 Abs. 1 ZGB das die Auflösung begründende Ereignis und der Auflösungszeitpunkt zusammen: Der Güterstand wird «mit» dem Tod des Ehegatten oder «mit» der Vereinbarung eines anderen Güterstandes aufgelöst. Bis zu diesem Zeitpunkt ist der bestehende Güterstand massgebend.

2. Rücknahme von Vermögenswerten und Regelung der Schulden

Weiter gilt es, die im Laufe der Ehe vielfältig verflochtenen Vermögen der Ehegatten auseinander zu setzen.

a. Im Allgemeinen

Dazu soll in einem ersten Schritt die in der Errungenschaftsbeteiligung bereits während der Ehe bestehende, theoretische Trennung der Vermögen (zumindest) nach Auflösung der Ehe verwirklicht, tatsächlich werden. Die Vermögen beider Ehegatten sollen entflochten, ausgeschieden werden. Verbunden ist damit nicht zuletzt die Klärung der Eigentumsverhältnisse sowie die Regelung von Rechtsverhältnissen.

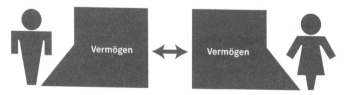

Zur Entflechtung der Vermögen der Ehegatten sieht der Gesetzgeber vor, dass zunächst jeder Ehegatte seine Vermögenswerte zurücknimmt, die sich im Besitz des anderen Ehegatten befinden (Art. 205 Abs. 1 ZGB). Befindet sich der Gegenstand im Miteigentum, was insbesondere aufgrund der Bestimmung des Art. 200 Abs. 2 ZGB der Fall sein kann (dazu S. 84 f.), so erfolgt die Aufhebung des Miteigentums im Streitfall nach der allgemeinen Regelung, die der Gesetzgeber mit Art. 651 Abs. 2 ZGB für das Miteigentum vorgesehen hat: nach Anordnung des Gerichts durch körperliche Teilung oder, wenn dies ohne wesentliche Verminderung ihres Wertes nicht möglich ist, durch Versteigerung. Für den Güterstand der Errungenschaftsbeteiligung eröffnet der Gesetzgeber noch eine weitere Möglichkeit. Steht der Vermögenswert im Miteigentum und weist ein Ehegatte ein überwiegendes Interesse nach, so kann er neben den übrigen gesetzlichen Massnahmen nach Art. 205 Abs. 2 ZGB verlangen, dass ihm dieser Vermögenswert gegen Entschädigung des anderen Ehegatten ungeteilt zugewiesen wird. Diese zusätzliche Möglichkeit beruht auf der besonderen Interessenlage in der Ehe als Lebens-Gemeinschaft. Bei Auflösung der Ehe bzw. des Güterstandes durch Tod eines Ehegatten können sich dessen Erben daher nicht auf die Bestimmung des Art. 205 Abs. 2 ZGB berufen.

> **Beispiel:** Der Gesetzgeber nennt als Beispiel etwa den Fall einer Briefmarkensammlung im Miteigentum, die dem sachverständigen Ehegatten zugewiesen werden kann, oder eine ungeteilte Liegenschaft, in der ein Ehegatte seinen Beruf oder sein Gewerbe ausübt.

Bei der Entflechtung bzw. Ausscheidung ihrer Vermögensmassen müssen die Ehegatten auch ihre gegenseitigen Schulden regeln (Art. 205 Abs. 3 ZGB), d.h., soweit die Forderungen während der Dauer des Güterstandes fällig und noch nicht erfüllt wurden (vgl. Art. 203 ZGB). Dabei sind auch alte Forderungen, zumindest im Ausgangspunkt, mit dem genannten Wert, sprich zu ihrem Nennwert, zu erfüllen.

b.　　　Mehrwertanteil des Ehegatten

Mit Art. 206 ZGB möchte der Gesetzgeber jedoch den besonders
über die Errungenschaftsbeteiligung zum Ausdruck kommenden
Gedanken der Gemeinschaft mit Blick auf die Vermögensinteressen
und den allgemeinen (moralischen und) über Art. 159 Abs. 2 und
3 ZGB rechtlich begründeten Zusammenwirkens- und Beistandspflichten in der Ehe Rechnung tragen. Hat daher ein Ehegatte während der Ehe und des Güterstandes der Errungenschaftsbeteiligung
zum Erwerb, zur Verbesserung oder zur Erhaltung von Vermögensgegenständen des anderen Ehegatten ohne entsprechende Gegenleistung beigetragen und besteht im Zeitpunkt der Auseinandersetzung ein Mehrwert, so soll auch seine (Rück-)Forderung nach
dem Willen des Gesetzgebers nicht nur dem Wert seines Beitrags
entsprechen – sondern nach Art. 206 Abs. 1 Hs. 1 ZGB dem Anteil
seines Beitrages, berechnet nach dem gegenwärtigen Wert der Vermögensgegenstände.

> **Beispiel:** A ist mit B verheiratet. A erbt eine Liegenschaft im Wert
> von 800'000 CHF. Die Liegenschaft wird umfassend renoviert. Die
> Kosten in Höhe von 200'000 CHF trägt B. Der Verkehrswert der
> Liegenschaft beträgt nach der Renovierung 1'000'000 CHF und im
> Zeitpunkt der (güterrechtlichen) Auseinandersetzung 1'500'000
> CHF.

	Ehefrau A	Ehefrau B
Vermögensgegenstand	800'000 CHF	
Beitrag		200'000 CHF
Verbesserter Gegenstand	1'000'000 CHF	
Anteil des Beitrags	800'000 CHF = ⅘	200'000 CHF = ⅕
Forderung (Anteil des Beitrags × gegenwärtiger Wert des Vermögensgegenstandes)		1'500'000 CHF × ⅕ = 300'000 CHF

Ist dagegen ein Minderwert eingetreten, so entspricht die Forderung dem ursprünglichen Beitrag (Art. 206 Abs. 1 Hs. 2 ZGB). Man spricht in diesem Zusammenhang von einer «Nennwertgarantie».

Damit wird als (Rück-)Ausnahme zu Art. 206 Abs. 1 Hs. 1 ZGB nur zum Ausgangspunkt zurückgekehrt. Nach dem Gesetzgeber ist kein Grund ersichtlich, den Ehegatten schlechter als übrige Gläubiger zu behandeln, die etwa, mangels moralischer oder rechtlicher Pflichtenbindung, den Beitrag nicht geleistet, oder höhere Zinsen oder Sicherheiten verlangt hätten.

> **Beispiel:** A ist mit B verheiratet. A erbt eine Liegenschaft im Wert von 800'000 CHF. Die Liegenschaft wird umfassend renoviert. Die Kosten in Höhe von 200'000 CHF trägt B. Der Verkehrswert der Liegenschaft beträgt nach der Renovierung 1'000'000 CHF, verringert sich aber bis zur (güterrechtlichen) Auseinandersetzung auf 750'000 CHF.

	Ehefrau A	Ehefrau B
Vermögensgegenstand	1'000'000 CHF	
Anteil des Beitrags	800'000 CHF = ⅘	200'000 CHF = ⅕
Forderung (Anteil des Beitrags × gegenwärtiger Wert des Vermögensgegenstandes)		~~750'000 CHF × ⅕ = 150'000 CHF,~~ 200'000 CHF, da Nennwertgarantie gem. Art. 206 Abs. 1 Hs. 2 ZGB

Bei der Nennwertgarantie ist zu beachten, dass sie nur für alle Ersatzforderungen gesamthaft gelten soll. Hat ein Ehegatte mehrere Investitionen in das Vermögen des anderen Ehegatten getätigt, so ist im Rahmen einer sogenannten «Globalabrechnung» nur sicherzustellen, dass er gesamthaft seinen investierten Beitrag wieder zurückerhält – ein Verlust aufgrund der einen Investition muss also mit dem Mehrwert einer anderen verrechnet werden.

Beispiel: A und B sind verheiratet. A erbt eine Liegenschaft im Wert von 800'000 CHF. Die Liegenschaft wird umfassend renoviert. Die Kosten in Höhe von 200'000 CHF trägt B. Der Verkehrswert der Liegenschaft beträgt nach der Renovierung 1'000'000 CHF, verringert sich aber bis zur (güterrechtlichen) Auseinandersetzung auf 750'000 CHF.

Zudem hat A Aktien im Wert von 300'000 CHF gekauft. B hat diesen Aktienkauf mit 100'000 CHF aus ihrem Vermögen mitfinanziert. Zum Zeitpunkt der güterrechtlichen Auseinandersetzung ist das Aktienpaket CHF 450'000 wert.

	Ehefrau A	Ehefrau B
1. Liegenschaft	1'000'000 CHF	
Anteil des Beitrags	800'000 CHF = $\frac{4}{5}$	200'000 CHF = $\frac{1}{5}$
Forderung (Anteil des Beitrags × gegenwärtiger Wert des Vermögensgegenstandes)		750'000 CHF × $\frac{1}{5}$ = 150'000 CHF
2. Aktienpaket	300'000 CHF	
Anteil des Beitrags	200'000 CHF = $\frac{2}{3}$	100'000 CHF = $\frac{1}{3}$
Forderung (Anteil des Beitrags × gegenwärtiger Wert des Vermögensgegenstandes)		450'000 CHF × $\frac{1}{3}$ = 150'000 CHF
«Globalabrechnung» = der Verlust aus der Investition in die Liegenschaft wird mit dem Gewinn aus der Investition in die Aktien verrechnet		Total investierte Beiträge = 300'000 CHF Total Ersatzforderungen = 300'000 CHF

Die Mehrwertforderung wird grundsätzlich erst bei der güterrechtlichen Auseinandersetzung, sprich bei Ausscheidung der Vermögen(-sgegenstände), fällig und kann ohne Zustimmung des anderen Ehegatten nicht vorher erfüllt werden. Das Recht auf Mehrwert kann daher dem anderen Ehegatten nicht entzogen werden. Ist aber der Vermögensgegenstand selbst vorher veräussert worden, so berechnet sich die Forderung nach dem bei der Veräusserung erzielten Erlös und wird sofort fällig (Art. 206 Abs. 2 ZGB).

Da Art. 206 ZGB nur allgemeiner Ausdruck der Gemeinschaft von Ehegatten ist, können die Ehegatten für ihre Gemeinschaft den Mehrwertanteil ausschliessen oder ändern. Im Interesse einer klaren Rechtslage verlangt der Gesetzgeber jedoch mit Art. 206 Abs. 3 ZGB eine schriftliche Vereinbarung.

3. Berechnung des Vorschlags jedes Ehegatten

a. Ausscheidung der Errungenschaft und des Eigengutes

Stehen sich nun die Vermögen der Ehegatten entflochten und um die gegenseitigen Schulden bereinigt gegenüber, werden Errungenschaft und Eigengut jedes Ehegatten nach ihrem Bestand im Zeitpunkt der Auflösung des Güterstandes ausgeschieden (Art. 207 Abs. 1 ZGB) – da eine Beteiligung nur an der Errungenschaft erfolgt. Massgebend für die Zuordnung zu Eigengut oder Errungenschaft sind hier die bereits behandelten, einleitenden Art. 197–199 ZGB (S. 81 ff.).

Nach Art. 207 Abs. 2 ZGB ist jedoch eine teilweise Berichtigung dieser Vermögensmassen im Hinblick auf Kapitalleistungen vorzunehmen, die ein Ehegatte von einer Vorsorgeeinrichtung oder wegen Arbeitsunfähigkeit erhalten hat. In der Regel werden die Leistungen von Personalfürsorgeeinrichtungen, Sozialversicherungen und Sozialfürsorgeeinrichtungen (schrittweise) als Rente ausbezahlt; die jeweilige (Teil-)Zahlung wird vor Auflösung des Güterstandes von der Errungenschaft umfasst (Art. 197 Abs. 2 Ziff. 2 ZGB). Art. 197 Abs. 2 Ziff. 2 ZGB findet jedoch grundsätzlich auch dann Anwendung, wenn während des Güterstandes bereits der gesamte Betrag ausbezahlt wird. Kommt es danach aber zur Auflösung des Güterstandes, so soll nach Art. 207 Abs. 2 ZGB zwischen einem (Teil-)Betrag, der in der Errungenschaftsbeteiligung begründet ist, und einem (Teil-)Betrag, der auf die Zeit nach Auflösung dieses Güterstandes entfällt, unterschieden werden: Die Kapitalleistung, die ein Ehegatte von einer Vorsorgeeinrichtung oder wegen Arbeitsunfähigkeit erhalten hat, wird im Betrag des Kapitalwertes der Rente, die dem Ehegatten bei der Auflösung des Güterstandes zustünde, dem Eigengut zugerechnet.

b.   Hinzurechnung

Eine Beteiligung an der Errungenschaft des anderen Ehegatten sieht das Gesetz nur bei Auflösung des Güterstandes vor. Während der Ehe wird dem Gemeinschaftsgedanken in vermögensrechtlicher Hinsicht grundsätzlich (nur) über die gegenseitige Pflichtenbindung der Ehegatten Rechnung getragen (zur Begründung oben S. 79). Dies erfolgt zum einen über vermögensrechtliche Ansprüche bzw. Pflichten gegen den anderen Ehegatten, etwa aufgrund Art. 163 oder Art. 164 ZGB (dazu S. 51 f. und 52). Zum anderen sind die Ehegatten einander über die Pflichten zu Beistand und zum einträchtigen Zusammenwirken zum Wohl der Gemeinschaft nach Art. 159 Abs. 2 und 3 ZGB auch im Hinblick auf ihr Vermögen verbunden. Dabei hat es der Gesetzgeber jedoch abgelehnt, eine Haftung für etwaige Pflichtverletzungen vorzusehen, und die Ehegatten während der Ehe im Grundsatz auf Beschränkungen der Verfügungsbefugnis des anderen Ehegatten nach Art. 178 ZGB verwiesen (S. 64 f.).

Diese allgemeinen Grundsätze werden im Ausgangspunkt auch im Güterstand der Errungenschaftsbeteiligung fortgeschrieben. So bestimmt Art. 201 Abs. 1 ZGB, dass jeder Ehegatte sein Vermögen und namentlich auch seine Errungenschaft verwaltet, nutzt und darüber verfügt – innerhalb der gesetzlichen Schranken. Auch in diesem Zusammenhang hat der Gesetzgeber für die Dauer des Güterstandes auf eine Regelung der Haftung verzichtet, wie etwa für eine pflichtwidrige Vermögensverwaltung. Der Ehegatte ist wiederum auf die allgemeinen Bestimmungen verwiesen, hier des Güterrechts und damit des Art. 185 Abs. 2 Ziff. 2 ZGB, nach dem auf Begehren eines Ehegatten vom Gericht Gütertrennung angeordnet werden kann, wenn der andere Ehegatte die Interessen des Gesuchstellers oder der Gemeinschaft gefährdet (siehe oben S. 73 f.).

Ein gewisser Schutz wird jedoch über Art. 208 Abs. 1 ZGB vermittelt, nach dem es der Gesetzgeber für begründet erachtet, dass im Fall der Auflösung des Güterstandes zur Errungenschaft hinzugerechnet werden:

– unentgeltliche Zuwendungen, die ein Ehegatte während der letzten fünf Jahre vor Auflösung des Güterstandes ohne Zustimmung des anderen Ehegatten gemacht hat, ausgenommen die üblichen Gelegenheitsgeschenke (Ziff. 1); dies dient dem Erhalt der Substanz der Errungenschaft in ihrer Eigenheit als Produkt der auch wirtschaftlichen Lebensgemeinschaft beider Ehegatten;

   Hinweis: Praktisch ist damit die Zustimmung des anderen Ehegatten erforderlich, um den Empfänger vor der Klage gegen Dritte nach Art. 220 ZGB (S. 106 f.) zu schützen. Im Übrigen verbleibt aufgrund Art. 185 Abs. 2 Ziff. 2 ZGB die gerichtliche Anordnung der Gütertrennung auf Begehren eines Ehegatten (dazu S. 73 f.).

– Vermögensentäusserungen, die ein Ehegatte während der Dauer des Güterstandes vorgenommen hat, um den Beteiligungsanspruch des anderen zu schmälern (Ziff. 2); damit sind insbesondere Rechtsgeschäfte gemeint, die im Gegensatz zu Ziff. 1 (dem Anschein nach) entgeltlich sind, aber den Zweck der Schmälerung des Beteiligungsanspruchs haben.

> Beispiel: Vermögensentäusserungen können weiter die Aufgabe, Beschädigung oder Zerstörung von Vermögenswerten sein.

Diese Hinzurechnung hat nur Wirkungen zwischen den Ehegatten. Art. 208 Abs. 1 ZGB begründet als solcher keine (Rück-)Forderung gegenüber Dritten (zur Durchbrechung dieses Grundsatzes jedoch hier S. 106 f.).

c.   Ersatzforderungen zwischen Errungenschaft und Eigengut

Die theoretische Trennung des Vermögens des jeweiligen Ehegatten in die Vermögensmassen Eigengut und Errungenschaft kann es praktisch nicht verhindern, dass Schulden aus einer anderen Vermögensmasse beglichen werden, als die, für die etwa die (Gegen-)Leistung erbracht wurde.

Dadurch kommt es zwar während des Güterstandes zu keiner Änderung im Gesamtvermögen des betreffenden Ehegatten. Bei Auflösung des Güterstandes sollen jedoch solch interne Verschiebungen zwischen Errungenschaft und Eigengut ausgeglichen werden. So besteht bei der güterrechtlichen Auseinandersetzung nach Art. 209 Abs. 1 ZGB eine Ersatzforderung, wenn Schulden der Errungenschaft aus dem Eigengut oder Schulden des Eigengutes aus der Errungenschaft eines Ehegatten bezahlt worden sind.

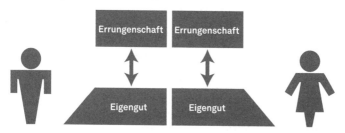

Beispiel: Der Ehegatte bezahlt die Kosten für die Renovierung einer zur Errungenschaft gehörenden Familienwohnung aus dem aus einer Erbschaft stammenden Eigengut.

Eine Schuld belastet nach Art. 209 Abs. 2 ZGB die Vermögensmasse, mit der sie sachlich zusammenhängt, sprich für die die (Gegen-)Leistung erbracht wurde oder die bei Unentgeltlichkeit belastet werden sollte – im Zweifel aber jedoch die Errungenschaft.

Wie nach Art. 206 ZGB zwischen den Vermögen der Ehegatten, ist auch hier ein Mehrwertausgleich zwischen den Vermögensmassen des jeweiligen Ehegatten vorgesehen (zur Begründung bereits oben S. 91 ff.). Haben Mittel der einen Vermögensmasse zum Erwerb, zur Verbesserung oder zur Erhaltung von Vermögensgegenständen der anderen Vermögensmasse beigetragen und ist ein Mehr- oder ein Minderwert eingetreten, so entspricht die Ersatzforderung dem Anteil des Beitrages und wird nach dem Wert der Vermögensgegenstände im Zeitpunkt der Auseinandersetzung oder der Veräusserung berechnet (Art. 209 Abs. 3 ZGB).

> **Beispiel:** A und B sind verheiratet. A erbt eine Liegenschaft im Wert von 600'000 CHF (Eigengut). Die Renovierungskosten in Höhe von 200'000 CHF bezahlt er mit Mitteln von seinem Lohnkonto. Wenige Jahre später verkauft er die Liegenschaft für 1'000'000 CHF.

	Eigengut A	Errungenschaft A
Liegenschaft	800'000 CHF	
Anteil des Beitrags	600'000 CHF = ¾	200'000 CHF = ¼
Ersatzforderung (Anteil des Beitrags × gegenwärtiger Wert bzw. Verkaufserlös des Vermögensgegenstandes)		1'000'000 CHF × ¼ = 250'000 CHF

Anders als bei Art. 206 ZGB und den sich dort gegenüberstehenden Vermögen beider Ehegatten treten hier die gegenseitigen Pflichten in den Hintergrund und bleibt als Begründung für den Ausgleich zwischen den Vermögensmassen im Wesentlichen die bei der Errungenschaftsbeteiligung bestehende (Interessen-)Gemeinschaft.

Eine Nennwertgarantie, wie sie Art. 206 Abs. 1 Hs. 2 ZGB kennt, besteht daher nicht (zu deren Begründung wiederum S. 92).

> **Beispiel:** A und B sind verheiratet. A erbt eine Liegenschaft im Wert von 600'000 CHF (Eigengut). Die Renovierungskosten in Höhe von 200'000 CHF bezahlt er mit Mitteln von seinem Lohnkonto. Trotz der Renovation verliert die Liegenschaft aufgrund fallender Immobilienpreise an Wert, so dass sie einige Jahre später nur für 600'000 CHF verkauft werden kann.

	Eigengut A	Errungenschaft A
Liegenschaft	800'000 CHF	
Anteil des Beitrags	600'000 CHF = ¾	200'000 CHF = ¼
Ersatzforderung (Anteil des Beitrags × gegenwärtiger Wert bzw. Verkaufserlös des Vermögensgegenstandes)		600'000 CHF × ¼ = 150'000 CHF Hier keine Nennwertgarantie, die Errungenschaft erleidet einen Verlust von 50'000 CHF

d. Vorschlag (und Rückschlag)

Am Ende dieser Auseinandersetzung der Vermögen(-smassen) der Ehegatten steht der sogenannte Vorschlag: Was vom Gesamtwert der Errungenschaft, einschliesslich der hinzugerechneten Vermögenswerte und der Ersatzforderungen, und nun noch nach Abzug der auf ihr lastenden Schulden, verbleibt, bildet den Vorschlag (Art. 210 Abs. 1 ZGB).

Ein Rückschlag wird hingegen nicht berücksichtigt (Art. 210 Abs. 2 ZGB). Damit beschränkt der Gesetzgeber im Güterstand der Errungenschaftsbeteiligung die Haftung für das Wirtschaften, für das Erringen des anderen Ehegatten in der ehelichen Gemeinschaft (auf die Hälfte der eigenen Errungenschaft, siehe zur Begründung oben S. 78 ff.).

> Hinweis: Möchte daher der Gläubiger eine volle Haftung beider Ehegatten herbeiführen, muss er diese im (ordentlichen) Güterstand der Errungenschaftsbeteiligung selbständig, etwa durch Vertrag, solidarisch begründen (dazu auch hier oben S. 86 f.).

4. Wertbestimmung

Bei der vorstehenden (Be-)Rechnung des Vorschlages ist die Bestimmung der Werte der einzelnen Vermögensgegenstände von besonderer Bedeutung.

a. Verkehrswert

Grundsätzlich sind die Vermögensgegenstände bei der güterrechtlichen Auseinandersetzung zu ihrem Verkehrswert in die Rechnung einzusetzen (Art. 211 ZGB).

> Hinweis: Mit den Art. 212 f. ZGB hat der Gesetzgeber jedoch aus «Erwägungen agrarwirtschaftlicher Art» Ausnahmen bei einem landwirtschaftlichen Gewerbe bestimmt, das ein Ehegatte als Eigentümer selber weiterbewirtschaftet oder für das der überlebende Ehegatte oder ein Nachkomme begründet Anspruch auf ungeteilte Zuweisung erhebt.

b. Massgebender Zeitpunkt

Nach dem nach Art. 204 ZGB bestimmten Zeitpunkt der Auflösung des Güterstandes bildet sich keine Errungenschaft mehr (vgl. Art. 207 Abs. 1 ZGB). Massgebender Zeitpunkt für den Wert der bei der Auflösung des Güterstandes vorhandenen Errungenschaft soll hingegen nach Art. 214 Abs. 1 ZGB (erst) der Zeitpunkt der Auseinandersetzung sein.

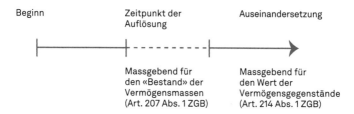

Besondere Bedeutung hat Art. 214 Abs. 1 ZGB bei Scheidung, Trennung, Ungültigerklärung der Ehe oder gerichtlicher Anordnung der Gütertrennung. In diesen Fällen wird nach Art. 204 Abs. 2 ZGB die Auflösung des Güterstandes auf den Tag zurückbezogen, an dem das Begehren eingereicht worden ist. Verhindert werden soll damit (nur), dass die Höhe der Errungenschaft von der Dauer des in diesen Fällen jeweils notwendigen Verfahrens abhängig ist. Für die Beteiligung an der Errungenschaft als solche trägt hingegen diese (Sonder-)Wertung des Art. 204 Abs. 2 ZGB nicht und ist nach Art. 214 Abs. 1 ZGB der Wert der Errungenschaft (erst) im Zeitpunkt der Auseinandersetzung selbst massgeblich. Dies ist der Zeitpunkt des Abschlusses des Verfahrens, grundsätzlich des Urteils des Gerichts.

Bei Tod oder der Vereinbarung eines anderen Güterstandes fällt hingegen der Zeitpunkt der Auseinandersetzung im Grundsatz mit dem Zeitpunkt der Auflösung des Güterstandes zusammen (vgl. Art. 204 Abs. 1 ZGB). Art. 214 Abs. 1 ZGB soll jedoch auch dann zur Anwendung kommen, wenn sich (Vertrags-)Verhandlungen der Ehegatten über eine (individuelle) Auseinandersetzung anschliessen. Zeitpunkt der Auseinandersetzung und damit der für den Wert der Errungenschaft massgebende Zeitpunkt soll dann der Zeitpunkt der vertraglichen Einigung über die Auseinandersetzung sein.

Eine Ausnahme bestimmt Art. 214 Abs. 2 ZGB jedoch schliesslich für Vermögenswerte, die (nach Art. 208 Abs. 1 ZGB) zur Errungenschaft hinzugerechnet werden. Für diese soll der Zeitpunkt massgebend sein, in dem sie veräussert worden sind (Art. 214 Abs. 2 ZGB).

5. Beteiligung am Vorschlag

a. Nach Gesetz

Der Gesetzgeber geht davon aus, «dass jeder Ehegatte – auch der haushaltführende – gleichmässig zum gemeinsamen Wohlstand beigetragen hat», wohlwissend, dass dies nicht auf alle ehelichen Gemeinschaften gleich zutrifft. Er hat sich jedoch dagegen entschieden, die unterschiedlichen Leistungen in der Ehe auseinanderzurechnen und auf diesem Weg die Ehe «übermässig» zu kommerzialisieren. Die Ehe versteht der Gesetzgeber damit vor allem als «Schicksalsgemeinschaft», die «nicht in erster Linie unter wirtschaftlichen Gesichtspunkten» eingegangen werden soll.

Vor diesem Hintergrund hat der Gesetzgeber für den ordentlichen Güterstand der Errungenschaftsbeteiligung bestimmt, dass jedem Ehegatten oder seinen Erben bei Auflösung und Auseinandersetzung des Güterstandes die Hälfte des Vorschlages des anderen Ehegatten zusteht (Art. 215 Abs. 1 ZGB).

Hinweis: Eine allgemeine «Härteklausel» etwa für den Fall, dass einer der Ehegatten in keiner Weise zum Erringen, zur Errungenschaft und damit dem Vorschlag beigetragen hat, findet sich im Gesetz nicht. Der Gesetzgeber hat eine solche Bestimmung abgelehnt. Sie würde grosse Rechtsunsicherheit schaffen und Quelle von Streitigkeiten sein. So wird der Ehegatte auf die Möglichkeit verwiesen, rechtzeitig die Anordnung des ausserordentlichen Güterstandes der Gütertrennung durch das Gericht zu verlangen (Art. 185 ZGB) bzw. im Einzelfall die Einrede des Rechtsmissbrauchs (Art. 2 Abs. 2 ZGB) zu erheben.

Hinweis: Unberücksichtigt bleibt mit Art. 215 Abs. 1 ZGB zugleich, ob der Güterstand durch Tod eines der Ehegatten aufgelöst wird. Art. 215 Abs. 1 ZGB gründet allein auf eherechtlichen Wertungen. Erbrechtliche Wertungen werden vorliegend nicht aufgenommen, sondern an das Erbrecht verwiesen.

Die Beteiligungsforderungen werden schliesslich nach Art. 215 Abs. 2 ZGB verrechnet.

b. Nach Vertrag

aa. *Im Allgemeinen*

Durch Ehevertrag, und damit unter Einhaltung der von Art. 184 ZGB bestimmten Form (S. 72), kann eine andere Beteiligung am Vorschlag vereinbart werden (Art. 216 Abs. 1 ZGB). Damit können die Ehegatten ihren besonderen Verhältnissen Rechnung tragen.

> **Beispiel:** Möglich ist dies etwa durch Veränderung des (hälftigen) Verteilungsschlüssels nach Art. 215 Abs. 1 ZGB. So können die Ehegatten etwa festlegen, dass der Mann ⅓ des Vorschlags der Frau bekommt und die Frau ⅔ des Vorschlags des Mannes. Möglich ist auch, dass ein Ehegatte seinen Vorschlag behalten und am Vorschlag des anderen in kleinerem oder grösserem Umfang beteiligt werden soll – oder gar den ganzen Vorschlag erhält.

Hinweis: Daneben eröffnet Art. 199 ZGB den Ehegatten die Möglichkeit, durch Ehevertrag Vermögenswerte der Errungenschaft, die für die Ausübung eines Berufes oder den Betrieb eines Gewerbes bestimmt sind, zu Eigengut zu erklären, sowie zu vereinbaren, dass Erträge aus dem Eigengut nicht in die Errungenschaft fallen (siehe S. 83).

Solche Vereinbarungen dürfen jedoch nach Art. 216 Abs. 2 ZGB bzw. ab 1. Januar 2023 nach Art. 216 Abs. 3 ZGB nicht die Pflichtteilsansprüche der nichtgemeinsamen Kinder und deren Nachkommen beeinträchtigen. Verhindert werden soll damit, dass deren erbrechtliche Pflichtteilsrechte durch güterrechtliche Vereinbarungen unterlaufen werden.

Nicht erfasst werden von Art. 216 Abs. 2 ZGB bzw. ab 1. Januar 2023 von Art. 216 Abs. 3 ZGB hingegen die gemeinsamen Nachkommen als Pflichtteilsberechtigte. Der Gesetzgeber hielt insoweit ihren Schutz als Pflichtteilsberechtigte des überlebenden Ehegatten für ausreichend.

Ab dem 1. Januar 2023 bestimmt Art. 216 Abs. 2 ZGB, dass die über die Hälfte hinaus zugewiesene Beteiligung am Vorschlag bei der Berechnung der Pflichtteile des überlebenden Ehegatten oder eingetragenen Partners, sowie der Berechnung der Pflichtteile der gemeinsamen Kinder und deren Nachkommen nicht hinzugerechnet wird.

bb.   *Bei Scheidung, Trennung, Ungültigerklärung der Ehe*
        oder gerichtlicher Gütertrennung

Verträge, die die gesetzliche Vorschlagsbeteiligung abändern, enthalten nach Auffassung des Gesetzgebers in der Regel eine unentgeltliche Zuwendung an den begünstigten Ehegatten, sei es auch nur eine als Belohnung gedachte Schenkung. In dieser Hinsicht geht der Gesetzgeber davon aus, dass die Ehegatten an den Fall der Auflösung des Güterstandes durch Scheidung, Trennung Ungültigerklärung der Ehe oder gerichtlicher Anordnung der Gütertrennung häufig gar nicht gedacht haben. Vereinbarungen über die Änderung der gesetzlichen Beteiligung am Vorschlag lässt er daher in diesen Fällen nur gelten, wenn der Ehevertrag dies ausdrücklich vorsieht (Art. 217 Abs. 1 ZGB). Dies gilt nach Art. 217 Abs. 2 ZGB auch bei Auflösung des Güterstandes durch Tod, wenn ein Scheidungsverfahren hängig ist, das den Verlust des Pflichtteilsanspruchs des überlebenden Ehegatten bewirkt.

Hinweis: Abs. 2 wurde dem Art. 217 ZGB mit Wirkung zum 1. Januar 2023 hinzugefügt.

6.   *Bezahlung der Beteiligungsforderung*
        und des Mehrwertanteils

a.   Zahlungsaufschub

Bringt die sofortige Bezahlung der Beteiligungsforderung und des Mehrwertanteils den verpflichteten Ehegatten in ernstliche Schwierigkeiten, so kann er verlangen, dass ihm Zahlungsfristen eingeräumt werden (Art. 218 Abs. 1 ZGB).

> **Beispiel:** Dies kann etwa der Fall sein, wenn die sofortige Bezahlung voraussetzt, dass der verpflichtete Ehegatte seine Erwerbsgrundlage, etwa ein Unternehmen oder Berufsmittel, veräussert.

Damit ist im Ausgangspunkt eine vergleichbare Regelung zu Art. 203 Abs. 2 ZGB gefunden, der die Schulden zwischen Ehegatten während der (Fort-)Dauer des Güterstandes betrifft (dazu S. 87 f.). Anders als dort sind nach Auflösung des Güterstandes jedoch die Beteiligungsforderung und der Mehrwertanteil, soweit die Parteien nichts anderes vereinbaren, vom Abschluss der Auseinandersetzung an zu verzinsen und, wenn es die Umstände rechtfertigen, sicherzustellen (Art. 218 Abs. 2 ZGB).

b.   Wohnung und Hausrat

Der Ehegatte als Gläubiger der Beteiligungsforderung kann grundsätzlich nicht verlangen, dass ihm unter Anrechnung auf seine Forderung bestimmte Vermögenswerte zugewiesen werden. Eine Ausnahme sieht Art. 219 ZGB vor, der im Grundsatz den gleichen Zweck wie Art. 169 ZGB bzw. Art. 176 Abs. 1 Ziff. 2 ZGB während der Ehe sowie Art. 121 ZGB infolge der Scheidung oder Ungültigerklärung der Ehe verfolgt (zu diesen Bestimmungen S. 56, 62 f. und 137 f.). Auch Art. 219 ZGB dient dem Erhalt der Lebensweise eines Ehegatten sowie darüber vermittelt der Familie – hier nach dem Tod des anderen Ehegatten. Damit der überlebende Ehegatte seine bisherige Lebensweise beibehalten kann, wird ihm auf sein Verlangen am Haus oder an der Wohnung, worin die Ehegatten gelebt haben und die dem verstorbenen Ehegatten gehört hat, die Nutzniessung oder ein Wohnrecht auf Anrechnung zugeteilt; vorbehalten eine andere eheverträgliche Regelung (Art. 219 Abs. 1 ZGB).

Wo es die Umstände rechtfertigen, kann auf Verlangen des überlebenden Ehegatten oder der anderen gesetzlichen Erben des Verstorbenen statt der Nutzniessung oder des Wohnrechts das Eigentum am Haus oder an der Wohnung eingeräumt werden (Art. 219 Abs. 3 ZGB).

Ausgenommen sind vor dem Hintergrund des Zwecks dieser Regelungen jeweils Räumlichkeiten, in denen der Erblasser einen Beruf ausübte oder ein Gewerbe betrieb und die ein Nachkomme zu dessen Weiterführung benötigt: für diese kann der überlebende Ehegatte die Rechte nicht beanspruchen – vorbehalten die Vorschriften des bäuerlichen Erbrechts (Art. 219 Abs. 4 ZGB).

Die dargestellte Interessenlage trägt schliesslich wesentlich auch die Bestimmung des Art. 219 Abs. 2 ZGB. Unter den gleichen Voraussetzungen wie nach Art. 219 Abs. 1 ZGB kann der überlebende Ehegatte die Zuteilung des Eigentums am Hausrat verlangen.

Unbeachtlich ist in allen Fällen, ob es sich bei der Wohnung um Eigengut oder Errungenschaft handelt. Die Zuteilung bzw. Einräumung der Rechte erfolgt ausweislich des Wortlauts der Bestimmungen (nur) auf Anrechnung. Art. 219 ZGB stellt, wie auch die Randüberschrift zum Ausdruck bringt, eine besondere Regelung der «Bezahlung der Beteiligungsforderung und des Mehrwertanteils» dar.

Hinweis: Art. 219 ZGB wird auf erbrechtlicher Seite durch Art. 612a ZGB fortgeschrieben.

c.   Klage gegen Dritte

Deckt das Vermögen des verpflichteten Ehegatten oder seine Erbschaft bei der güterrechtlichen Auseinandersetzung die Beteiligungsforderung nicht, so können der berechtigte Ehegatte oder seine Erben Zuwendungen, die nach Art. 208 Abs. 1 ZGB der Errungenschaft hinzuzurechnen sind und die damit grundsätzlich nur im Verhältnis der Ehegatten untereinander Bedeutung erlangen, ausnahmsweise bis zur Höhe des Fehlbetrages bei den begünstigten Dritten einfordern (Art. 220 Abs. 1 ZGB). Nicht zuletzt um für alle Beteiligten Rechtssicherheit zu schaffen, erlischt das Klagerecht jedoch ein Jahr, nachdem der Ehegatte oder seine Erben von der Verletzung ihrer Rechte Kenntnis erhalten haben, in jedem Fall aber zehn Jahre nach der Auflösung des Güterstandes (Art. 220 Abs. 2 ZGB).

Im Übrigen gelten nach Art. 220 Abs. 3 ZGB die Bestimmungen der Art. 522–533 ZGB über die erbrechtliche Herabsetzungsklage sinngemäss. Dies bedeutet etwa, dass die Einforderung in der von Art. 532 ZGB bestimmten Reihenfolge geschieht, d.h., dass Art. 220 ZGB auf spätere Rechtsgeschäfte vor früheren Rechtsgeschäften Anwendung findet.

> Hinweis: Weiter werden etwa gleichzeitige Zuwendungen in sinngemässer Anwendung von Art. 523 und 525 ZGB verhältnismässig berücksichtigt, oder ist der gutgläubige Begünstigte nur so weit zu Rückleistungen verpflichtet, als er im Zeitpunkt der Auflösung des Güterstandes der Errungenschaftsbeteiligung noch bereichert ist (vgl. Art. 528 ZGB).

C. Die Gütergemeinschaft

Auch wenn sich der Gesetzgeber gegen die Gütergemeinschaft als ordentlichen Güterstand entschieden hat (zu den Gründen oben S. 68 f.), hat er sie dennoch als gesetzlich zulässigen (Vertrags-)Typus berücksichtigt und in den Art. 221–246 ZGB näher ausgestaltet.

I. Eigentumsverhältnisse

1. Zusammensetzung

Der Güterstand der Gütergemeinschaft umfasst das Gesamtgut und das Eigengut jedes Ehegatten (Art. 221 ZGB). Auch die Gütergemeinschaft ist damit nicht (all-)umfassend. Sie umfasst vielmehr drei Vermögensmassen:

2. Gesamtgut

Unterschiedlich ist dabei, je nach Gütergemeinschaft, der Umfang des Gesamtgutes, sprich: Der Gesetzgeber lässt wiederum verschiedene (Unter-)Varianten des Typus Gütergemeinschaft als vertraglichen Güterstand zu.

a. Allgemeine Gütergemeinschaft

Die sogenannte allgemeine Gütergemeinschaft nach Art. 222 Abs. 1 ZGB vereint das Vermögen und die Einkünfte der Ehegatten zu einem Gesamtgut, mit Ausnahme der Gegenstände, die von Gesetzes wegen Eigengut sind. Das Gesamtgut gehört beiden Ehegatten ungeteilt (Art. 222 Abs. 2 ZGB).

Im Gegensatz zu dem vom Gesetzgeber für den Güterstand der Errungenschaftsbeteiligung präferierten und freiheitlicheren Miteigentum (siehe oben S. 84 f.) bilden die Ehegatten daher hinsichtlich des Gesamtguts im Güterstand der Gütergemeinschaft eine Gemeinschaft zu gesamter Hand, die vom Gesetzgeber allgemein in den Art. 652–654 ZGB geregelt ist. Insbesondere bestehen beim Gesamteigentum im Gegensatz zum Miteigentum (Art. 646 Abs. 3 ZGB) keine ideellen Quoten (Art. 652 ZGB). Darüber hinaus ist ausweislich des Art. 222 Abs. 3 ZGB, der Art. 653 Abs. 3 ZGB zwingend ausgestaltet, auch eine Verfügung der Ehegatten über ihren Anteil am Gesamtgut ausgeschlossen.

b. Beschränkte Gütergemeinschaft

Neben der allgemeinen Gütergemeinschaft kennt das Gesetz sogenannte beschränkte Gütergemeinschaften, sprich Gütergemeinschaften, die das Gesamtgut (weiter) beschränken.

aa. Errungenschaftsgemeinschaft

Bei der beschränkten Gütergemeinschaft der Errungenschaftsgemeinschaft können die Ehegatten nach Art. 223 Abs. 1 ZGB durch Ehevertrag die Gemeinschaft auf die Errungenschaft beschränken.

Wie bei der Errungenschaftsbeteiligung Erträge des Eigenguts Errungenschaft werden, fallen die Erträge des Eigengutes hier in das Gesamtgut (Art. 223 Abs. 2 ZGB). Die Gründe, die den Gesetzgeber bewogen haben, den Güterstand der Errungenschaftsbeteiligung dem Güterstand der Errungenschaftsgemeinschaft als ordentlichen Güterstand vorzuziehen (dazu oben S. 78 f.), treten hier zurück, da die Ehegatten diesen Güterstand durch Ehevertrag und damit willentlich in besonderer Form begründen.

bb. Andere Gütergemeinschaften

Neben der Errungenschaftsgemeinschaft als wiederum typisierter Güterstand der beschränkten Gütergemeinschaft eröffnet Art. 224 Abs. 1 ZGB den Ehegatten allgemein die Möglichkeit, durch Ehevertrag bestimmte Vermögenswerte oder Arten von Vermögenswerten, wie Grundstücke, den Arbeitserwerb eines Ehegatten oder Vermögenswerte, mit denen dieser einen Beruf ausübt oder ein Gewerbe betreibt, von der Gemeinschaft auszuschliessen – und damit zum Eigengut zu erklären (vgl. Art. 225 Abs. 1 ZGB). Sofern nichts anderes vereinbart ist, geht dabei der Gesetzgeber vom Willen der Ehegatten aus, dass auch die Erträge dieser Vermögenswerte nicht in das Gesamtgut fallen (Art. 224 Abs. 2 ZGB).

3. Eigengut

Eigengut ist im Güterstand der Gütergemeinschaft schlicht das Gut, das von der Gemeinschaft der Güter nicht erfasst wird. Es entsteht nach Art. 225 Abs. 1 ZGB durch Ehevertrag, durch Zuwendung Dritter oder von Gesetzes wegen, sprich nach dem Willen der Ehegatten, nach dem Willen eines Dritten, der ansonsten die Zuwendung unterlassen könnte, oder nach der Wertung des Gesetzgebers.

Von Gesetzes wegen umfasst das Eigengut jedes Ehegatten nach Art. 225 Abs. 2 ZGB die Gegenstände, die ihm ausschliesslich zum persönlichen Gebrauch dienen, sowie die Genugtuungsansprüche – da es bei diesen auch hier nicht um Schadensersatz für ein Gut geht, sondern um die eigene Persönlichkeit, ohne Wirkung nach aussen (vgl. Art. 198 Ziff. 3 ZGB zum Eigengut beim ordentlichen Güterstand der Errungenschaftsbeteiligung, hier S. 82 f.).

Art. 225 Abs. 3 ZGB wiederum setzt der Massgeblichkeit des Willens Dritter bei Zuwendungen in das Eigengut Grenzen: Was ein Ehegatte als Pflichtteil zu beanspruchen hat, kann ihm von seinen Verwandten nicht als Eigengut zugewendet werden, sofern der Ehevertrag vorsieht, dass diese Vermögenswerte Gesamtgut sind. Für das Pflichtteilsrecht sollen allein die Wertungen des Erbrechts massgeblich sein.

> Beispiel: Hier ist insbesondere an Schenkungen zu denken.

4. Beweis

Ähnlich der Wertung im ordentlichen Güterstand der Errungenschaftsbeteiligung für die Errungenschaft (Art. 200 Abs. 3 ZGB), gilt auch beim Güterstand der Gütergemeinschaft die Betonung der ehelichen Gemeinschaft. So gelten nach Art. 226 ZGB alle Vermögenswerte als Gesamtgut, solange nicht bewiesen ist, dass sie Eigengut eines Ehegatten sind. Diese Vermutung gilt anders als beim Güterstand der Errungenschaftsbeteiligung (dazu S. 85) damit sowohl für den Fall, dass die Zugehörigkeit zum Eigengut nicht bewiesen wurde, als auch im Fall, dass nicht bewiesen werden kann, welchem der Ehegatten das Eigengut gehört.

Hinweis: Auch hier finden (zunächst) die allgemeinen Beweisregeln Anwendung, namentlich auch die sachenrechtlichen Eigentumsvermutungen der Art. 930 und 931 ZGB sowie von Art. 937 ZGB. Letztlich ist damit aber auch hier Art. 195a Abs. 1 ZGB über die Aufnahme eines Inventars von besonderer Bedeutung (zu diesem oben S. 77 f.).

II. Verwaltung und Verfügung

1. Gesamtgut

a. Ordentliche Verwaltung

Beim Güterstand der Gütergemeinschaft verwalten die Ehegatten nach Art. 227 Abs. 1 ZGB das Gesamtgut im Interesse der ehelichen Gemeinschaft – sprich gleich berechtigt.

Vom Gesamtgut bzw. der diesbezüglichen Gesamthand gesehen (Art. 222 Abs. 1 und 2 ZGB), müssten die Ehegatten eigentlich ihr Gesamtgut auch gemeinsam verwalten (vgl. Art. 653 Abs. 2 ZGB). Bereits Art. 653 Abs. 1 ZGB relativiert jedoch dieses Prinzip gesamthänderischen Handelns, indem er für die Rechte und Pflichten der Gesamteigentümer vorgehend auf die Regeln verweist, unter denen ihre gesetzliche oder vertragsmässige Gemeinschaft steht. (Auch) für die Ehe bzw. den Güterstand der Gütergemeinschaft hat der Gesetzgeber das gesamthänderische Handeln in bestimmten Fällen für «unpraktikabel» gehalten. Bei der Ehe handelt es sich um eine Lebensgemeinschaft mit einer regelmässig abweichenden Ordnung, so dass nach Art. 227 Abs. 2 ZGB jeder Ehegatte in den Schranken einer ordentlichen Verwaltung die (Güter-)Gemeinschaft (allein) verpflichten und über das Gesamtgut verfügen können soll.

Unter ordentlicher Verwaltung des Gesamtguts versteht man vor dem Hintergrund dieses Zwecks (Verwaltungs-)Handlungen, die in der jeweiligen Gemeinschaft eine Alleinverwaltung erfordern. Regelmässig heisst dies, dass die ordentliche Verwaltung die alltäglichen, gewöhnlichen oder dringenden Geschäfte umfasst, jedoch nicht solche von grösserer Tragweite.

> **Beispiel:** Dies kann etwa bei «kleineren» Reparaturen, Instandstellungsarbeiten und Neuanschaffungen der Fall sein, wobei jedoch letztlich auf das gegebene Vermögen und die gegebene Vermögensordnung der Ehegatten abzustellen ist.

Die Interessenwertungen von Art. 227 Abs. 2 ZGB stehen dabei nicht zur Verfügung der Ehegatten. Zum einen dient Art. 227 Abs. 2 ZGB dem Interessenschutz Dritter. Zugleich wollte der Gesetzgeber jedoch der Möglichkeit entgegentreten, den anderen Ehegatten durch Ehevertrag dauerhaft von der Verwaltung auszuschliessen.

Offen stehen hingegen weiter über Art. 7 ZGB die allgemeinen stellvertretungsrechtlichen Bestimmungen der Art. 32–40 OR sowie das Auftragsrecht nach den Art. 394–406 OR. Vollmacht und Auftrag sind in diesen Fällen aber nach Art. 34 Abs. 1 OR bzw. Art. 404 Abs. 1 OR jederzeit widerrufbar.

b.   Ausserordentliche Verwaltung

Ausser für die ordentliche Verwaltung können die Ehegatten nur mit der gesamten Hand, sprich gemeinsam oder der eine nur mit Einwilligung des anderen, die Gemeinschaft verpflichten und über das Gesamtgut verfügen (Art. 228 Abs. 1 ZGB).

> **Hinweis:** Die Einwilligung des anderen kann nach dem Willen des Gesetzgebers nicht erzwungen werden, bzw. besteht nach den allgemeinen Bestimmungen der Art. 171–179 ZGB über den Schutz der ehelichen Gemeinschaft keine diesbezügliche Regelung (zu diesen S. 59 ff.). Im Einzelfall kann jedoch nach den allgemeinen Vorschriften des Güterrechts aufgrund Art. 185 Abs. 2 Ziff. 3 ZGB die Anordnung der Gütertrennung durch das Gericht verlangt werden, wenn der andere Ehegatte in ungerechtfertigter Weise die erforderliche Zustimmung zu einer Verfügung über das Gesamtgut verweigert (dazu S. 73 f.).

Dennoch trägt der Gesetzgeber auch hier «Verkehrserfordernissen» Rechnung. Dritte dürfen die Einwilligung des anderen Ehegatten voraussetzen, sofern sie nicht wissen oder wissen sollten, dass sie fehlt (Art. 228 Abs. 2 ZGB).

Die Frage, wie sich die Bestimmungen der Art. 227 und 228 ZGB über die (Vertretung der) güterrechtlichen Interessen der Ehegatten zu den allgemeinen Bestimmungen der Art. 166 ZGB und Art. 174

ZGB über die Vertretung der ehelichen Gemeinschaft verhalten, löst der Gesetzgeber mit Art. 228 Abs. 3 ZGB auf. Art. 166 ZGB und Art. 174 ZGB enthalten besondere Wertungen im Hinblick auf die eheliche Gemeinschaft – für die Bedürfnisse der Familie. Die Bestimmungen über die Vertretung der ehelichen Gemeinschaft bleiben daher nach Art. 228 Abs. 3 ZGB vorbehalten.

c.   Beruf oder Gewerbe der Gemeinschaft

Jeder Ehegatte verwaltet sein Eigengut in der Gütergemeinschaft frei, namentlich auch dann, wenn es zur Ausübung eines Berufs oder eines Gewerbes dient.

> Beispiel: Vermögenswerte eines von den Eltern geerbten Bauern- oder Handwerksbetriebs.

Es kann jedoch vorkommen, dass die Unternehmung während der Ehe bzw. des Güterstandes der Gütergemeinschaft – und nicht mit Eigengut begründet wurde. In diesem Fall würden grundsätzlich die allgemeinen Bestimmungen der Art. 227 und 228 ZGB Anwendung finden.

Der Gesetzgeber sieht jedoch mit Art. 229 ZGB eine besondere Bestimmung für den Fall vor, dass ein Ehegatte mit Zustimmung des anderen mit Mitteln des Gesamtgutes allein einen Beruf ausübt oder er allein ein Gewerbe betreibt. In diesem Fall kann er alle Rechtsgeschäfte vornehmen, die diese Tätigkeiten mit sich bringen. Bezugspunkt ist hier also nicht die ordentliche oder ausserordentliche Verwaltung, sondern die Zustimmung des Ehegatten umfasst alle Rechtsgeschäfte, die dem Zweck des Berufes oder des Gewerbes dienen.

> Beispiel: Die Zustimmung erfasst damit nicht die Verfügung über das dem Beruf oder dem Gewerbe dienenden Vermögen als solchen.

d.　　Ausschlagung und Annahme von Erbschaften

Mit Art. 230 ZGB wendet sich der Gesetzgeber der besonderen Interessenlage bei der Ausschlagung und Annahme von Erbschaften zu. Nach Art. 230 Abs. 1 ZGB kann ein Ehegatte ohne Zustimmung des anderen weder eine Erbschaft, die ins Gesamtgut fallen würde, ausschlagen noch eine überschuldete Erbschaft annehmen. Für die Ausschlagung der Erbschaft ergibt sich dies bereits aus Art. 228 Abs. 1 ZGB, während die Annahme einer überschuldeten Erbschaft für das Eigengut das Gesamtgut nur mittelbar bzw. nicht unmittelbar betrifft, jedoch das (Fort-)Bestehen der Gütergemeinschaft als solcher gefährden kann (zu Eigenschulden hier S. 117).

Schliesslich löst der Gesetzgeber auch den Fall der nicht vorliegenden Zustimmung des anderen Ehegatten für die Erbschaft abweichend von Art. 228 ZGB besonders auf. Kann der Ehegatte die Zustimmung des anderen Ehegatten nicht einholen oder wird sie ihm ohne triftigen Grund verweigert, so sieht das Gesetz eine besondere, gegenüber der allgemeinen güterrechtlichen Bestimmung des Art. 185 Abs. 2 Ziff. 3 ZGB (S. 73 f.) mildere Massnahme vor: der Ehegatte kann das Gericht anrufen (Art. 230 Abs. 2 ZGB).

e.　　Verantwortlichkeit und Verwaltungskosten

Für Handlungen, die das Gesamtgut betreffen, ist jeder Ehegatte bei Auflösung des Güterstandes gleich einem Beauftragten, sprich nach Art. 398 OR, verantwortlich (Art. 231 Abs. 1 ZGB). Damit geht der Gesetzgeber davon aus, dass dem Recht zur Verwaltung auch eine Pflicht zur Verwaltung entspricht.

Die Kosten dieser Verwaltung werden dem Gesamtgut belastet (Art. 231 Abs. 2 ZGB) – wobei diese Bestimmung hier nur das Verhältnis zwischen den Ehegatten, nicht zu Dritten betrifft (zur Haftung gegenüber Dritten S. 53 ff.).

> **Beispiel:** Kosten der Verwaltung sollen dabei nicht nur Verwaltungskosten im engeren, alltagssprachlichen Sinne sein, sondern die Aufwendungen im Zusammenhang mit der Nutzbarmachung, der Sicherung und dem Unterhalt des Gesamtguts.

2. Eigengut

Auch im Güterstand der Gütergemeinschaft gibt es nach Art. 221 ZGB, trotz der insoweit missverständlichen Bezeichnung und aufgrund der besonderen Ausgestaltung durch den schweizerischen Gesetzgeber, Eigengut. Innerhalb der gesetzlichen Schranken verwaltet jeder Ehegatte sein Eigengut und verfügt darüber (Art. 232 Abs. 1 ZGB).

> **Hinweis:** Jeder Ehegatte kann jedoch (obligationenrechtlich) die Verwaltung seines Vermögens dem anderen Ehegatten anvertrauen (zu Art. 195 ZGB oben S. 76 f.).

Die Nutzung und damit das Schicksal der Einkünfte aus dem Eigengut bestimmt sich je nach Art der Gütergemeinschaft. Die allgemeine Gütergemeinschaft nach Art. 222 ZGB vereinigt im Grundsatz das Vermögen und die Einkünfte der Ehegatten zu einem Gesamtgut. In diesem Sinne nutzen die Ehegatten also das Eigengut gemeinsam. Fallen hingegen die Einkünfte bei einer anderen Gütergemeinschaft im Sinne des Art. 224 ZGB in das Eigengut, nutzt der Ehegatte dieses so im Grundsatz selbst.

Fallen die Erträge in das Eigengut, werden nach Art. 232 Abs. 2 ZGB auch die Kosten der Verwaltung dem Eigengut belastet – fallen sie in das Gesamtgut, gehen sie zu Lasten des Gesamtgutes (dazu soeben S. 114).

III. Haftung gegenüber Dritten

Wer der Ehegatten Schuldner einer Schuld gegenüber dritten Gläubigern ist, bestimmen die allgemeinen Regeln. Das Güterrecht,

das unterschiedliche Vermögens- und damit Haftungsmassen bestimmt, muss jedoch selbständig begründen, auf welche Masse
Gläubiger der Ehegatten zugreifen können; die Gemeinschaft als
solche hat keine besondere Rechtspersönlichkeit (S. 47). Der Gesetzgeber stellt mit Blick auf die Haftungsmasse hier Voll- und
Eigenschulden gegenüber.

I. Vollschulden

Nach Art. 233 ZGB haftet jeder Ehegatte mit seinem Eigengut und
dem ganzen Gesamtgut – und damit schlicht mit seinem (gesamten)
Vermögen sowie aufgrund der besonderen Gütergemeinschaftsbe-
zogenheit der Schulden über seinen (An-)Teil am Gesamtgut hinaus
mit dem (gesamten) Gesamtgut (beider Ehegatten):

- für Schulden, die er in Ausübung seiner Befugnisse zur Vertretung der ehelichen Gemeinschaft oder zur Verwaltung des
  Gesamtgutes eingeht (Ziff. 1); bezuggenommen wird damit auf
  Art. 166 ZGB und Art. 227 und 228 ZGB (dazu S. 53 ff., 111 f.
  und 112 f.);

- für Schulden, die er in Ausübung eines Berufes oder Gewerbes
  eingeht, sofern für diese Mittel des Gesamtgutes verwendet werden oder deren Erträge ins Gesamtgut fallen (Ziff. 2); angesprochen ist hiermit Art. 229 ZGB (S. 113);

- für Schulden, für die auch der andere Ehegatte persönlich ein-
  zustehen hat (Ziff. 3); in diesen Fällen sind beide Anteile am Gesamtgut betroffen;

> **Beispiel:** Dies kann etwa auch bei gemeinsamen unerlaubten
> Handlungen der Fall sein (vgl. Art. 50 OR).

- für Schulden, bei welchen die Ehegatten mit dem Dritten vereinbart haben, dass das Gesamtgut neben dem Eigengut des Schuldners haftet (Ziff. 4).

> Beispiel: Dies wird etwa regelmässig bei Bürgschaften (Art. 492–512 OR) der Fall sein.

2. Eigenschulden

Für alle übrigen Schulden haftet ein Ehegatte nach Art. 234 Abs. 1 ZGB nur mit seinem Eigengut und der Hälfte des Wertes des Gesamtgutes, sprich (nur) mit seinem gesamten Vermögen.

> Beispiel: Schulden aus Vertrag – soweit sich der andere Ehegatte nicht mit verpflichtet bzw. von Gesetzes wegen mit verpflichtet wird, wie dies im Rahmen des Art. 166 ZGB bei der Vertretung der ehelichen Gemeinschaft der Fall ist (dazu S. 53 ff.).

Vorbehalten bleiben nach Art. 234 Abs. 2 ZGB jedoch Ansprüche wegen Bereicherung der Gemeinschaft.

> Beispiel: So ist es möglich, dass eine Verwaltungshandlung für das Gesamtgut ohne im Einzelfall erforderliche Einwilligung des anderen Ehegatten erfolgt ist, aber für das Gesamtgut eine Bereicherung entstanden ist.

IV. Schulden zwischen Ehegatten

(Auch) der Güterstand der Gütergemeinschaft hat keinen Einfluss auf die Fälligkeit von Schulden zwischen Ehegatten (Art. 235 Abs. 1 ZGB). Auch hier werden jedoch die ehelichen Pflichten zur Wahrung des Wohls der Gemeinschaft und zum Beistand nach Art. 159 Abs. 2 und 3 ZGB mit Art. 235 Abs. 2 ZGB fortgeschrieben: bereitet die Zahlung von Geldschulden oder die Erstattung geschuldeter Sachen dem verpflichteten Ehegatten ernstliche Schwierigkeiten, welche die eheliche Gemeinschaft gefährden, so kann er verlangen, dass ihm Fristen eingeräumt werden; die Forderung ist sicherzustellen, wenn es die Umstände rechtfertigen.

V. Auflösung des Güterstandes und Auseinandersetzung

1. Zeitpunkt der Auflösung

Wie Art. 204 ZGB für den Güterstand der Errungenschaftsbeteiligung (dazu S. 88 ff.) wendet sich der Gesetzgeber mit Art. 236 ZGB der Frage des Zeitpunkts der Auflösung des Güterstandes der Gütergemeinschaft zu.

So wird der Güterstand der Gütergemeinschaft nach Art. 236 Abs. 1 ZGB im Zeitpunkt bzw. mit dem Tod eines Ehegatten, mit der Vereinbarung eines anderen Güterstandes oder mit der Konkurseröffnung über einen Ehegatten aufgelöst.

> Hinweis: Dass anders als beim Güterstand der Errungenschaftsbeteiligung die Konkurseröffnung über einen Ehegatten zur Auflösung des Güterstandes der Gütergemeinschaft führt, findet seine Begründung über Art. 188 ZGB, nach dem von Gesetzes wegen Gütertrennung eintritt, wenn über einen Ehegatten, der in Gütergemeinschaft lebt, der Konkurs eröffnet wird (zur Begründung von Art. 188 ZGB wiederum hier S. 75).

Wie bei der Errungenschaftsbeteiligung (S. 88 f.) wird hingegen bei Scheidung, Trennung, Ungültigerklärung der Ehe oder gerichtlicher Anordnung der Gütertrennung die Auflösung des Güterstandes auf den Tag zurückbezogen, an dem das Begehren eingereicht worden ist (Art. 236 Abs. 2 ZGB).

Der Zeitpunkt der Auflösung des Güterstandes ist nach Art. 236 Abs. 3 ZGB für die Zusammensetzung des Gesamtgutes und des Eigengutes massgebend.

2. Zuweisung zum Eigengut

Wie Art. 207 Abs. 2 ZGB für den ordentlichen Güterstand der Errungenschaftsbeteiligung (dazu oben S. 94 f.), findet sich auch für den Güterstand der Gütergemeinschaft eine besondere Bestimmung für die Kapitalleistung, die ein Ehegatte von einer Vorsorgeeinrichtung oder wegen Arbeitsunfähigkeit erhalten hat – und die

Gesamtgut geworden ist: der Betrag des Kapitalwertes der Rente, die dem Ehegatten bei Auflösung des Güterstandes zustünde, wird dem Eigengut zugerechnet (Art. 237 ZGB).

3. Ersatzforderungen zwischen Gesamtgut und Eigengut

Anders als beim ordentlichen Güterstand der Errungenschaftsbeteiligung stellt sich beim Güterstand der Gütergemeinschaft die Frage nach Ersatzforderungen zwischen Gesamt- und Eigengut nur beschränkt (zur Errungenschaftsbeteiligung hingegen S. 97 ff.). Insoweit bestimmt Art. 238 Abs. 1 ZGB, dass bei der güterrechtlichen Auseinandersetzung zwischen dem Gesamtgut und dem Eigengut jedes Ehegatten Ersatzforderungen bestehen, wenn Schulden, die die eine Vermögensmasse belasten, mit Mitteln der anderen bezahlt worden sind. Die Zweifelsregelung des Art. 209 Abs. 2 ZGB für den Güterstand der Errungenschaftsbeteiligung (S. 98) lautet für die Gütergemeinschaft wie folgt: Eine Schuld belastet die Vermögensmasse, mit welcher sie zusammenhängt, im Zweifel aber das Gesamtgut (Art. 238 Abs. 2 ZGB).

4. Mehrwertanteil

Art. 239 ZGB verweist schliesslich direkt auf die sinngemässe Anwendung der Bestimmungen über den Mehrwertanteil bei der Errungenschaftsbeteiligung, sprich Art. 206 ZGB – auch hier für den Fall, dass das Eigengut eines Ehegatten oder das Gesamtgut zum Erwerb, zur Verbesserung oder zur Erhaltung eines Vermögensgegenstandes einer anderen Vermögensmasse beigetragen hat (zur Begründung damit bereits oben S. 91 ff.).

5. Wertbestimmung

Eine entsprechende Regelung zu Art. 214 Abs. 1 ZGB über die Wertbestimmung bei der Errungenschaftsbeteiligung (S. 100 f.) ist mit Art. 240 ZGB auch für die Gütergemeinschaft getroffen: Massgebend für den Wert des bei Auflösung des Güterstandes vorhandenen Gesamtgutes ist der Zeitpunkt der Auseinandersetzung.

6. Teilung

Bei der Teilung des Gesamtgutes unterscheidet der Gesetzgeber schliesslich nach dem Grund der Auflösung des Güterstandes.

a. Bei Tod oder Vereinbarung eines anderen Güterstandes

Wird die Gütergemeinschaft durch Tod eines Ehegatten oder durch Vereinbarung eines anderen Güterstandes aufgelöst, so steht jedem Ehegatten oder seinen Erben nach Art. 241 Abs. 1 ZGB die Hälfte des Gesamtgutes zu. Durch Ehevertrag kann zwar eine andere Teilung vereinbart werden (Art. 241 Abs. 2 ZGB), aber solche Vereinbarungen dürfen nach Art. 241 Abs. 3 ZGB die Pflichtteilsansprüche der Nachkommen nicht beeinträchtigen. Zudem gelten nach Art. 241 Abs. 4 ZGB, unter Vorbehalt einer abweichenden Vereinbarung im Ehevertrag, die Vereinbarungen über eine andere Teilung im Todesfall nicht, wenn ein Scheidungsverfahren hängig ist, das den Verlust des Pflichtteilsanspruchs des überlebenden Ehegatten bewirkt (zur teils abweichenden Regelung bei der Errungenschaftsbeteiligung oben S. 103 f.).

Hinweis: Abs. 4 wurde dem Art. 241 ZGB mit Wirkung zum 1. Januar 2023 hinzugefügt.

b. In den übrigen Fällen

Bei Scheidung, Trennung, Ungültigerklärung der Ehe oder Eintritt der gesetzlichen oder gerichtlichen Gütertrennung nimmt hingegen nach Art. 242 Abs. 1 ZGB jeder Ehegatte vom Gesamtgut zurück, was unter der Errungenschaftsbeteiligung, sprich nach Art. 198 ZGB, sein Eigengut wäre. Es wird also die Gütergemeinschaft in einem gewissen Sinne rückwirkend aufgehoben bzw. sind aufgrund des Scheiterns (der Ehe und) der besonderen Gütergemeinschaft die allgemeinen, ordentlichen güterrechtlichen Verhältnisse wiederherzustellen. Praktisch handelt es sich um die in Art. 198 Ziff. 2 und Ziff. 4 ZGB aufgeführten Vermögenswerte, sprich die Vermögenswerte, die einem Ehegatten zu Beginn des Güterstandes gehören oder ihm später durch Erbgang oder sonst wie unentgeltlich zufallen, sowie Ersatzanschaffungen für Eigengut. Die von Art. 198 Ziff. 1 und 3 ZGB benannten Vermögenswerte, damit die Gegenstände, die einem Ehegatten ausschliesslich zum persönlichen Gebrauch dienen, sowie die Genugtuungsansprüche, sind auch in der Gütergemeinschaft nach Art. 225 Abs. 2 ZGB Eigengut.

Das übrige Gesamtgut fällt den Ehegatten hingegen nach Art. 242 Abs. 2 ZGB je zur Hälfte zu. Vereinbarungen über die Änderung der gesetzlichen Teilung gelten nur, wenn der Ehevertrag dies ausdrücklich vorsieht (Art. 242 Abs. 3 ZGB), da ein solcher Wille den Parteien wie bei der Errungenschaftsbeteiligung in diesen Fällen nicht unterstellt werden kann (dazu S. 103 f.).

7. *Durchführung der Teilung*

Nach der allgemeinen Bestimmung des Art. 654 Abs. 2 ZGB geschieht die Teilung von Gesamteigentum, wo es nicht anders bestimmt ist, nach den Vorschriften über das Miteigentum. Diese Bestimmung nimmt der Gesetzgeber mit Art. 246 ZGB auf, nach dem auch bei der Teilung des Gesamtgutes die Bestimmungen über die Teilung von Miteigentum sinngemäss gelten. Grund für den hier hinzutretenden Verweis auf die Durchführung der Erbteilung ist dabei nicht zuletzt, dass auch hier, anders als regelmässig bei der Teilung von Gesamteigentum, keine einzelne Sache, sondern eine Sachgesamtheit aufzuteilen ist.

Einleitend trifft der Gesetzgeber jedoch zunächst mit den Art. 243–245 ZGB durch Sonderheiten der ehelichen Gemeinschaft begründete, besondere Bestimmungen.

a. Eigengut

Wird die Gütergemeinschaft durch Tod eines Ehegatten aufgelöst, so kann der überlebende Ehegatte verlangen, dass ihm auf Anrechnung überlassen wird, was unter der Errungenschaftsbeteiligung sein Eigengut wäre (Art. 243 ZGB). Praktisch wird dies insbesondere im Hinblick auf die Vermögenswerte, die dem Ehegatten zu Beginn des Güterstandes gehörten oder ihm später durch Erbgang oder sonstwie unentgeltlich zugefallen sind (Art. 198 Ziff. 2 ZGB), sowie die Ersatzanschaffungen (Art. 198 Ziff. 4 ZGB). Der Gesetzgeber geht davon aus, dass das Interesse des überlebenden Ehegatten an diesem «Eigengut» das Interesse der Erben überwiegt.

b.   Wohnung und Hausrat

Mit Art. 244 ZGB wird weiter die Regelung des Art. 219 ZGB für den Güterstand der Errungenschaftsbeteiligung dem Sinn nach auch für die Gütergemeinschaft übernommen (zur Begründung S. 105 f.). Voraussetzung der dort getroffenen Wertungen ist im Güterstand der Gütergemeinschaft jedoch, dass das Haus oder die Wohnung, worin die Ehegatten gelebt haben, oder Hausratsgegenstände zum Gesamtgut gehören. In diesem Fall kann der überlebende Ehegatte verlangen, dass ihm das Eigentum daran auf Anrechnung zugeteilt wird (Art. 244 Abs. 1 ZGB). Auch kann hier, wo die Umstände es rechtfertigen, nach Art. 244 Abs. 2 ZGB auf Verlangen des überlebenden Ehegatten oder der anderen gesetzlichen Erben des Verstorbenen statt des Eigentums die Nutzniessung oder ein Wohnrecht eingeräumt werden.

Art. 244 Abs. 3 ZGB nimmt schliesslich den Gedanken des Art. 205 Abs. 2 ZGB für den ordentlichen Güterstand der Errungenschaftsbeteiligung auf (dazu S. 89 f.). Wird die Gütergemeinschaft nicht durch Tod aufgelöst, kann jeder Ehegatte die von Art. 244 Abs. 1 und 2 ZGB benannten Begehren stellen, wenn er ein überwiegendes Interesse nachweist.

> **Beispiel:** Es wurden im Fall der allgemeinen Gütergemeinschaft Möbel, die ein Ehegatte von seinen Eltern geerbt hat, Gesamtgut. In diesem Fall kann der Ehegatte bei der Teilung seine persönlichen Interessen an diesen Gegenständen geltend machen.

c.   Andere Vermögenswerte

Schliesslich schreibt Art. 245 ZGB die Wertungen des Art. 244 ZGB für Wohnung und Hausrat auch für andere Vermögenswerte fort. Weist ein Ehegatte ein überwiegendes Interesse nach, so kann er verlangen, dass ihm auch andere Vermögenswerte auf Anrechnung zugeteilt werden.

> **Beispiel:** Dies kann etwa der Fall sein, wenn ein Ehegatte besonderes Interesse an einem bestimmten Gegenstand (Briefmarkensammlung, Musikinstrumente o.ä.) hat.

VI.   Insbesondere: Schulden der Ehegatten nach Auflösung der Gütergemeinschaft

Nach der Auflösung der Gütergemeinschaft bleibt jeder Ehegatte weiter verpflichtet, seine noch bestehenden Schulden zu erfüllen. Für die Eigenschulden haftet der jeweilige Ehegatte mit seinem ganzen Vermögen, das nun auch unmittelbar die Vermögenswerte umfasst, die er im Wege der güterrechtlichen Auseinandersetzung erhalten hat. Ebenso haftet für die Vollschulden, anders als während der Dauer des Güterstandes der Gütergemeinschaft, nur noch das Vermögen des jeweiligen Ehegatten, und nicht mehr das (ganze) Gesamtgut bzw. nicht mehr der (An-)Teil, der im Wege der güterrechtlichen Auseinandersetzung auf den anderen Ehegatten übergegangen ist.

Der Gläubiger wird hier jedoch über Art. 193 ZGB geschützt (näher hierzu oben S. 76). So kann dem Gläubiger nach Art. 193 Abs. 1 ZGB dieser (An-)Teil des anderen Ehegatten am Gesamtgut nicht entzogen werden. Nach Art. 193 Abs. 2 ZGB hat schliesslich der Ehegatte die Schulden (persönlich) zu bezahlen, sofern er nicht nachweist, dass das empfangene Vermögen hierzu nicht ausreicht.

D. Die Gütertrennung

Die Gütertrennung ist uns schon als ausserordentlicher Güterstand bekannt (S. 72 ff.). Ihr liegt die vollkommene Trennung der Vermögen(-sinteressen) beider Ehegatten zugrunde.

Vermögen
Ehemann

Vermögen
Ehefrau

Die Ehegatten sind so bei der Ausübung ihrer eigenen Interessen nur den Einschränkungen unterworfen, die aus dem allgemeinen ehelichen Gemeinschaftsgedanken, den allgemeinen eherechtlichen Wirkungen fliessen. Der Güterstand als solcher setzt den Ehegatten, anders als bei den Güterständen der Errungenschaftsbeteiligung und Gütertrennung, keine (zusätzlichen) Schranken. Sie sind in dieser Hinsicht wie unverheiratete Personen zu behandeln.

> Hinweis: Jenseits dieses Ausgangspunktes können selbstverständlich auch gemeinsame Interessen vereinbart werden, wie etwa vermittelt über eine einfache Gesellschaft, einen Arbeitsvertrag, Miteigentum o.ä.

Zugleich sah der Gesetzgeber kein Bedürfnis der Regelung einer «beschränkten» Gütertrennung, da bereits die Güterstände der Errungenschaftsbeteiligung und Gütergemeinschaft Elemente einer Gütertrennung erlauben (dazu etwa S. 83, 109 f.).

So fällt auch die Regelung der Gütertrennung sehr kurz aus, weil bereits die Regelung des Güterstandes der Errungenschaftsbeteiligung bis zu ihrer Auflösung in vielerlei Hinsicht einer Gütertrennung gleicht – und der Gesetzgeber daher auf diese Bestimmungen verweisen kann.

I. Verwaltung, Nutzung und Verfügung

1. *Im Allgemeinen*

Nach Art. 247 ZGB verwaltet und nutzt jeder Ehegatte im Güterstand der Gütertrennung sein Vermögen und verfügt darüber (frei) – innerhalb der gesetzlichen Schranken, die sich hier jedoch allein aus den allgemeinen Wirkungen der Ehe ergeben.

> **Beispiel:** Solche Schranken ergeben sich etwa aus allgemeinen ehelichen Pflichten, wie der Beistandspflicht nach Art. 159 Abs. 3 ZGB (zu dieser rechtstechnischen Umsetzung des ehelichen Gemeinschaftsgedankens allgemein oben S. 79). Sie können jedoch auch unmittelbar die Verfügungsbefugnis des Ehegatten beschränken, wie dies etwa über Art. 169 ZGB im Hinblick auf die Wohnung der Familie erfolgt ist.

Der Güterstand der Gütertrennung als solcher setzt der Freiheit der Ehegatten hingegen keine Schranken.

> **Hinweis:** Auch hier bleibt weiter die Möglichkeit, die Verwaltung (frei) dem anderen Ehegatten anzuvertrauen (zu Art. 195 ZGB oben S. 76 f.).

2. *Beweis*

Problematisch kann damit ebenfalls der Beweis werden, ob ein bestimmter Vermögenswert Eigentum des einen oder anderen Ehegatten ist. Wie bereits Art. 200 Abs. 1 und 2 ZGB für den ordentlichen Güterstand der Errungenschaftsbeteiligung (dazu S. 83 ff.), bestimmt auch Art. 248 Abs. 1 ZGB den (allgemeinen) Grundsatz, dass wer behauptet, ein bestimmter Vermögenswert sei Eigentum des einen oder anderen Ehegatten, dies beweisen muss. Kann dieser Beweis nicht erbracht werden, so soll nach Willen des Gesetzgebers Miteigentum beider Ehegatten angenommen werden (Art. 248 Abs. 2 ZGB).

> **Hinweis:** Auch hier kommt daher Art. 195a ZGB über die Aufnahme eines Inventars besondere Bedeutung zu (dazu S. 77 f.).

II. Haftung gegenüber Dritten

Art. 249 ZGB betont den Gedanken der Gütertrennung weiter für die Haftung. So haftet jeder Ehegatte für seine Schulden mit seinem gesamten Vermögen – wie auch unverheiratete Personen.

III. Schulden zwischen Ehegatten

Art. 250 ZGB übernimmt die Bestimmung des Art. 203 ZGB (zu dieser S. 87). Auch bzw. gerade der Güterstand der Gütertrennung hat keinen Einfluss auf die Fälligkeit von Schulden zwischen den Ehegatten (Art. 250 Abs. 1 ZGB).

Auch hier kann aber ein Ehegatte nach Art. 250 Abs. 2 ZGB verlangen, dass ihm Fristen eingeräumt werden, wenn ihm die Zahlung von Geldschulden oder die Erstattung geschuldeter Sachen ernstliche Schwierigkeiten bereitet, welche die eheliche Gemeinschaft gefährden; die Forderung ist jedoch sicherzustellen, wenn es die Umstände rechtfertigen (zur allgemeinen Begründung dieser Bestimmung hier S. 87).

IV. Zuweisung bei Miteigentum

Eine Auseinandersetzung der Vermögen ist beim Güterstand der Gütertrennung nach Ansicht des Gesetzgebers nicht erforderlich. (Allgemeinen) Besonderheiten der ehelichen (Lebens-)Gemeinschaft hat der Gesetzgeber jedoch, wie bei den Güterständen der Errungenschaftsbeteiligung (Art. 205 Abs. 2 ZGB) und Gütergemeinschaft (Art. 244, 245 ZGB), mit Art. 251 ZGB auch für den Güterstand der Gütertrennung mit einer Sonderbestimmung zu Art. 651 Abs. 2 ZGB Rechnung getragen: Steht ein Vermögenswert im Miteigentum und weist ein Ehegatte ein überwiegendes Interesse nach, so kann er bei Auflösung des Güterstandes neben den übrigen gesetzlichen Massnahmen verlangen, dass ihm dieser Vermögenswert gegen Entschädigung des anderen Ehegatten ungeteilt zugewiesen wird.

§ 7 Die Ehescheidung und die Ehetrennung

Im vierten Titel hat der Gesetzgeber «Die Ehescheidung und die Ehetrennung» geregelt. Damit hat er zum einen mit den Art. 111–115 ZGB die Möglichkeit eröffnet, die eheliche Gemeinschaft aufzulösen, zu scheiden. Zum anderen sieht er mit den Art. 117–118 ZGB die Möglichkeit vor, die Ehegatten innerhalb der Ehe zu trennen.

A.　Hintergrund

Soweit das Scheidungsrecht im 19. Jahrhundert bereits vereinheitlicht war, war dieses in der Schweiz sehr liberal ausgestaltet. Die Scheidungsziffern waren im Vergleich zu anderen Ländern in Europa relativ hoch.

Mit dem Zivilgesetzbuch wollte der Gesetzgeber hingegen ein «Bollwerk» gegen ehefeindliche Tendenzen errichten (dazu allgemein bereits oben S. 4 f.) und verschärfte auch die Scheidungsgründe. Diese knüpften überwiegend an ein Verschulden der Ehegatten an (Ehebruch, Nachstellung nach dem Leben, Misshandlung und Ehrenkränkung, Verbrechen und unehrenhafter Lebenswandel o.ä.) und wurden nur allgemein durch einen Scheidungsgrund der «Zerrüttung des ehelichen Verhältnisses» ergänzt (Art. 142 aZGB). Danach konnte jeder Ehegatte auf Scheidung klagen, wenn eine so tiefe Zerrüttung des ehelichen Verhältnisses eingetreten war, dass den Ehegatten die Fortsetzung der ehelichen Gemeinschaft nicht zugemutet werden konnte. War jedoch die tiefe Zerrüttung vorwiegend der Schuld eines Ehegatten zuzuschreiben, konnte nur der andere Ehegatte auf Scheidung klagen.

In Abweichung von dieser gesetzgeberischen Konzeption und der Voranstellung besonderer Scheidungsgründe wurde in der Praxis die Scheidung in fast allen Fällen aufgrund des allgemeinen Scheidungsgrundes der «Zerrüttung des ehelichen Verhältnisses» ausgesprochen. Und für diese Zerrüttung wurde zunehmend auf den

Scheidungswillen der Ehegatten abgestellt – mit Hinblick auf den Gedanken des Art. 2 Abs. 2 ZGB, dass der offenbare Missbrauch eines Rechts keinen Rechtsschutz findet, im Einzelfall auch auf den einseitigen Willen nur eines Ehegatten.

Doch auch bei den Scheidungsfolgen knüpfte das Gesetz teilweise an die Frage des Verschuldens an. Wenn auch hier wiederum durch Rechtsfortbildungen weitgehend relativiert, so drohte doch die Verschuldensfrage den Streit der Ehegatten, auch zulasten etwaig beteiligter Kindesinteressen, zu vertiefen – ohne dass sich im Regelfall feststellen liess, wer und in welchem Ausmass an der Zerrüttung des ehelichen Verhältnisses «Schuld» hatte.

Schliesslich wurde das vom Gesetzgeber geschaffene «Bollwerk» auch rein tatsächlich durch stetig steigende Scheidungszahlen infrage gestellt.

Hinweis: Im Jahr 1999, sprich vor der Reform des Scheidungsrechts, wurden 20'809, sprich 50,5 % der Ehen wieder geschieden (2021 wurden 17'159 Ehen und damit ca. 42 % der Ehen geschieden).

Dem so hervortretenden Reformbedarf hat der Gesetzgeber mit einer am 1. Januar 2000 in Kraft getretenen Reform des Scheidungsrechts zu entsprechen versucht. Ausdrücklich hat er dabei darauf verzichtet, mit einem «griffigen Scheidungsgesetz die Ehestabilität zu fördern», da er in rechtlichen Vorschriften nur noch ein «sehr beschränkt … taugliches Mittel» sah, «um enge persönliche und dauerhafte Sozialbeziehungen konstruktiv zu gestalten». «Leitlinien» der Reform waren daher:

«die Einführung einer verschuldensunabhängigen Scheidung, die Förderung der Verständigung der Ehegatten über ihre Scheidung im Interesse aller Beteiligten, die bestmögliche Wahrung der Kindesinteressen sowie eine ausgewogene Regelung der wirtschaftlichen Folgen der Scheidung.»

Abgelehnt wurde hingegen, die Scheidung von einem gerichtlichen Verfahren, von der gerichtlichen Behörde zu lösen und etwa einer

Verwaltungsbehörde zuzuweisen. Und etwas «Bollwerk» blieb denn auch bei der Scheidung auf Klage nur eines Ehegatten bestehen (dazu unten S. 132).

B.　Die Scheidungsvoraussetzungen

Viele vertragliche (Dauerschuld-)Verhältnisse des Obligationenrechts können entweder durch die Vertragsparteien gemeinsam aufgehoben oder bei Unzumutbarkeit durch eine der Vertragsparteien ausserordentlich gekündigt werden. In gewisser Parallele hierzu kann man sich heute die Scheidung der Ehe vorstellen. Anders als im Obligationenrecht kann das Rechtsverhältnis der Ehe jedoch weder durch gemeinsame noch einseitige Erklärung der Ehegatten geschieden werden. Vielmehr spricht das Gericht nach einem besonderen (Scheidungs-)Verfahren die Scheidung der Ehe aus. Mit diesem Verfahren soll zum einen sichergestellt werden, dass Ehen nicht übereilt geschieden werden. Zum anderen will man gewährleisten, dass bei der Regelung der Scheidungsfolgen den verschiedenen Interessen der Mitglieder der ehelichen Gemeinschaft, namentlich auch denjenigen der Kinder, angemessen Rechnung getragen wird. Wie dabei im Einzelnen zu verfahren ist, richtet sich nach dem Willen des Gesetzgebers danach, ob die «Scheidung auf gemeinsames Begehren» (Art. 111–112 ZGB) oder die «Scheidung auf Klage eines Ehegatten» erfolgen soll (Art. 114–115 ZGB).

Hinweis: Wichtige Vorschriften über das Verfahren im Einzelnen finden sich seit dem 1. Januar 2011 in der Schweizerischen Zivilprozessordnung (Zivilprozessordnung, ZPO), der Zivilverfahrensordnung. Auf sie wird auch im Folgenden beispielhaft hingewiesen. So wird das «Scheidungsverfahren» in den Art. 274–293 ZPO näher bestimmt.

I.　Scheidung auf gemeinsames Begehren

An die Spitze der Regelungen stellt der Gesetzgeber heute die «Scheidung auf gemeinsames Begehren». Die Scheidung setzt daher im Ausgangspunkt nur noch den gemeinsamen Willen der Parteien voraus. Das besondere Verfahren vor Gericht ist hierbei darauf ausgerichtet, dass den Ehegatten die (Rechts-)Folgen ihrer Willenserklärungen, (des Rechtsgeschäfts) der Scheidung, bewusst sind.

1. Umfassende Einigung

Verlangen die Ehegatten gemeinsam die Scheidung, so haben sie nach Art. 111 Abs. 1 Satz 1 ZGB eine vollständige Vereinbarung über die Scheidungsfolgen mit den nötigen Belegen einzureichen. Mit Blick auf den Zweck des Verfahrens, den Ehegatten die Folgen ihrer Scheidung zu Bewusstsein zu bringen, ist dies vielleicht missverständlich, beruht aber darauf, dass die Scheidungsfolgen weitgehend vom Willen der Ehegatten abhängig sind (zu Einschränkungen etwa hier S. 156 ff.).

Deutlicher wird der Zweck mit Blick auf die Rechtsfolgen der Scheidung, die die Kinder betreffen. Mit der Scheidungsfolgenvereinbarung der Ehegatten sind nach Art. 111 Abs. 1 Satz 1 ZGB gemeinsame «Anträge» hinsichtlich der Kinder bei Gericht einzureichen. Die Kindesinteressen und damit die Rechtsfolgen der Scheidung stehen insoweit nicht zur Verfügung der Ehegatten, sondern bestimmen sich nach den Interessen des Kindes, sprich insbesondere den besonderen Vorschriften der Art. 270–327c ZGB über «Die Wirkungen des Kindesverhältnisses» (zu den vorgelagerten Bestimmungen der Art. 133–134 ZGB sogleich S. 156 ff.). Die gemeinsamen Anträge bezwecken damit im Wesentlichen, dass sich die Ehegatten der Rechtsfolgen ihrer Scheidung auch im Hinblick auf die Kinder bewusst sind (zur weiteren Bedeutung der gemeinsamen Anträge jedoch hier S. 156).

> **Hinweis:** Muster von Scheidungsfolgenvereinbarungen finden sich etwa unter http://www.gerichte-zh.ch/themen/ehe-und-familie/scheidung/musterkonventionen.html.

Mit dieser Grundlage hört das Gericht die Ehegatten getrennt und zusammen an, wobei die Anhörung aus mehreren Sitzungen bestehen kann (Art. 111 Abs. 1 Satz 1 und 2 ZGB). Hat sich das Gericht davon überzeugt, dass das Scheidungsbegehren und die Vereinbarung auf freiem Willen und reiflicher Überlegung beruhen und die Vereinbarung mit den Anträgen hinsichtlich der Kinder genehmigt werden kann, so spricht das Gericht nach Art. 111 Abs. 2 ZGB die Scheidung aus.

Hinweis: Das Verfahren bei «Scheidung auf gemeinsames Begehren» bestimmen die Art. 285–289 ZPO näher, die «Eingabe bei umfassender Einigung» Art. 285 ZPO. Für die Vereinbarung über die Scheidungsfolgen von besonderer Bedeutung ist Art. 279 ZPO. So ist die Vereinbarung erst rechtsgültig, wenn das Gericht sie genehmigt hat (Art. 279 Abs. 2 Satz 1 ZPO). Das Gericht wiederum genehmigt die Vereinbarung über die Scheidungsfolgen grundsätzlich (nur), wenn es sich davon überzeugt hat, dass die Ehegatten sie aus freiem Willen und nach reiflicher Überlegung geschlossen haben und sie klar, vollständig und nicht offensichtlich unangemessen ist (Art. 279 Abs. 1 Hs. 1 ZPO). Zur «Vereinbarung über die berufliche Vorsorge» siehe hingegen Art. 279 Abs. 1 Hs. 2, Art. 280 ZPO.

2. Teileinigung

Sind sich die Ehegatten über Scheidungsfolgen nicht einig, so können sie nach Art. 112 Abs. 1 ZGB dennoch die gemeinsame Scheidung verlangen – wenn sie gemeinsam erklären, sprich sich wiederum (gemeinsam) einig sind, «dass das Gericht die Scheidungsfolgen beurteilen soll, über die sie sich nicht einig sind». In diesem Fall hört sie das Gericht wie bei der umfassenden Einigung zum Scheidungsbegehren, zu den Scheidungsfolgen, über die sie sich geeinigt haben, sowie zur Erklärung, dass die übrigen Folgen gerichtlich zu beurteilen sind, an (Art. 112 Abs. 2 ZGB).

Hinweis: Art. 286 ZPO regelt die «Eingabe bei Teileinigung».

II.   Scheidung auf Klage eines Ehegatten

Neben der Scheidung auf gemeinsames Begehren erkennt der Gesetzgeber auch eine einseitige Scheidung, die «Scheidung auf Klage eines Ehegatten», an.

1.   Nach Getrenntleben

Ein Ehegatte kann die Scheidung verlangen, wenn die Ehegatten bei Eintritt der Rechtshängigkeit der Klage oder bei Wechsel zur Scheidung auf Klage mindestens zwei Jahre getrennt gelebt haben (Art. 114 ZGB). Getrennt leben setzt voraus, dass aufgrund des Willens mindestens eines Ehegatten die Ehegatten nicht ehelich zusammenleben. Regelmässig wird daher vorausgesetzt, dass subjektiv ein Wille zum Getrenntleben besteht und dieser Wille auch objektiv, insbesondere räumlich, zum Ausdruck kommt.

> Beispiel: Grundsätzlich findet das willentliche Getrenntleben Ausdruck über getrennte Wohnungen. Zwingende Voraussetzung ist dies jedoch nicht. An die Erkennbarkeit, an den Beweis des Willens zum Getrenntleben, das «Nicht-eheliche-Zusammenleben», werden dann jedoch besondere Anforderungen gestellt. Verlangt wird etwa ein weitest mögliches Getrenntleben in der Wohnung, teilweise auch die Unzumutbarkeit der Finanzierung getrennter Wohnungen.

Eine zwischenzeitliche Versöhnung unterbricht die Zeit des Getrenntlebens, blosse Versöhnungsversuche hingegen nicht.

> Beispiel: Für die Abgrenzung einer Versöhnung von Versöhnungsversuchen wird für Versöhnungsversuche eine Zeitspanne bis zu einigen Wochen zugestanden, mehrere Monate jedoch als Zeichen für eine Versöhnung gewertet.

2. *Unzumutbarkeit*

Vor Ablauf der zweijährigen Frist kann ein Ehegatte die Scheidung nur verlangen, wenn ihm die Fortsetzung der Ehe aus schwerwiegenden Gründen, die ihm nicht zuzurechnen sind, nicht zugemutet werden kann (Art. 115 ZGB). Bezugspunkt der Unzumutbarkeit bzw. Voraussetzung ist, dass ihm das Bestehen (des äusseren rechtlichen Bandes) der Ehe als solches nicht zugemutet werden kann. Die inhaltlichen Bindungen der Ehe können hingegen über die Massnahmen zum Schutz der ehelichen Gemeinschaft nach den Art. 171–179 ZGB weitgehend aufgehoben werden.

> **Beispiel:** Dies gilt im Grundsatz auch für ernstliche Gefährdungen der Persönlichkeit eines Ehegatten, denen über die Aufhebung des gemeinsamen Haushaltes nach den Art. 175–176 ZGB begegnet werden kann.

C. Die Ehetrennung

Neben dem Interesse an einer Scheidung der Ehe, an der vollständigen Auflösung des Rechtsverhältnisses zwischen den Ehegatten, kann aus religiösen oder aus erb- und sozialversicherungsrechtlichen Gründen ein Interesse der Ehegatten daran bestehen, eine einmal (wirksam) geschlossene Ehe formal bestehen zu lassen – ihre inhaltlichen Wirkungen aber weitgehend aufzuheben.

> **Hinweis:** Die Ehetrennung hat nur untergeordnete praktische Bedeutung. So wurden etwa im Jahr 2010 nur 102 Ehen getrennt; neuere Zahlen liegen nicht vor. Neuerdings wird jedoch wieder darauf hingewiesen, dass sich die Ehetrennung vor allem im Alter im Einzelfall als vorzugswürdige Alternative gegenüber der Scheidung darstellen kann.

I.   Voraussetzungen und Verfahren

Nach Art. 117 Abs. 1 ZGB können die Ehegatten die Trennung daher unter den gleichen Voraussetzungen wie bei der Scheidung verlangen – und durch ein Trennungsurteil wird das Recht, die Scheidung zu verlangen, nicht berührt (Art. 117 Abs. 3 ZGB).

II.   Trennungsfolgen

Mit der Trennung tritt nach Art. 118 Abs. 1 ZGB von Gesetzes wegen Gütertrennung ein (dazu S. 124 ff.). Im Übrigen finden die Bestimmungen über Massnahmen zum Schutz der ehelichen Gemeinschaft sinngemässe Anwendung (Art. 118 Abs. 2 ZGB). Unmittelbar angesprochen sind damit die Art. 171–179 ZGB, insbesondere Art. 177 ZGB über die Regelung des Getrenntlebens.

In diesem Rahmen sind jedoch die Bestimmungen der Art. 159–170 ZGB über die Wirkungen der Ehe im Allgemeinen weiter anwendbar. Dies gilt nicht zuletzt auch für die eheliche Beistandspflicht nach Art. 159 Abs. 3 ZGB und die Bestimmungen über den Unterhalt der Familie nach den Art. 163–165 ZGB, die als solche ein Zusammenleben der Ehegatten nicht voraussetzen.

> **Hinweis:** Die Frage, ob eine solche, teils «ausgehöhlte» Ehe als Anknüpfungspunkt für Rechtsfolgen etwa im Erb- oder Versicherungsrecht anerkannt wird, ist damit den Wertungen dieser Rechtsgebiete überwiesen. So besteht das gesetzliche Erbrecht und das Pflichtteilsrecht fort (Art. 462, 471 Ziff. 3 ZGB), und auch im Sozialversicherungsrecht wird das Fortbestehen der allgemeinen ehelichen Pflichten, insbesondere der allgemeinen ehelichen Beistands- und Unterhaltspflichten, als ausreichender Anknüpfungspunkt auch für sozialversicherungsrechtliche Ansprüche angesehen.

D. Die Scheidungsfolgen

Mit den Art. 119–134 ZGB regelt der Gesetzgeber die Scheidungsfolgen, sprich die Rechtsfolgen der Beendigung der rechtlichen, ehelichen Gemeinschaft.

Zu betrachten sind dabei zunächst die allgemeinen Rechtsfolgen der Ehe, wie etwa die Führung eines gemeinsamen Namens, über den die Ehegatten während der Ehe ihre besondere Verbundenheit zum Ausdruck gebracht haben (siehe oben S. 48 f.).

> Hinweis: Einer besonderen Regelung im Hinblick auf das Bürgerrecht bedarf es (heute) nicht mehr, da nach Art. 161 ZGB jeder Ehegatte sein Kantons- und Gemeindebürgerrecht nach der Eheschliessung behält (S. 44 f.).

Des Weiteren stellen sich aber insbesondere auch Fragen im Hinblick auf das Vermögen der Ehegatten – im Hinblick auf das gegenwärtige Vermögen der Ehegatten einerseits, andererseits aber mit Blick auch auf das, was die Ehegatten ohne ihre Einbindung in die eheliche Gemeinschaft heute selbständig vermocht hätten. Wie die Scheidungsvoraussetzungen regelt der Gesetzgeber dabei auch die Scheidungsfolgen im Ausgangspunkt unabhängig von einem etwaigen Verschulden der Ehegatten an der Scheidung.

I. Name

Der Ehegatte, der seinen Namen bei der Eheschliessung geändert hat, um etwa seine besondere Verbundenheit mit dem anderen Ehegatten auch im Namen zum Ausdruck zu bringen (S. 48 f.), behält diesen Namen nach der Scheidung (Art. 119 Hs. 1 ZGB). Der Name ist Bestandteil der Persönlichkeit des Namensträgers, die Interessen am Namen werden als Persönlichkeitsrecht geschützt. Der Gesetzgeber erklärt damit Interessen an der Fortführung des gegenwärtigen Namens für rechtlich schützenswert.

Der Ehegatte kann aber nach Art. 119 Hs. 1 ZGB auch jederzeit gegenüber der Zivilstandsbeamtin oder dem Zivilstandsbeamten erklären, dass er wieder seinen Ledignamen tragen will (zu möglicher Namensführung der Hinweis S. 49).

Hinweis: Eine Rückkehr zu einem während einer früheren, eventuell langjährigen Ehe geführten Namen ist damit grundsätzlich nicht möglich. Im Einzelfall kann jedoch nach der allgemeinen Bestimmung des Art. 30 Abs. 1 ZGB der Person von der Regierung ihres Wohnsitzkantons diese Änderung des Namens bewilligt werden, wenn achtenswerte Gründe vorliegen.

Hinweis: Stirbt ein Ehegatte, so kann der andere, wenn er bei der Eheschliessung seinen Namen geändert hat, nach Art. 30a ZGB jederzeit gegenüber der Zivilstandsbeamtin oder dem Zivilstandsbeamten erklären, dass er wieder seinen Ledignamen tragen will.

II.   Güterrecht und Erbrecht

Der Gesetzgeber regelt die Scheidungsfolgen unmittelbar anknüpfend an die Auflösung der ehelichen Gemeinschaft als solche, im Ausgangspunkt unabhängig von einem hinzutretenden, etwaigen Verschulden eines Ehegatten an dieser Auflösung. Für die güterrechtliche Auseinandersetzung, für das Auseinander-Setzen der Güter der Ehegatten nach der Ehe, kann der Gesetzgeber daher mit Art. 120 Abs. 1 ZGB schlicht auf die Bestimmungen über das Güterrecht verweisen (zu diesen hier S. 88 ff. und 118 ff.).

Art. 120 Abs. 2 ZGB enthält weiter erbrechtliche Regelungen, die der Gesetzgeber jedoch aufgrund des Sachzusammenhangs im Gesetz hier bei den Scheidungsfolgen einordnet. Geschiedene Ehegatten haben danach zueinander kein gesetzliches Erbrecht mehr und können aus Verfügungen von Todes wegen, die sie vor der Rechtshängigkeit des Scheidungsverfahrens errichtet haben, keine Ansprüche erheben. Unterstellt wird, dass auch Verfügungen von Todes wegen nur unter der Voraussetzung des Fortbestands der Ehe getroffen wurden.

III. Wohnung der Familie

Art. 121 ZGB trägt der sozialen Bedeutung Rechnung, die die Wohnung für die Familie, sprich die Ehegatten und die Kinder, als Lebensmittelpunkt haben kann. Ist ein Ehegatte wegen der Kinder oder aus anderen wichtigen Gründen auf die Wohnung der Familie angewiesen, so kann ihm das Gericht nach Art. 121 Abs. 1 ZGB die Rechte und Pflichten aus dem Mietvertrag allein übertragen, sofern dies dem anderen billigerweise zugemutet werden kann.

> **Hinweis:** Vor dem Hintergrund dieses (beschränkten) Zwecks des Art. 121 ZGB kann die Wohnung der Familie abweichend von der ehelichen Wohnung im Sinne des Art. 162 ZGB zu bestimmen sein (siehe oben S. 50).

Erforderlich ist damit eine Interessenabwägung. Besonderer Bedeutung kommt dabei den Interessen der Kinder zu, in der von ihnen gewohnten Umgebung zu bleiben. Ohne Bedeutung ist hingegen, welcher der Ehegatten Mieter der Wohnung ist. Vielmehr haftet nach Art. 121 Abs. 2 ZGB auch der bisherige Mieter solidarisch für den Mietzins bis zum Zeitpunkt, in dem das Mietverhältnis gemäss Vertrag oder Gesetz endet oder beendet werden kann, höchstens aber während zweier Jahre; wird er für den Mietzins belangt, so kann er den bezahlten Betrag ratenweise in der Höhe des monatlichen Mietzinses mit den Unterhaltsbeiträgen, die er dem anderen Ehegatten schuldet, verrechnen. Der Unterhalt des Ehegatten dient seinem Unterhalt, sprich dem Unterhalt seiner Bedürfnisse, und wird daher durch die Mietzinszahlung gemindert.

Kaum anderes gilt, wenn die Wohnung der Familie einem Ehegatten gehört. Zwar hat es der Gesetzgeber in diesem Fall als unverhältnismässig angesehen, dem anderen Ehegatten das Eigentum an der Wohnung zu übertragen. Das Gericht kann jedoch nach Art. 121 Abs. 3 Satz 1 ZGB unter den gleichen Voraussetzungen und gegen angemessene Entschädigung oder unter Anrechnung auf Unterhaltsbeiträge ein befristetes Wohnrecht einräumen. Einzuschränken oder aufzuheben ist dieses Wohnrecht, wenn wichtige neue Tatsachen es erfordern (Art. 121 Abs. 3 Satz 2 ZGB).

Beispiel: Wichtige neue Tatsache kann etwa die Änderung des Sorgerechts für die Kinder sein.

IV. Berufliche Vorsorge

Während früher für eine eventuelle Invalidität, für das Alter, oder für die Hinterlassenen im Falle des Todes durch individuelles Sparen vorgesorgt wurde, kommt heute Vorsorgeversicherungen eine besondere Bedeutung zu. So trifft der Bund nach Art. 111 Abs. 1 BV Massnahmen für eine ausreichende Alters-, Hinterlassenen- und Invalidenvorsorge, die auf drei Säulen beruht: der eidgenössischen Alters-, Hinterlassenen- und Invalidenversicherung, der beruflichen Vorsorge und der Selbstvorsorge (sogenanntes Drei-Säulen-Prinzip):

Der Gesetzgeber hat verschiedene Regelungen getroffen, um die während der Ehe erfolgten Leistungen im Rahmen der drei Säulen beiden Ehegatten zugutekommen zu lassen. Die Leistungen im Rahmen der ersten Säule, der der Existenzsicherung dienenden eidgenössischen Alters-, Hinterlassenen- und Invalidenversicherung, wirken durch unmittelbar im Gesetz bestimmtes Ehegattensplitting für beide Ehegatten rentenbildend (Art. 29^{quinquies} Abs. 3, 29^{sexies} Abs. 3 und Art. 29^{speties} Abs. 6 AHVG). Die Leistungen im Rahmen der dritten Säule, bzw. durch Selbstvorsorge begründete Rechte und Anwartschaften für den Vorsorgefall, betreffen zweckgerichtetes Sparen bzw. selbstbestimmte Versicherungslösungen und werden damit als Vermögen von den Bestimmungen über das eheliche Güterrecht erfasst – nach denen sich gemäss Art. 120 Abs. 1 ZGB auch die güterrechtliche Auseinandersetzung im Falle der Scheidung richtet.

Auch für die zweite Säule, die berufliche Vorsorge, und damit die in diesem Rahmen begründeten vermögenswerten Rechte und Anwartschaften, würden daher die güterrechtlichen Bestimmungen gelten. Die güterrechtlichen Bestimmungen sind jedoch grundsätzlich Vereinbarungen durch die Ehegatten zugänglich (siehe oben S. 70 f.), was nach Auffassung des Gesetzgebers mit dem Zweck der beruflichen Vorsorge, die (allein) der Fortsetzung der gewohnten Lebenshaltung im Vorsorgefall dient, nicht vereinbar ist. Insbesondere der Einbezug der Anwartschaften aus der zweiten Säule in die güterrechtliche Auseinandersetzung zwischen Ehegatten und Erben würde dem Zweck der beruflichen Vorsorge widersprechen. Hier greift nach dem Willen des Gesetzgebers die auf eigenen Wertungen beruhende Hinterlassenenvorsorge.

Besondere Regelungen im Rahmen des Güterrechts kamen für den Gesetzgeber jedoch in dieser Hinsicht nicht in Betracht, da er die Regeln des Güterrechts über die Auflösung des Güterstandes bewusst unabhängig vom Auflösungsgrund der Ehe ausgestaltet hatte, insbesondere um sie als rechtstechnischen Anknüpfungspunkt auch für das Erbrecht nutzbar zu machen. Mit den Art. 122–124 ZGB hat der Gesetzgeber vielmehr im Rahmen des Abschnitts über «Die Scheidungsfolgen» besondere Bestimmungen über die «Berufliche Vorsorge» für den Fall der Auflösung der Gemeinschaft durch Scheidung getroffen. Sie stehen vor den Regeln über den nachehelichen Unterhalt (siehe unten S. 146), da sie nicht an die wirtschaftlichen Verhältnisse nach der Auflösung der ehelichen Gemeinschaft anknüpfen, sondern auf den während der Ehe erwirtschafteten Vermögenswerten gründen. Ähnlich wie beim ordentlichen Güterstand der Errungenschaftsbeteiligung knüpft der Gesetzgeber auch hier daran an, dass es sich bei der Ehe um eine auch wirtschaftliche (Schicksals-)Gemeinschaft handelt. Die konkrete Aufgabenverteilung tritt daher zurück (für das Güterrecht näher S. 102 f.).

1. Grundsatz

Art. 122 ZGB bestimmt den Grundsatz, dass während der Ehe bis zum Zeitpunkt der Einleitung des Scheidungsverfahrens erworbenen Ansprüche aus der beruflichen Vorsorge bei der Scheidung ausgeglichen werden. Das (aufgezinste) Guthaben, das bei der Eheschliessung bereits vorhanden war, ist damit nicht erfasst.

2. Ausgleich bei Austrittsleistungen

Eine erste besondere Bestimmung enthält Art. 123 ZGB für den Fall, dass der Vorsorgefall bei dem jeweiligen Ehegatten noch nicht eingetreten ist. Seine in diesem Fall erworbenen Austrittsleistungen (samt Freizügigkeitsguthaben und Vorbezügen für Wohneigentum) werden nach Art. 123 Abs. 1 ZGB hälftig geteilt.

Hinweis: Unter Austrittsleistung versteht das Gesetz den Anspruch, der einer Person gegenüber ihrer bisherigen Vorsorgeeinrichtung zusteht, wenn sie beispielsweise bei einem Stellenwechsel von einer Einrichtung der beruflichen Vorsorge in eine andere wechselt.

Ähnlich der (Grund-)Wertung des Art. 122 ZGB gilt dies nach Art. 123 Abs. 2 ZGB jedoch nicht für Einmaleinlagen aus Eigengut nach Gesetz. Von Art. 198 ZGB abweichende Umschreibungen des Eigenguts aufgrund eines vereinbarten Güterstandes oder aufgrund Ehevertrags sollen den Vorsorgeausgleich wegen seiner selbständigen Wertungen nicht beeinflussen.

Hinweis: Für die Berechnung der zu teilenden Austrittsleistungen verweist der Gesetzgeber mit Art. 123 Abs. 3 ZGB auf die Art. 15–17 und 22a oder 22b des Bundesgesetzes über die Freizügigkeit in der beruflichen Alters-, Hinterlassenen- und Invalidenvorsorge (Freizügigkeitsgesetz, FZG) vom 17. Dezember 1993.

3. Ausgleich bei Invalidenrenten vor dem reglementarischen Rentenalter

Art. 124 ZGB enthält Bestimmungen für den Fall, dass ein Ehegatte im Zeitpunkt der Einleitung des Scheidungsverfahrens eine Invalidenrente bereits vor dem reglementarischen Rentenalter bezieht. In diesem Fall ist es möglich, dass bei Wegfall der Invalidität der Anspruch auf (Invaliden-)Rente erlischt und stattdessen (wieder) ein Anspruch auf Austrittsleistung entsteht. Der Gesetzgeber verweist daher mit Art. 124 Abs. 2 ZGB auf die sinngemässe Geltung der Bestimmungen über den Ausgleich bei Austrittsleistungen nach Art. 123 ZGB. Hierzu bestimmt er mit Art. 124 Abs. 1 ZGB, dass der Betrag, der dem Ehegatten nach Art. 2 Abs. 1ter FZG (hypothetisch) nach Aufhebung der Invalidenrente zukommen würde, als Austrittsleistung gilt.

> Hinweis: Art. 124 Abs. 3 ZGB hat Fälle zum Gegenstand, in denen die invalide Person zusätzlich zu Invalidenleistungen der beruflichen Vorsorge weitere Leistungen erhält, die den entgangenen Verdienst bereits ausgleichen. In diesen Fällen kann es ohne Koordination der Leistungen zu einer sogenannten Überentschädigung kommen, sprich die Person aufgrund ihrer Invalidität mehr Einkommen als ohne Invalidität haben. Der Gesetzgeber hält solche Folgen für stossend gegenüber anderen Versicherten, die diese Leistungen (mit-)finanzieren müssten. Für die Scheidung regelt daher nach Art. 124 Abs. 3 ZGB der Bundesrat, in welchen Fällen der Betrag nach Art. 124 Abs. 1 ZGB wegen einer Überentschädigungskürzung der Invalidenrente nicht für den Ausgleich verwendet werden kann. Dies ist mit der Verordnung über die berufliche Alters-, Hinterlassenen- und Invalidenvorsorge (BVV 2) vom 18. April 1984 erfolgt.

4. Ausgleich bei Invalidenrenten nach dem reglementarischen Rentenalter und bei Altersrenten

Art. 124a ZGB schliesslich regelt den (endgültigen) Eintritt des Vorsorgefalls, sprich in dem der Berechtigte bereits das reglementarische Rentenalter erreicht hat. In diesem Fall ist es nicht mehr möglich, eine Austrittsleistung zu berechnen. Das Guthaben der versicherten Person wird in einen Rentenanspruch umgewandelt.

Hinweis: In der beruflichen Vorsorge werden die Alters- und Invalidenrente in Prozenten vom bestehenden Guthaben berechnet, dem sogenannten Umwandlungssatz. Dieser beruht auf Durchschnittswerten, so dass je nach tatsächlicher Lebensdauer ein höherer oder niedrigerer Betrag als das Guthaben von der Vorsorgeeinrichtung geleistet wird.

Für diesen Fall entscheidet nach Art. 124a Abs. 1 Satz 1 ZGB das Gericht nach Ermessen über die Teilung der Rente. Dabei beachtet es insbesondere die Dauer der Ehe und die Vorsorgebedürfnisse beider Ehegatten (Art. 124a Abs. 2 Satz 2 ZGB), wenn auch der Gesetzgeber vom Grundsatz der hälftigen Teilung des während der Ehe erwirtschafteten Vorsorgeguthabens ausgeht.

Beispiel: Von einer hälftigen Teilung kann insbesondere bei einer langjährigen Ehe Ausgang genommen werden, während bei einer kurz vor Erreichen des Rentenalters geschlossenen Ehe eine Teilung der ganzen Rente im Wege des Vorsorgeausgleichs kaum angemessen sein wird.

Nach dem Willen des Gesetzgebers soll dieser Rentenanteil durch einen lebenslänglichen Rentenanspruch des ausgleichsberechtigten Ehegatten ausgeglichen werden. Da jedoch der Rentenanspruch für die versicherte Person, sprich die Lebensdauer des verpflichteten Ehegatten berechnet und entsprechend finanziert wurde, muss der zugesprochene Rentenanteil noch nach Art. 124a Abs. 2 ZGB in eine lebenslange Rente des berechtigten Ehegatten umgerechnet werden – die ihm von der Vorsorgeeinrichtung des verpflichteten Ehegatten ausgerichtet oder in seine Vorsorge übertragen wird.

Hinweis: Auch hier wird die technische Detailregelung an den Bundesrat verwiesen, der nach Art. 124a Abs. 3 ZGB die versicherungstechnische Umrechnung des Rentenanteils in eine lebenslange Rente (Ziff. 1) und das Vorgehen in Fällen, in denen die Altersleistung aufgeschoben oder die Invalidenrente wegen Überentschädigung gekürzt ist, regelt. Die Regelung ist auch hier mit der Verordnung über die berufliche Alters-, Hinterlassenen- und Invalidenvorsorge (BVV 2) vom 18. April 1984 erfolgt.

5. Ausnahmen

Mit Art. 124b ZGB bestimmt der Gesetzgeber Voraussetzungen, unter denen das Gericht oder die Ehegatten vom Grundsatz der hälftigen Teilung abweichen können.

Zwar liegt eine angemessene Vorsorge im öffentlichen Interesse und steht damit grundsätzlich nicht zur Disposition der Ehegatten. Nach dem Willen des Gesetzgebers sollen die Ehegatten aber nach Art. 124b Abs. 1 ZGB in einer Vereinbarung über die Scheidungsfolgen von der hälftigen Teilung abweichen oder auf den Vorsorgeausgleich verzichten können, wenn (anderweitig) eine angemessene Alters- und Invalidenvorsorge gewährleistet bleibt. Zugleich heisst dies, dass eine solche Vereinbarung vor der Scheidung zum Schutz der Ehegatten nicht möglich sein soll.

> **Beispiel:** Bei kurzen und kinderlosen Ehen hält der Gesetzgeber einen Verzicht in der Regel für möglich.

Das Gericht hingegen kann dem berechtigten Ehegatten weniger als die Hälfte der Austrittsleistung zusprechen oder die Teilung ganz verweigern, wenn wichtige Gründe vorliegen (Art. 124b Abs. 2 Satz 1 ZGB).

> **Hinweis:** Für den Ausgleich im Fall des Erreichens des reglementarischen Rentenalters ist dem Gericht bereits über Art. 124a Abs. 1 Satz 1 ZGB «Ermessen» eingeräumt.

Ein wichtiger Grund liegt nach Art. 124b Abs. 2 Satz 2 ZGB insbesondere vor, wenn die hälftige Teilung aufgrund der güterrechtlichen Auseinandersetzung oder der wirtschaftlichen Verhältnisse nach der Scheidung unbillig wäre (Ziff. 1), oder aufgrund der Vorsorgebedürfnisse, insbesondere unter Berücksichtigung des Altersunterschiedes zwischen den Ehegatten (Ziff. 2).

> **Beispiel:** Die Unbilligkeit wird vom Gesetzgeber beispielsweise für den Fall bejaht, dass die erwerbstätige Ehefrau ihrem Ehemann die Ausbildung finanziert hat, dieser nun vor der Aufnahme der Erwerbstätigkeit steht und es ihm in Zukunft so möglich ist, eine bessere Altersvorsorge als seine Frau aufzubauen. Als weiteren, von Art. 124b Abs. 2 Satz 2 ZGB nicht geführten wichtigen Grund sieht es der Gesetzgeber namentlich an, wenn der grundsätzlich berechtigte Ehegatte seine Pflicht, zum Unterhalt der Familie beizutragen, grob verletzt hat.

Umgekehrt kann das Gericht dem berechtigten Ehegatten mehr als die Hälfte der Austrittsleistung zusprechen, wenn er nach der Scheidung gemeinsame Kinder betreut und der verpflichtete Ehegatte weiterhin über eine angemessene Alters- und Invalidenvorsorge verfügt (Art. 124b Abs. 3 ZGB). Eine solche sogenannte überhälftige Teilung soll eine erst nach der Scheidung entstehende Vorsorgelücke ausgleichen.

> **Beispiel:** Der berechtigte Ehegatte ist aufgrund der Betreuung gemeinsamer Kinder nach der Scheidung daran gehindert, eine volle Erwerbstätigkeit aufzunehmen bzw. eine bestehende Erwerbstätigkeit auszubauen, sprich nicht oder nur im bescheidenen Masse in der Lage, selbst vorzusorgen.

6. Verrechnung gegenseitiger Ansprüche

Art. 124c ZGB schreibt das Verfahren vor, wenn den Ehegatten nach den Art. 122 ff. ZGB gegenseitige Ansprüche zustehen. Gegenseitige Ansprüche der Ehegatten auf Austrittsleistungen oder auf Rentenanteile werden nach Art. 124c Abs. 1 Satz 1 ZGB verrechnet. Dabei findet die Verrechnung der Rentenansprüche vor der Umrechnung des dem berechtigten Ehegatten zugesprochenen Rentenanteils in eine lebenslange Rente statt. Austrittsleistungen können mit Rentenanteilen hingegen nur dann verrechnet werden, wenn die Ehegatten und die Einrichtungen der beruflichen Vorsorge einverstanden sind (Art. 124c Abs. 2 ZGB). Damit soll nicht zuletzt dem Umstand Rechnung getragen werden, dass der rentenbeziehende Ehegatte die Lücke, die durch den Vorsorgeausgleich entsteht, nicht mehr durch Wiedereinzahlungen auffüllen und auch den Teil der Austrittsleistung, auf den er durch den Vorsorgeausgleich Anspruch erhält, nicht mehr in seine Vorsorgeeinrichtung einbringen kann.

7. *Unzumutbarkeit*

Eine Ausnahme vom Prinzip, dass der Vorsorgeausgleich mit Vorsorgemitteln vollzogen werden soll, bestimmt Art. 124d ZGB. Ist aufgrund einer Abwägung der Vorsorgebedürfnisse beider Ehegatten ein Ausgleich aus Mitteln der beruflichen Vorsorge nicht zumutbar, so schuldet der verpflichtete Ehegatte dem berechtigten Ehegatten eine Kapitalabfindung.

8. *Unmöglichkeit*

Schliesslich regelt Art. 124e ZGB den Fall, dass ein Ausgleich aus Mitteln der beruflichen Vorsorge bzw. ein Zugriff auf Mittel der (schweizerischen) zweiten Säule nicht möglich ist, weil etwa keine Ausgleichsleistung vorhanden ist, kein hypothetischer Anspruch auf eine Austrittsleistung bei Invalidität besteht, wegen einer Überentschädigungskürzung ein Zugriff hierauf nicht möglich ist – und auch kein Rentenanspruch nach Art. 124a ZGB geteilt werden kann.

> **Beispiel:** Das Vorsorgeguthaben befindet sich im Ausland bzw. können Vorsorgeansprüche im Ausland von einem schweizerischen Gericht nicht wirksam geteilt werden.

In diesem Fall schuldet der verpflichtete Ehegatte nach Art. 124e Abs. 1 ZGB dem berechtigten Ehegatten eine angemessene Entschädigung in Form einer Kapitalabfindung oder einer Rente.

Wurden im Ausland bestehende Vorsorgeansprüche bereits durch eine angemessene Entschädigung nach Art. 124e Abs. 1 ZGB ausgeglichen, danach aber durch eine für den ausländischen Vorsorgeschuldner verbindliche ausländische Entscheidung geteilt, so kann das schweizerische Urteil auf Begehren des verpflichteten Ehegatten nach Art. 124e Abs. 2 ZGB abgeändert werden.

V. Nachehelicher Unterhalt

Während der Ehe sorgen die Ehegatten nach Art. 163 Abs. 1 ZGB gemeinsam, ein jeder nach seinen Kräften, für den gebührenden Unterhalt (der Interessen) der Familie. Sie verständigen sich über den Beitrag, den jeder von ihnen leistet, nach Art. 163 Abs. 2 ZGB namentlich durch Geldzahlungen, Besorgen des Haushaltes, Betreuen der Kinder oder durch Mithilfe im Beruf oder Gewerbe des anderen (näher zum Ganzen oben S. 51 f.).

Mit der Scheidung wird die eheliche (Unterhalts-)Gemeinschaft aufgelöst. Jeder Ehegatte ist damit zunächst darauf verwiesen, wieder selbst für seinen Unterhalt zu sorgen. Ein Anspruch auf einen (Unterhalts-)Beitrag des anderen Ehegatten besteht nach Willen des Gesetzgebers nur ausnahmsweise, sofern aufgrund der Ehe auch nach der Scheidung die Unfähigkeit begründet ist, die eigenen Interessen selbst zu unterhalten.

> **Hinweis:** Aus jeweils unterschiedlichen Perspektiven und mit unterschiedlichen (Begriffs-)Inhalten wird auch vom «Eheschaden», «Scheidungsnachteilen» oder etwa «nachehelicher Solidarität» gesprochen.

1. Voraussetzungen

Die Voraussetzungen für einen nachehelichen Unterhaltsanspruch gegenüber dem anderen Ehegatten bestimmt Art. 125 ZGB. Ist einem Ehegatten nicht zuzumuten, dass er für den ihm gebührenden Unterhalt unter Einschluss einer angemessenen Altersvorsorge selbst aufkommt, so hat ihm der andere einen angemessenen Beitrag zu leisten (Art. 125 Abs. 1 ZGB). Aufgeworfen sind damit die

Fragen nach dem gebührenden Unterhalt bzw. dem nachehelichen Bedarf, die Frage nach der Unzumutbarkeit, selbst für den Unterhalt aufzukommen, bzw. die Unzumutbarkeit der Eigenversorgung sowie schliesslich die Frage nach der Leistungsfähigkeit der verpflichteten Person bzw. deren angemessenen Beitrag.

Beim Entscheid, ob vor diesem Hintergrund ein Beitrag zu leisten ist und gegebenenfalls in welcher Höhe und wie lange, sind dabei nach Art. 125 Abs. 2 ZGB insbesondere zu berücksichtigen, gegliedert im Gesetz in in der Vergangenheit, Gegenwart oder Zukunft liegende Umstände:

– Die Aufgabenteilung während der Ehe (Ziff. 1);

> **Beispiel:** Insbesondere ist zu berücksichtigen, ob Aufgabe eines Ehegatten während der Ehe ausschliesslich oder überwiegend die Betreuung der Kinder oder die Führung des Haushaltes war.

– die Dauer der Ehe (Ziff. 2); angesprochen ist damit insbesondere die Frage, ob die Ehe (lebens-)prägend war;

Hinweis: Lange Zeit wurde angenommen, dass nach zehn Jahren Ehe oder bei gemeinsamen Kindern im Hinblick auf den gebührenden Unterhalt die Ehe als lebensprägend anzusehen ist, während dies bei weniger als fünf Jahren kinderloser Ehe zu verneinen und von einer sogenannten Kurzehe zu sprechen sei, bei der an den vorehelichen Bedarf anzuknüpfen sei. Neuerdings werden die konkreten Umstände des Einzelfalls in den Vordergrund gestellt.

– die Lebensstellung während der Ehe (Ziff. 3); so ist nicht bloss ein Existenzminimum geschuldet, sondern Massstab im Grundsatz die gemeinsame bisherige (Ehe-)Lebensführung;

– das Alter und die Gesundheit der Ehegatten (Ziff. 4);

– Einkommen und Vermögen der Ehegatten (Ziff. 5), und damit nicht zuletzt fehlende Leistungsfähigkeit des Berechtigten und Leistungsfähigkeit des Verpflichteten;

Hinweis: Dem unterhaltsverpflichteten Ehegatten soll nach Willen des Gesetzgebers zumindest das sogenannte betreibungsrechtliche Existenzminimum verbleiben. Ist der unterhaltsverpflichtete Ehegatte vor diesem Hintergrund nicht leistungsfähig, trägt der unterhaltsberechtigte Ehegatte den Fehlbetrag, der aus der Differenz zwischen den verfügbaren Mitteln und dem Gesamtbetrag der Unterhaltsbedürfnisse resultiert (Manko, lat. mancus = verstümmelt, unvollständig; zum hinzutretenden Vorrang der Unterhaltspflicht gegenüber einem minderjährigen Kind unten S. 241 f.). Mangels ausreichender finanzieller Mittel muss der unterhaltsberechtigte Ehegatte daher in der Regel Sozialhilfe beantragen. Für ihn entstehen so Rückzahlungsverpflichtungen, die er selbst erfüllen muss, sobald es seine finanzielle Lage erlaubt – und dies im kantonalen Sozialhilferecht vorgesehen ist. Aufgrund der Unterstützungspflicht nach Art. 328 ZGB kann im Einzelfall sogar ein Verwandter in aufsteigender Linie verpflichtet sein, sich an der Rückerstattung zu beteiligen (vgl. jedoch zum Ausschluss dieses Anspruchs auf Unterstützung, wenn die Mankolage auf einer Einschränkung der Erwerbstätigkeit zur Betreuung eigener Kinder beruht, unten S. 263). Der unterhaltspflichtige Elternteil kann hingegen weiterhin über sein Existenzminimum verfügen. Er und seine Verwandten können nicht an der Rückerstattung der Sozialhilfeleistungen beteiligt werden.

Begründet wird diese Lösung, namentlich gegenüber einer vorgeschlagenen Teilung des Mankos, vor allem mit Schwierigkeiten und Aufwand bei der Verwaltung durch die Sozialbehörden und im Rahmen der Zwangsvollstreckung.

– der Umfang und die Dauer der von den Ehegatten noch zu leistenden Betreuung der Kinder (Ziff. 6);

Hinweis: Häufig wurde vor diesem Hintergrund eine «10/16-Regel» angenommen, nach der dem die Obhut übernehmenden Elternteil ein Erwerbspensum erst zumutbar sein sollte, sobald das jüngste Kind 10 Jahre, von 100 %, sobald es 16 Jahre alt war. Heute wird hingegen von dem sogenannten «Schulstufenmodell» Ausgang genommen, nach dem für den Normalfall dem hauptbetreuenden Elternteil ab der obligatorischen Beschulung des jüngsten Kindes ein Erwerbspensum von

50 %, ab Eintritt in die Sekundarstufe I von 80 % und ab Vollendung des 16. Lebensjahres ein Vollzeiterwerb zumutbar sein soll.

– die berufliche Ausbildung und die Erwerbsaussichten der Ehegatten sowie der mutmassliche Aufwand für die berufliche Eingliederung der anspruchsberechtigten Person (Ziff. 7);

Hinweis: Lange Zeit wurde in diesem Zusammenhang von einer «45er-Regel» gesprochen, nach der vermutet wurde, dass einem vollständig ausserhalb des Erwerbslebens stehenden Ehegatten nach Erreichen des 45. Altersjahres eine (Wieder-)Eingliederung ins Berufsleben nicht mehr zumutbar sei. Nun sollen Ausgangspunkt die konkreten Umstände im Einzelfall sein, namentlich die Gesundheit, sprachliche Kenntnisse, bisherige Aus- und Weiterbildungen, die Lage auf dem Arbeitsmarkt usw.

– die Anwartschaften aus der eidgenössischen Alters- und Hinterlassenenversicherung und aus der beruflichen oder einer anderen privaten oder staatlichen Vorsorge einschliesslich des voraussichtlichen Ergebnisses der Teilung der Austrittsleistungen (Ziff. 8).

Auch im vorliegenden Zusammenhang setzt sich damit der Grundsatz des Gesetzgebers fort, Scheidung und Scheidungsfolgen verschuldensunabhängig zu bestimmen. Das Verschulden eines Ehegatten an der Scheidung ist damit weder Voraussetzung für den Unterhaltsanspruch des anderen Ehegatten, noch ist das Fehlen eines Verschuldens Voraussetzung des eigenen Unterhaltsanspruchs. An ein Verschulden an der Scheidung wird auch dann nicht angeknüpft, soweit nach Art. 125 Abs. 3 ZGB ausnahmsweise der Beitrag zum Unterhalt versagt oder gekürzt werden kann, wenn er offensichtlich unbillig wäre, insbesondere weil die berechtigte Person ihre Pflicht, zum Unterhalt der Familie beizutragen, grob verletzt hat (Ziff. 1), ihre Bedürftigkeit mutwillig herbeigeführt hat (Ziff. 2), oder gegen die verpflichtete Person oder eine dieser nahe verbundenen Person eine schwere Straftat begangen hat (Ziff. 3).

2. Berechnung(-smethode)

Das Gesetz schreibt keine spezifische Methode für die Berechnung des nachehelichen Unterhalts vor. Wie ganz allgemein bei Ansprüchen wäre daher auch der Anspruch auf nachehelichen Unterhalt grundsätzlich durch die anspruchstellende Person zu begründen bzw. zu beweisen, insbesondere auch der Höhe nach.

a. Zweistufig-konkrete Methode der Unterhaltsberechnung

Dies wird heute jedoch überwiegend als nicht sachgerecht angesehen, nicht zuletzt da sich der Unterhaltsbedarf im Einzelnen im Nachhinein nicht immer bzw. häufig nur schwer beweisen lasse. Jenseits aussergewöhnlich günstiger Verhältnisse geht man vielmehr von der Prämisse aus, dass während der Ehe die gesamten hierfür verfügbaren Mittel zu Unterhaltszwecken verwandt wurden bzw. selbst wenn die Ehegatten während der Ehe etwas angespart hätten, eine solche sogenannte Sparquote nun durch die scheidungsbedingten Mehrkosten aufgezehrt würde. Die Bestimmung der Höhe des nachehelichen Unterhalts soll sich in diesen Fällen daher im Regelfall auf die Verteilung der für den Unterhalt verfügbaren Mittel beschränken.

Zu bestimmen sind danach in einem ersten Schritt die verfügbaren Mittel, namentlich das effektive und ein etwaiges hypothetisches Einkommen sowie ausnahmsweise ein gewisser Vermögensverzehr.

> **Beispiel:** So kann im Einzelfall etwa die Frage aufgeworfen sein, ob vom tatsächlichen Leistungsvermögen der unterhaltsverpflichteten oder der unterhaltsberechtigten Person abgewichen werden und stattdessen von einem sogenannten hypothetischen Einkommen ausgegangen werden kann, sofern dieses zu erreichen zumutbar und möglich ist. Ähnlich stellt sich die Frage, ob die Vermögenssubstanz angezehrt werden kann, wenn die im Übrigen verfügbaren Mittel nicht für den Unterhalt ausreichen.

In einem zweiten Schritt geht es zunächst um (die Aufteilung der verfügbaren Mittel auf) den Unterhalt des betreibungsrechtlichen Existenzminimums, das, sofern dies die verfügbaren Mittel erlauben, auf das familienrechtliche Existenzminimum zu erweitern ist.

> Hinweis: Beim familienrechtlichen Existenzminimum werden zusätzlich zum betreibungsrechtlichen Existenzminimum weitere Positionen wie etwa die Steuern, eine Kommunikations- und eine Versicherungspauschale hinzugerechnet oder über die obligatorische Grundversicherung hinausgehende Krankenkassenprämien berücksichtigt.

Resultiert nach dieser Verteilung der verfügbaren Mittel ein Überschuss, wird dieser wiederum auf die einzelnen Köpfe verteilt (zur Verteilung auf mehrere Köpfe bzw. auch auf die Kinder oben S. 246). Dass der Überschuss im Einzelfall nicht Unterhaltszwecken diente, sondern dieser bzw. ein Teil hiervon eine sogenannte Sparquote bildete, wäre von der unterhaltsverpflichteten Person zu beweisen.

Gesprochen wird in diesem Zusammenhang von der zweistufig-konkreten Methode der Unterhaltsberechnung oder auch von der zweistufigen Methode mit Überschussverteilung.

b.   Einstufig-konkrete Methode der Unterhaltsberechnung

Dass der naheheliche Unterhalt im Einzelfall auch im Hinblick auf seine Höhe im Einzelnen zu begründen und zu beweisen ist, soll hingegen heute nur noch die Ausnahme darstellen, so namentlich bei aussergewöhnlich günstigen finanziellen Verhältnissen. Die Rede ist in diesen Fällen von der sogenannten einstufig-konkreten Methode. Die verfügbaren Mittel bzw. die Einkommensverhältnisse der unterhaltsverpflichteten Person werden hier nicht bereits in die Berechnung einbezogen. Es wird vielmehr im Hinblick auf den Beweis der (Unterhalts-)Anspruchshöhe zum Grundsatz zurückgekehrt, dass die unterhaltsberechtigte Person die Bedarfspositionen im Einzelnen darzulegen und zu beweisen hat.

3. Modalitäten des Unterhaltsbeitrages

Im Hinblick auf die Modalitäten des Unterhaltsbeitrages hat sich der Gesetzgeber dafür entschieden, dass das Gericht als Unterhaltsbeitrag eine Rente festsetzt und den Beginn der Beitragspflicht bestimmt (Art. 126 Abs. 1 ZGB).

> **Beispiel:** So kann die Beitragspflicht etwa erst mit dem Eintritt des Rentenalters beginnen, wenn sich ein (älterer) Ehegatte nach der Scheidung zwar zunächst selbst unterhalten kann, aber über keine genügende Vorsorge für das Alter verfügt.

Das Gericht kann nach Art. 126 Abs. 3 ZGB den Unterhaltsbeitrag von Bedingungen abhängig machen. Rechtfertigen es besondere Umstände, kann das Gericht schliesslich anstelle einer Rente nach Art. 126 Abs. 2 ZGB eine Abfindung festsetzen.

> **Beispiel:** Besondere Umstände können etwa vorliegen, wenn die unterhaltsverpflichtete Person nach der Scheidung auswandern möchte und aus diesem Grund eine endgültige Auseinandersetzung (sogenannter «Clean-Break») anstrebt.

4. Rente

a. Abänderung durch Urteil

Die nachträgliche Festsetzung oder Erhöhung einer Unterhaltsrente schliesst der Gesetzgeber grundsätzlich aus. Deutlich wird dies vor dem Hintergrund der Ausnahmen von Art. 129 Abs. 2 und 3 ZGB. So kann nach Art. 129 Abs. 3 ZGB die berechtigte Person innerhalb von fünf Jahren seit der Scheidung die Festsetzung einer Rente oder deren Erhöhung (nur) verlangen, wenn im Urteil festgehalten worden ist, dass keine zur Deckung des gebührenden Unterhalts ausreichende Rente festgesetzt werden konnte, die wirtschaftlichen Verhältnisse der verpflichteten Person sich aber entsprechend verbessert haben. Weiter kann nach Art. 129 Abs. 2 ZGB die berechtigte Person für die Zukunft nur eine Anpassung der Rente an die Teuerung verlangen, wenn das Einkommen der verpflichteten Person nach der Scheidung unvorhergesehenerweise gestiegen ist.

Auf eine weitergehende gesetzliche Erhöhungsmöglichkeit hat der Gesetzgeber bewusst verzichtet. Mit der Scheidung wird die eheliche Gemeinschaft aufgelöst und grundsätzlich endgültig auseinandergesetzt. Die weitere wirtschaftliche Entwicklung erfolgt unabhängig voneinander – wenn nicht die Ehegatten selbst in der Vereinbarung über die Scheidungsfolgen etwas anderes vereinbaren.

> **Beispiel:** Das Risiko einer unvorhergesehenen Erwerbslosigkeit wird nunmehr allein durch die Sozialversicherung abgedeckt.

Demgegenüber kann die Rente nach Art. 129 Abs. 1 ZGB herabgesetzt, aufgehoben oder für eine bestimmte Zeit eingestellt werden. Voraussetzung ist dafür jedoch eine erhebliche und dauernde Veränderung der Verhältnisse (Hs. 1).

> **Beispiel:** Das blosse «Einstellen» der Rente kann mit Blick auf ein späteres Wiederaufleben etwa dann in Betracht kommen, wenn der Ehegatte wieder eine Erwerbstätigkeit aufnimmt und in Folge zunächst selbst für seinen Unterhalt aufkommen kann, aber bei Erreichen des Rentenalters wieder auf die Rente angewiesen ist.

Eine Verbesserung der Verhältnisse der berechtigten Person ist dabei nur zu berücksichtigen, wenn im Scheidungsurteil eine den gebührenden Unterhalt (voll) deckende Rente festgesetzt werden konnte (Hs. 2). Damit soll eine isolierte Betrachtung der Verbesserung der Verhältnisse vermieden und eine Würdigung der Gesamtsituation vorausgesetzt werden.

b.   Anpassung an die Teuerung

Art. 128 ZGB ermöglicht dem Gericht die Anordnung, dass der Unterhaltsbeitrag sich bei bestimmten Veränderungen der Lebenskosten ohne weiteres erhöht oder vermindert, so dass ein besonderes Abänderungsverfahren nicht erforderlich wird.

c.   Besondere Vereinbarungen

Um schliesslich künftige Streitigkeiten über eine Abänderung der Rente bzw. ein Abänderungsverfahren auszuschliessen oder etwa besondere Bedürfnisse eines Ehegatten dauerhaft festzuschreiben, gibt der Gesetzgeber den Ehegatten mit Art. 127 ZGB die Möglichkeit, in der Vereinbarung (über die Scheidungsfolgen) die Änderung der darin festgesetzten Rente ganz oder teilweise auszuschliessen.

d.   Erlöschen von Gesetzes wegen

Die aktive und passive Vererblichkeit der Beitragspflicht wird durch Art. 130 Abs. 1 ZGB ausgeschlossen: die Beitragspflicht erlischt mit dem Tod der berechtigten oder der verpflichteten Person. Auch bei Wiederverheiratung der berechtigten Person entfällt die Beitragspflicht – vorbehaltlich einer anderen Vereinbarung (Art. 130 Abs. 2 ZGB).

5.   *Vollstreckung*

Wie im Kindesrecht versucht der Gesetzgeber, der schlechten Zahlungsmoral von Rentenverpflichteten durch besondere (Vollstreckungs-)Massnahmen zu begegnen (zum Kindesrecht in dieser Hinsicht S. 250 f.).

a.   Inkassohilfe

Erfüllt die verpflichtete Person die Unterhaltspflicht nicht, so hilft eine vom kantonalen Recht bezeichnete Fachstelle der berechtigten Person auf Gesuch hin bei der Vollstreckung des Unterhaltsanspruchs in geeigneter Weise und (anders als im Kindesrecht nur) in der Regel unentgeltlich (Art. 131 Abs. 1 ZGB).

Zur Vereinheitlichung (und Verbesserung) der Inkassohilfe bestimmt Art. 131 Abs. 2 ZGB, dass der Bundesrat die Leistungen der Inkassohilfe festlegt.

> Hinweis: Am 1. Januar 2022 ist die Verordnung über die Inkassohilfe bei familienrechtlichen Unterhaltsansprüchen (Inkassohilfeverordnung, InkHV) vom 6. Dezember 2019 in Kraft getreten.

b.   Vorschüsse

Weiter wünschenswert ist in den Augen des (Bundes-)Gesetzgebers die Regelung der Ausrichtung von Vorschüssen durch das Gemeinwesen, wenn die verpflichtete Person ihrer Unterhaltspflicht nicht nachkommt. Dies bringt der Bundesgesetzgeber über Art. 131a Abs. 1 ZGB zum Ausdruck. Die Entscheidung über eine Regelung ist jedoch als öffentliches (Fürsorge-)Recht der kantonalen Zuständigkeit vorbehalten.

Soweit aber das Gemeinwesen für den Unterhalt der berechtigten Person aufkommt, geht der Unterhaltsanspruch nach Art. 131a Abs. 2 ZGB mit allen Rechten auf das Gemeinwesen über.

c.   Anweisungen an die Schuldner und Sicherstellung

Vernachlässigt die verpflichtete Person die Erfüllung der Unterhaltspflicht, so kann nach Art. 132 Abs. 1 ZGB das Gericht ihre Schuldner anweisen, die Zahlungen ganz oder teilweise an die berechtigte Person zu leisten. Erreicht werden soll insbesondere eine Erleichterung der Rechtsverfolgung, da die Anweisung auch zukünftige Leistungen erfasst und daher eine besondere Rechtsverfolgung im Hinblick auf jede fällige Leistung entbehrlich macht.

Vernachlässigt die verpflichtete Person beharrlich die Erfüllung der Unterhaltspflicht oder ist anzunehmen, dass sie Anstalten zur Flucht trifft oder ihr Vermögen verschleudert oder beiseiteschafft, so kann sie nach Art. 132 Abs. 2 ZGB verpflichtet werden, für die künftigen Unterhaltsbeiträge angemessene Sicherheit zu leisten.

Hinweis: Art. 217 StGB stellt die «Vernachlässigung von Unterhaltspflichten» unter Strafe. Wer seine familienrechtlichen Unterhalts- oder Unterstützungspflichten nicht erfüllt, obschon er über die Mittel dazu verfügt oder verfügen könnte, wird, auf Antrag, mit Freiheitsstrafe bis zu drei Jahren oder Geldstrafe bestraft (Art. 217 Abs. 1 StGB).

VI.   Kinder

Die elterliche Sorge knüpft im heutigen Recht grundsätzlich nicht an die Ehe, sondern an die Elternschaft an. Anders als bei der Entstehung des Kindesverhältnisses und der mit Geburt im Grundsatz ohne weiteres den verheirateten Eltern zugewiesenen Sorge bzw. dem Sorgerecht, gibt die Scheidung nach Ansicht des schweizerischen Gesetzgebers als zumindest möglicher Konflikt Anlass, sich über die Begründetheit der Zuweisung der elterlichen Sorge zu vergewissern. Aus diesem Grund finden sich mit den Art. 133 f. ZGB Regelungen über die «Kinder» im Abschnitt über die «Scheidungsfolgen».

1.   Elternrechte und -pflichten

Die Elternrechte und -pflichten richten sich grundsätzlich nicht nach dem Willen der Eltern, sondern nach dem Wohl des Kindes. Im Gegensatz zur Einigung der Eltern über die übrigen Scheidungsfolgen, regelt daher das Gericht nach Art. 133 Abs. 1 Satz 1 ZGB im Rahmen des Scheidungsverfahrens die Elternrechte und -pflichten – zwar eingedenk des durch die Scheidung begründeten Konflikt(potential)s, jedoch nach den (allgemeinen) Bestimmungen über die Wirkungen des Kindesverhältnisses. Regelungsbedarf für das Gericht sieht der Gesetzgeber nach Art. 133 Abs. 1 Satz 2 ZGB insbesondere im Hinblick auf die Regelung der elterlichen Sorge (Ziff. 1), der Obhut (Ziff. 2), des persönlichen Verkehrs oder der Betreuungsanteile (Ziff. 3), sowie des Unterhaltsbeitrags (Ziff. 4).

Hinweis: Zu den Begriffen der Obhut, des persönlichen Verkehrs und der Betreuungsanteile hier S. 207 und 236 ff.

Weiter weist der Gesetzgeber mit Art. 133 Abs. 2 ZGB klarstellend darauf hin, dass das Gericht (auch bei der Scheidung) alle für das Kindeswohl wichtigen Umstände zu beachten, und (damit auch) einen gemeinsamen Antrag der Eltern sowie, soweit tunlich, die Meinung des Kindes zu berücksichtigen hat.

Hinweis: Das Gericht kann nach Art. 133 Abs. 3 ZGB den Unterhaltsbeitrag auch über den Eintritt der Volljährigkeit hinaus festlegen. Dies kann insbesondere in Fällen angezeigt sein, in denen das Kind zum Zeitpunkt der Scheidung kurz vor der Volljährigkeit steht, aber etwa aufgrund nicht abgeschlossener Ausbildung weiter Unterhaltsbeiträge begründet sind (zu den Voraussetzungen von Unterhalt nach Eintritt der Volljährigkeit jedoch hier S. 242).

2. Veränderung der Verhältnisse

Schliesslich ist auch Art. 134 ZGB vor dem Hintergrund der Scheidung zu verstehen und bildet insoweit wie bereits Art. 133 ZGB eine Sondervorschrift zu den allgemeinen Vorschriften über das Kindesverhältnis. Nach Art. 134 Abs. 1 ZGB ist auf Begehren eines Elternteils, des Kindes oder der Kindesschutzbehörde die Zuteilung der elterlichen Sorge neu zu regeln, wenn dies wegen wesentlicher Veränderung der Verhältnisse zum Wohl des Kindes geboten ist. Dabei richten sich auch hier die Voraussetzungen für eine Änderung der übrigen Elternrechte und -pflichten nach den Bestimmungen über die Wirkungen des Kindesverhältnisses (Art. 134 Abs. 2 ZGB).

Sind sich die Eltern einig, so ist die Kindesschutzbehörde für die Neuregelung der elterlichen Sorge, der Obhut und die Genehmigung eines Unterhaltsvertrages zuständig (Art. 134 Abs. 3 Satz 1 ZGB). In den übrigen Fällen entscheidet nach Art. 134 Abs. 3 Satz 2 ZGB das für die Abänderung des Scheidungsurteils zuständige Gericht. Hat so das Gericht über die Änderung der elterlichen Sorge, der Obhut oder des Unterhaltsbeitrages für das minderjährige Kind zu befinden, so regelt es nach Art. 134 Abs. 4 ZGB nötigenfalls auch den persönlichen Verkehr oder die Betreuungsanteile neu – während es in den anderen Fällen bei der Zuständigkeit der Kindesschutzbehörde über die Änderung des persönlichen Verkehrs oder der Betreuungsanteile verbleibt.

3. Teil: Die Verwandtschaft

Der Gesetzgeber hat für «Die Verwandtschaft» im Rahmen des Familienrechts eine eigene, die zweite Abteilung geschaffen – bezeichnenderweise erst nach der Abteilung über «Das Eherecht» (zur Zentralstellung der Ehe im Zivilgesetzbuch S. 16). Die Abteilung über die Verwandtschaft umfasst das Kindesverhältnis im Besonderen (Siebter Titel: Die Entstehung des Kindesverhältnisses – Achter Titel: Die Wirkungen des Kindesverhältnisses) und die Familiengemeinschaft im Allgemeinen (Neunter Titel: Die Familiengemeinschaft).

Die Entstehung des Kindesverhältnisses	Die Wirkungen des Kindesverhältnisses	Die Familiengemeinschaft

§ 8   Das Kindesverhältnis im Wandel der Zeit

Die Unterwerfung der Kinder unter eine elterliche Gewalt wurde in der Aufklärung (S. 3 f.) teilweise auf den Willen des Kindes zurückgeführt, auf dessen mutmassliche Zustimmung. Diese Zustimmung stellte dabei auch die Grenzen der Unterwerfung des Kindes dar. Zugleich war damit eine Individualperspektive des Kindes gewonnen, der Blick auf das Recht aus der Perspektive der Kindesinteressen.

Mit der Romantik und ihrer Betonung der Beziehungen zwischen Mann, Frau und auch des Kindes als natürliche, psychische Verhältnisse, drohte das Kindesverhältnis jedoch (wieder) dem Recht und damit dem staatlichen Zugriff entzogen zu werden (allgemein dazu S. 4). An Stelle des Schutzes des Kindes als Individuum trat wiederum seine natürliche Unterordnung unter die Eltern.

Auch wenn im Zivilgesetzbuch der Schutz des Kindes einen besonderen Platz fand, so blieb jedoch auch hier das dem Familienrecht allgemein zugrunde liegende Ideal der bürgerlichen Kernfamilie und der damit verbundenen Zentralstellung der Ehe wirksam (zu dieser bereits S. 4 f.). Nicht zuletzt wurden Kinder aus «legitimen» Ehen gegenüber unehelichen Kindern privilegiert.

Dennoch schienen auch aus dieser Perspektive das Kindesverhältnis, schienen die Kindesinteressen nicht notwendig mit der Ehe verbunden, und so verwundert es nicht, dass sich als Erstes das Kindesverhältnis von der Ehe, vom Schutz der Ehe ablösen sollte. Zunächst trat am 1. April 1973 das neue Adoptionsrecht in Kraft, (erst) darauf am 1. Januar 1978 die Neuordnung des übrigen Kindesrechts (näher unten S. 182 f.). Ziele waren hier insbesondere die Gleichstellung leiblicher und adoptierter, dann ehelicher und unehelicher Kinder. Und so war es dann zunächst auch wieder zum 1. Januar 2000 die Reform des Scheidungsrechts, die das Sorgerecht aus der Perspektive des Kindes konsequent(er) ausformulierte und die Möglichkeit zur gemeinsamen elterlichen Sorge auch nach der Scheidung betonte. Hinzu trat schliesslich die am 1. Januar 2013 in Kraft getretene Reform des (Erwachsenen- und) Kindesschutzes, am 1. Juli 2014 eine weitere Reform der (gemeinsamen) elterlichen Sorge, nun grundsätzlich unabhängig von der (Paar-)Beziehung der Eltern, sowie am 1. Januar 2017 eine Reform des Kindesunterhaltsrechts. Bereits am 1. Januar 2018 ist eine abermalige Reform des Adoptionsrechts in Kraft getreten. Schliesslich bringt auch die am 1. Juli 2022 in Kraft getretene Reform des Zivilgesetzbuchs (Ehe für alle) neue Bestimmungen mit sich, namentlich im Hinblick auf die Entstehung des Kindesverhältnisses.

Hinweis: Zu weiterem «Reformbedarf im Abstammungsrecht» der gleichnamige Bericht des Bundesrats vom 17. Dezember 2021 unter https://www.bj.admin.ch/dam/bj/de/data/gesellschaft/gesetzgebung/abstammungsrecht/ber-br.pdf sowie der vorausgegangene Bericht der Expertengruppe vom 21. Juni 2021 unter https://www.bj.admin.ch/dam/bj/de/data/gesellschaft/gesetzgebung/abstammungsrecht/ber-expertengruppe.pdf.

§ 9 Die Entstehung des Kindesverhältnisses

A. Das (rechtliche) Kindesverhältnis im Allgemeinen

Das Kindesverhältnis ist im Zivilgesetzbuch kein Wert an sich. Das Bestehen oder Nichtbestehen des rechtlichen Kindesverhältnisses ist vielmehr von Bedeutung für die daran anknüpfenden (Rechts-) Folgen – die «Wirkungen des Kindesverhältnisses» in den Art. 270–327c ZGB, wie insbesondere die Frage, wer für das Kind zu sorgen hat, solange es selbst handlungsunfähig ist.

Grundsätzlich sind hierbei die verschiedensten Möglichkeiten denkbar. So kann nicht zuletzt auch der Staat selbst für das Kind sorgen. In der Schweiz sind dem Gesetzgeber jedoch namentlich durch die Bundesverfassung mit den Art. 10, 11, 13 und 14 BV besondere Grenzen gezogen (allgemein dazu bereits S. 8 ff.).

Unter diesen Vorgaben der Bundesverfassung sind daher auch die Art. 252–269c ZGB über «Die Entstehung des Kindesverhältnisses» zu betrachten. So steht im Vordergrund dieser Bestimmungen nicht die genetische Abstammung, sondern die Entscheidung des Gesetzgebers, wem er das Kind zur Auf- bzw. Erziehung anvertrauen möchte – auch wenn dies regelmässig die genetischen Eltern sein werden. Diese Zwecksetzung der Bestimmungen über die Entstehung des Kindesverhältnisses wird insbesondere bei den Vorschriften der Art. 264–269c ZGB über die Adoption deutlich, bei der die Entstehung des Kindesverhältnisses unmittelbar (nur) eine besondere psychologische und soziale Beziehung zum Kind voraussetzt (näher dazu S. 182 f.).

B.   Natürliche und künstliche Fortpflanzung

Ausgangspunkt der Regelungen im Zivilgesetzbuch war, zur Zeit der Ausarbeitung und des Erlasses des Schweizerischen Zivilgesetzbuchs, sprich um die Wende vom 19. zum 20. Jahrhundert, die natürliche Fortpflanzung. Die sogenannte künstliche Fortpflanzung, wie etwa durch homologe oder heterologe Insemination, war damals noch unbekannt. Noch heute scheint die natürliche Fortpflanzung als Ausgangspunkt der Bestimmungen der Art. 252 ff. ZGB durch, auch wenn an verschiedensten Stellen Regelungen im Hinblick auf die künstliche Fortpflanzung eingefügt wurden.

Hinweis: Zur Frage, ob das Abstammungsrecht nicht grundlegend überarbeitet werden sollte, die Nachweise oben S. 160.

Die Grundlagen für die heutigen Bestimmungen über die künstliche Befruchtung finden sich in Art. 119 BV, dessen Gegenstand die «Fortpflanzungsmedizin und Gentechnologie im Humanbereich» ist. Nach der Bundesverfassung soll der Mensch vor Missbräuchen der Fortpflanzungsmedizin und der Gentechnologie geschützt werden (Art. 119 Abs. 1 BV). Der Bund erlässt nach Art. 119 Abs. 2 Satz 1 BV Vorschriften über den Umgang mit menschlichem Keim- und Erbgut, sorgt dabei für den Schutz der Menschenwürde, der Persönlichkeit und der Familie und beachtet insbesondere näher ausgeführte Grundsätze. Von Bedeutung für den vorliegenden Zusammenhang ist dabei insbesondere, dass nach Art. 119 Abs. 2 Satz 2 BV alle Arten des Klonens und Eingriffe in das Erbgut menschlicher Keimzellen und Embryonen (lit. a) sowie die Embryonenspende und alle Arten von Leihmutterschaft unzulässig sind (lit. d).

Der Bund ist seinem Gesetzgebungsauftrag mit dem am 1. Januar 2001 in Kraft getretenen Bundesgesetz über die medizinisch unterstützte Fortpflanzung (Fortpflanzungsmedizingesetz, FMedG) nachgekommen.

Hinweis: Reformen des Fortpflanzungsmedizingesetzes werden immer wieder zur Diskussion gestellt (vgl. etwa https://www.parlament.ch/de/ratsbetrieb/suche-curia-vista/geschaeft?AffairId=20183205). So war namentlich das Verbot der Eispende in den vergangenen Jahren wiederholt Gegenstand von Reformvorhaben. Während eine entsprechende Motion 2019 vom Nationalrat noch abgelehnt wurde (vgl. https://www.parlament.ch/de/ratsbetrieb/suche-curia-vista/geschaeft?AffairId=20173047), hat der Nationalrat am 17. März 2022 eine entsprechende Motion der Kommission für Wissenschaft, Bildung und Kultur des Nationalrats (WBK-N) angenommen (vgl. https://www.parlament.ch/de/ratsbetrieb/suche-curia-vista/geschaeft?AffairId=20214341).

Für das Fortpflanzungsmedizingesetz hervorzuheben ist hier zunächst wiederum die (einfach-)gesetzliche Bestimmung des Art. 4 FMedG, nach dem neben der Embryonenspende und der Leihmutterschaft auch die Eispende für unzulässig erklärt wird.

Hinweis: Für die einzelnen Fachbegriffe, wie etwa Insemination, In-vitro-Fertilisation oder Leihmutter, ist Art. 2 FMedG hilfreich, der die Bedeutungen der Begriffe (im Rahmen des FMedG) bestimmt.

Entgegen der Eispende ist die Samenspende grundsätzlich zulässig und auch im FMedG als ein Verfahren der medizinisch unterstützten Fortpflanzung (Fortpflanzungsverfahren) näher geregelt. Schwerpunkt der Regelung ist Art. 3 Abs. 1 FMedG, nach dem Fortpflanzungsverfahren nur angewendet werden dürfen, wenn das Kindeswohl gewährleistet ist. Insbesondere dürfen sie nach dem Willen des Gesetzgebers nur bei Paaren angewendet werden, zu denen dann ein Kindesverhältnis im Sinne der Art. 252–263 ZGB begründet werden kann (Art. 3 Abs. 2 lit. a FMedG), bzw. gespendete Samenzellen darüber hinaus nur bei Ehepaaren verwendet werden (Art. 3 Abs. 3 FMedG).

Hinweis: Entsprechend regelt Art. 28 PartG, dass Personen, die in eingetragener Partnerschaft leben, nicht zu fortpflanzungsmedizinischen Verfahren zugelassen sind.

Art. 5 FMedG bestimmt darüber hinaus Indikationen für Fortpflanzungsverfahren. So dürfen nach Art. 5 Abs. 1 FMedG Fortpflanzungsverfahren nur angewendet werden, wenn damit die Unfruchtbarkeit eines Paares überwunden werden soll und die anderen Behandlungsmethoden versagt haben oder aussichtslos sind (lit. a) oder die Gefahr, dass eine schwere, unheilbare Krankheit auf die Nachkommen übertragen wird, anders nicht abgewendet werden kann (lit. b).

C. Allgemeine Bestimmungen

Art. 252 ZGB gibt gleich am Anfang des Titels über «Die Entstehung des Kindesverhältnisses» einen Überblick über die Entstehung des rechtlichen Kindesverhältnisses – «im Allgemeinen». Nach Art. 252 Abs. 1 ZGB entsteht das Kindesverhältnis zwischen dem Kind und der Mutter mit der Geburt, während das Kindesverhältnis zwischen dem Kind und dem anderen Elternteil nach Art. 252 Abs. 2 ZGB kraft der Ehe der Mutter begründet oder durch Anerkennung oder durch das Gericht festgestellt wird. Hinzu tritt mit Art. 252 Abs. 3 ZGB die Begründung des Kindesverhältnisses durch Adoption. Hieran knüpfen die Art. 255 ff. ZGB an.

D. Das Kindesverhältnis zwischen Kind und Mutter

Für das Kindesverhältnis zwischen Kind und Mutter ist auch heute noch Art. 252 Abs. 1 ZGB allgemeine und besondere Vorschrift zugleich: «Das Kindesverhältnis entsteht zwischen dem Kind und der Mutter mit der Geburt».

Hinweis: Sonderfragen in dieser Hinsicht stellen sich insbesondere im Hinblick auf sogenannte Findelkinder, die anonyme Geburt oder Babyfenster. Dazu etwa der Bericht des Bundesrats über eine «Bessere Unterstützung für Frauen in Not und verletzliche Familien» (https://

www.bj.admin.ch/dam/bj/de/data/aktuell/news/2016/2016-10-12/ber-br-d.pdf). Besondere Vorschriften im Hinblick auf Findelkinder finden sich etwa im Rahmen der ZStV, die namentlich mit Art. 10 ZStV zunächst allgemein bestimmt, dass als Findelkind ein ausgesetztes Kind unbekannter Abstammung gilt – und hieran etwa weiter mit Art. 38 Abs. 2 ZStV anknüpft, nach dem die Behörde dem Findelkind Familiennamen und Vornamen gibt.

Dies gilt auch, wenn es infolge Embryonenspende oder Eispende zur Geburt des Kindes kommt (zur Frage der Zulässigkeit solcher Techniken künstlicher Fortpflanzung unten S. 162 ff.). Der Gesetzgeber wertet damit das über die Schwangerschaft geschaffene Verhältnis der gebärenden Mutter mit dem Kind als näher bzw. als Anknüpfungspunkt für die Wirkungen des Kindesverhältnisses zuträglicher als ein etwaig genetisch bestehendes Verhältnis zu einer anderen Person.

E. Das Kindesverhältnis zwischen Kind und Ehemann oder Ehefrau

Deutlich weniger eindeutig erscheint von jeher die Bestimmung des zweiten rechtlichen Elternteils. Der Gesetzgeber arbeitet hier mit verschiedenen Vermutungen.

Hinweis: Dies mag zunächst erstaunen, da heute die Feststellung des Vaters durch sogenannte genetische Genealogie, sprich DNA-Analysen, regelmässig mit an Sicherheit grenzender Wahrscheinlichkeit möglich ist. Zum einen sind DNA-Proben jedoch nicht immer verfügbar (Unerreichbarkeit des Probanden im Ausland; Tod und anschliessende Einäscherung des Probanden, o.ä.). Zum anderen entstehen hierdurch weiterhin besondere, wenn auch stetig geringer werdende Kosten.

Insbesondere kommt jedoch hinzu, dass sich der Gesetzgeber auch bei der Begründung des Kindesverhältnisses zum zweiten Elternteil teilweise von einer rein genetischen Begründung löst und bereits

Fragen des tatsächlichen Näheverhältnisses des zweiten Elternteils zur Mutter und zum Kind und damit psychologische und soziale Aspekte bei der Begründung des rechtlichen Kindesverhältnisses berücksichtigt. Diese Vermutungen spiegeln sich zunächst insbesondere in Art. 252 Abs. 2 ZGB wider, nach dem das Kindesverhältnis zwischen dem Kind und dem anderen Elternteil kraft der Ehe der Mutter begründet oder, soweit gesetzlich vorgesehen, durch Anerkennung oder durch das Gericht festgestellt wird.

I. Vermutung der Elternschaft des Ehepartners

1. Vermutung der Elternschaft des Ehemannes

Mit Art. 255 ZGB stellt das Gesetz zunächst eine Vermutung für die Vaterschaft des Ehemannes auf, die jedoch unter den Voraussetzungen der Art. 256 ff. ZGB angefochten werden kann.

Wird ein Kind während der Ehe geboren, so gilt nach Art. 255 Abs. 1 ZGB in diesen Fällen der Ehemann als Vater. Diese Vermutung gilt unabhängig davon, ob das Kind bereits kurz nach der Eheschliessung geboren wurde, es überhaupt vom Ehemann gezeugt werden konnte oder gar aufgrund von Abwesenheit oder Unfruchtbarkeit die Zeugung durch den Ehemann ausgeschlossen ist. Sie greift auch in Fällen der Samenspende.

Auch die Vermutung des Art. 255 Abs. 1 ZGB gründet damit nicht zuvorderst auf der Wahrscheinlichkeit genetischer Abstammung, sondern auf psychologischen und sozialen Gründen. Der Gesetzgeber wollte mit dieser Vermutung dem Kind die Möglichkeit geben, in der ehelichen Gemeinschaft aufzuwachsen. Die Vermutung für die Vaterschaft des Ehemannes greift nach Art. 255 Abs. 2 Alt. 1 ZGB auch, wenn er stirbt, aber das Kind innert 300 Tagen nach seinem Tod geboren wird – die durchschnittliche Schwangerschaftsdauer beträgt 268 Tage, jedoch mit einer relativ grossen Schwankungsbreite.

Trotz dieses grossen «Sicherheitszuschlags» kann es jedoch vorkommen, dass eine Schwangerschaft länger als 300 Tage dauert. Auch in diesem Fall sieht der Gesetzgeber mit Art. 255 Abs. 2 Alt. 2 ZGB eine Vermutung der Vaterschaft des Ehemannes vor. Anknüpfungspunkt der Vermutung ist hier jedoch nicht die Ehe als solche, sondern der Nachweis, dass das Kind vor dem Tod des Ehemannes gezeugt worden ist – wohlgemerkt weiter unabhängig davon, ob es vom Ehemann gezeugt wurde.

> **Beispiel:** Beweismittel für den Zeugungszeitpunkt kann beispielsweise ein sogenanntes Tragezeitgutachten sein.

Hinweis: Bei sonstiger Auflösung der Ehe durch Scheidung oder Ungültigerklärung setzt sich die Vermutung der Vaterschaft nicht fort. Der Gesetzgeber sah hier für die Vermutung keine ausreichende Wahrscheinlichkeit, dass das Kind vom Ehemann (der nun aufgelösten Ehe) gezeugt wurde.

Neben den allgemeinen Wirkungen des (Eheungültigkeits-)Urteils nach Art. 109 Abs. 1 und 2 ZGB lässt der Gesetzgeber schliesslich mit Art. 109 Abs. 3 ZGB die Vaterschaftsvermutung des Ehemannes entfallen, wenn die Ehe für ungültig erklärt worden ist, weil sie dazu diente, die Bestimmungen über Zulassung und Aufenthalt von Ausländerinnen und Ausländern zu umgehen (zum besonderen Eheungültigkeitsgrund der Umgehung der Bestimmungen über Zulassung und Aufenthalt von Ausländerinnen und Ausländern oben S. 44 ff.).

2.   «Vermutung» der Elternschaft der Ehefrau

Ist die Mutter zum Zeitpunkt der Geburt mit einer Frau verheiratet, so gilt gemäss Art. 255a Abs. 1 ZGB die Ehefrau der Mutter als der andere Elternteil – sofern das Kind nach den Bestimmungen des Fortpflanzungsmedizingesetzes vom 18. Dezember 1998 durch eine Samenspende gezeugt wurde (zu dieser Einschränkung bereits oben S. 162 ff.).

Beispiel: Art. 255a Abs. 1 ZGB ist damit nicht anwendbar, wenn eine private Samenspende oder eine Samenspende im Ausland in Anspruch genommen wurde.

Art. 255a Abs. 2 ZGB erweitert die Bestimmung auf den Fall, dass die Ehefrau der Mutter stirbt oder für verschollen erklärt wird. Hier kann nun, anders als bei der Elternschaft des Ehemannes, an den regelmässig bekannten Zeitpunkt der künstlichen Fortpflanzung bzw. der Insemination angeknüpft werden.

Hinweis: Der Zeitpunkt der Insemination wird gemäss Art. 24 Abs. 3 lit. b FMedG dokumentiert und nach erfolgter Geburt an das Eidgenössische Amt für das Zivilstandswesen übermittelt (Art. 25 FMedG).

Die Ehefrau der Mutter gilt nur dann als Elternteil, wenn die Insemination vor ihrem Tod oder dem Zeitpunkt der Todesgefahr oder der letzten Nachricht stattgefunden hat.

II. Anfechtung der Elternschaft des Ehemannes

Der Gesetzgeber lässt es aber zu, die (blosse) Vermutung der Elternschaft anzufechten. Eröffnet ist diese Anfechtungsmöglichkeit jedoch lediglich in Hinblick auf die Elternschaft des Ehemannes, da nur in diesen Fällen die das Kindesverhältnis begründende Vermutung sowie die vermutete Tatsache überhaupt auseinanderfallen können.

Hinweis: Demgegenüber gründet die Elternschaft der Ehefrau der Mutter gemäss Art. 255a Abs. 1 ZGB darauf, dass das Kind nach den Bestimmungen des Fortpflanzungsmedizingesetzes vom 18. Dezember 1998 durch eine Samenspende gezeugt wurde. Dass eine Anfechtung der originären Elternschaft der Ehefrau der Mutter nicht möglich ist, ergibt sich darüber hinaus zum einen aus der Nichtregelung im Zivilgesetzbuch bzw. daraus, dass nur die Anfechtung der Elternschaft des Ehemannes in Art. 256 ff. ZGB geregelt wurde, zum anderen aus dem Fortpflanzungsmedizingesetz. Art. 23 Abs. 1 FMedG hält ganz generell fest, dass weder das Kind noch die Ehefrau oder der Ehemann der Mutter das Kindesverhältnis zur Ehefrau oder zum Ehemann der Mutter anfechten können, wenn das Kind nach den Bestimmungen des FMedG durch eine Samenspende gezeugt worden ist.

Angefochten werden dabei nicht die Voraussetzungen der Vermutung, sondern die vermutete Tatsache, im Wesentlichen also, dass der Ehemann der Erzeuger des Kindes ist. Die Art. 256–256c ZGB enthalten hierzu Bestimmungen über die (Anfechtungs-)Klageberechtigung, den Klagegrund und die Klagefrist.

1. *Klagerecht*

Die Vermutung der Vaterschaft kann beim Gericht angefochten werden, nach Art. 256 Abs. 1 ZGB aber nur vom Ehemann (Ziff. 1) – und vom Kind, wenn während seiner Minderjährigkeit der gemeinsame Haushalt der Ehegatten aufgehört hat (Ziff. 2).

Der Ehemann hat jedoch keine Klage, wenn er der Zeugung durch einen Dritten gerade zugestimmt hat (Art. 256 Abs. 3 Satz 1 ZGB). Für das Anfechtungsrecht des Kindes bleibt in diesen Fällen zwar nach Art. 256 Abs. 3 Satz 2 ZGB das Fortpflanzungsmedizingesetz vom 18. Dezember 1998 vorbehalten, das jedoch in Art. 23 Abs. 1 Satz 1 FMedG wiederum bestimmt, dass das Kind, das nach den Bestimmungen des FMedG durch eine Samenspende gezeugt worden ist, das Kindesverhältnis zum Ehemann der Mutter nicht anfechten kann. Damit soll das Kindesverhältnis zum Ehemann der Mutter in gleicher Weise verbindlich sein wie im Fall einer Adoption.

Das Klagerecht des Kindes nach Art. 256 Abs. 1 Ziff. 2 ZGB ist im Übrigen jedoch unabhängig vom Klagerecht des Ehemannes – beschränkt aber auf den Fall, dass während seiner Minderjährigkeit der gemeinsame Haushalt der Ehegatten aufgehört hat. In den Augen des Gesetzgebers ist der gemeinsame Haushalt Ausdruck einer intakten Ehe, die durch eine Klage des Kindes nicht gefährdet werden soll. Dieser Grund trägt jedoch auch nach dem Gesetzgeber nicht mehr, sobald der gemeinsame Haushalt der Ehegatten aufgehört hat.

Hinweis: Als höchstpersönliches Recht kann das Kind das Klagerecht bei Urteilsfähigkeit nach Art. 19c Abs. 1 ZGB selbst ausüben. Bei
Urteilsunfähigkeit des Kindes kann das Recht aufgrund ihrer wider-
sprechenden Interessen nicht durch seine Eltern, sondern muss im
Regelfall nach Art. 306 Abs. 2 ZGB durch einen Beistand ausgeübt
werden. Voraussetzung für eine Anfechtung ist aber auch in diesem
Fall, dass sie dem Kindeswohl dient (allgemein zu den Voraussetzungen hier S. 220).

Andere Personen, insbesondere die Mutter wie auch der genetische
Vater des Kindes, haben nach dem Willen des Gesetzgebers kein
Klagerecht. Insbesondere hat der Gesetzgeber die rechtlichen Interessen der Mutter, im Rahmen etwa des Erbrechts und der elterlichen Sorge, als (im Rahmen der Vaterschaftsfeststellung) nicht
schutzwürdig bewertet.

Hinweis: Es bleibt so in beiden Fällen nur die Möglichkeit, dass die
Mutter den gemeinsamen Haushalt mit ihrem Ehemann aufhebt und
so den Weg für eine Anfechtung durch das Kind freimacht.

Die Klage des Ehemannes richtet sich nach Art. 256 Abs. 2 ZGB gegen das Kind und die Mutter, die Klage des Kindes gegen den Ehemann und die Mutter. Ziel ist es, dass die jeweils anderen Beteiligten
am Kindesverhältnis auch unmittelbar am Verfahren beteiligt sind.

2. Klagegrund

So wie der Gesetzgeber für die Begründung der Vaterschaft des Ehemannes den Beweis durch Vermutungen erleichtert, finden sich mit
Art. 256a und 256b ZGB auch bei der Anfechtung der Vaterschaft
des Ehemannes abgestufte Anforderungen an den Gegenbeweis.
Soweit der Gesetzgeber auch für die Anfechtung mit Vermutungen
arbeitet, bilden diese nun zunächst den Klagegrund für die Anfechtung und ermöglichen so auch hier zumindest im Ausgangspunkt
das Vermeiden von Gutachten. Erst wenn die gesetzlichen Vermutungen nicht greifen, ist (Voll-)Beweis durch ein Sachverständigengutachten zu erbringen.

Hinweis: Häufig wird in der Praxis ein solches Sachverständigengutachten schon vor der Klage eingeholt, so dass die Vermutungen der Art. 256a und 256b ZGB leerlaufen.

a.   Bei Zeugung während der Ehe

Art. 256a Abs. 1 ZGB geht vom klassischen Bild der Ehe als ausschliesslichem Ort von Geschlechtsverkehr aus. Ist ein Kind während der Ehe gezeugt worden, so hat der Kläger, sprich das Kind oder der Ehemann selbst, aufgrund dieses formellen Anknüpfungspunktes nach Art. 256a Abs. 1 ZGB nachzuweisen, dass der Ehemann nicht der Vater ist.

Gleiches gilt nach Art. 256a Abs. 2 ZGB für den Fall, dass das Kind frühestens 180 Tage nach Abschluss der Ehe bzw. spätestens 300 Tage nach Auflösung der Ehe durch Tod geboren wurde. Der Gesetzgeber legt damit der Vermutung des Art. 256a Abs. 2 Alt. 1 ZGB eine Mindestschwangerschaftsdauer von 180 Tagen zugrunde, der Vermutung nach Art. 256a Abs. 2 Alt. 2 ZGB eine Höchstschwangerschaftsdauer von 300 Tagen. Ansonsten findet Art. 256b ZGB Anwendung.

Beispiel: Der Beweis der Nichtvaterschaft kann in diesen Fällen beispielsweise dadurch geführt werden, dass ein Beischlaf des Ehemannes im Zeitpunkt der Befruchtung etwa aufgrund Auslandsaufenthalts ausgeschlossen ist, dass der Ehemann steril ist – und letztlich wiederum auch durch ein Abstammungsgutachten.

b.   Bei Zeugung vor der Ehe oder während Aufhebung
       des Haushaltes

Art. 256b ZGB stellt neben die formelle Anknüpfung des Art. 256a ZGB ein materielles Element. Ist ein Kind vor Abschluss der Ehe oder zu einer Zeit gezeugt worden, da der gemeinsame Haushalt aufgehoben war, so ist nach Art. 256b Abs. 1 ZGB die Anfechtung vom Kind oder Ehemann nicht weiter zu begründen. Doch stellt der

Gesetzgeber auch hier eine Vermutung für die Vaterschaft des Ehemannes auf, wenn glaubhaft gemacht wird, dass dieser um die Zeit der Empfängnis der Mutter beigewohnt hat (Art. 256b Abs. 2 ZGB).

3. *Klagefrist*

Nach Art. 256c Abs. 1 ZGB hat der Ehemann die Klage binnen Jahresfrist einzureichen, seitdem er die Geburt und die Tatsache erfahren hat, dass er nicht der Vater ist oder dass ein Dritter der Mutter um die Zeit der Empfängnis beigewohnt hat, in jedem Fall aber vor Ablauf von fünf Jahren seit der Geburt. Die Frist von einem Jahr sah der Gesetzgeber für den Ehemann als ausreichend, aber auch nötig an, um sich über die Folgen der Anfechtung für seine Ehe und sein Verhältnis zum Kind zu vergewissern. Das Interesse an einer Anfechtung erschien dem Gesetzgeber jedoch umso weniger schützenswert, je älter das Kind wird, so dass er mit Art. 256c Abs. 1 ZGB eine Höchstfrist von fünf Jahren seit der Geburt des Kindes bestimmt hat.

Das Kind hingegen kann nach Art. 256c Abs. 2 ZGB bis spätestens ein Jahr nach Erreichen der Volljährigkeit Klage erheben. Während der Minderjährigkeit unterliegt die Klage damit keiner Frist, um nicht die Interessen des Kindes von einer Wahrnehmung durch die Kindesschutzbehörde abhängig machen zu müssen.

Schliesslich wird eine Anfechtung nach Art. 256c Abs. 3 ZGB auch in Fällen zugelassen, in denen die Verspätung mit wichtigen Gründen entschuldigt wird. Der Gesetzgeber sah hierin einen notwendigen Ausgleich für etwaige Ungerechtigkeiten von Art. 256c Abs. 1 und 2 ZGB im Einzelfall.

> **Beispiel:** Nach weit verbreiteter Auffassung soll es sich sowohl um objektive (Krankheit, Abwesenheit o.ä.) als auch subjektive Gründe (fehlendes Verständnis für biologische Zusammenhänge, Hoffnung auf Weiterführung der Ehe o.ä.) handeln können.

4. Zusammentreffen zweier Vermutungen

Bei diesen unterschiedlich abgestuften Vermutungen kann es zu einem Zusammentreffen zweier Vermutungen kommen, sprich können zwei Männer gleichzeitig als Vater vermutet werden: Ist ein Kind vor Ablauf von 300 Tagen seit der Auflösung der Ehe durch Tod geboren – Fall des Art. 255 Abs. 2 ZGB – und hat die Mutter inzwischen eine neue Ehe geschlossen – so dass Art. 255 Abs. 1 ZGB Anwendung findet – hat sich der Gesetzgeber für den Vorrang der Wertungen des Art. 255 Abs. 1 ZGB entschieden: nach Art. 257 Abs. 1 ZGB gilt der zweite Ehemann als Vater. Erst wenn diese Vermutung beseitigt ist, gilt der erste Ehemann als Vater (Art. 257 Abs. 2 ZGB). Der Gesetzgeber stützt diesen Entscheid zum einen auf die «Lebenserfahrung», dass die Frau zum Zeitpunkt der Empfängnis engere Beziehungen zum zweiten Ehemann unterhalten habe. Zum anderen geht es ihm aber auch hier wiederum um die Gewährleistung der «Einheit der neuen Familie».

5. Klage der Eltern

Ist der Ehemann vor Ablauf der Klagefrist gestorben oder urteilsunfähig geworden, so kann die Anfechtungsklage nach Art. 258 Abs. 1 ZGB von seinem Vater oder seiner Mutter erhoben werden. Die Bestimmungen über die Anfechtung durch den Ehemann finden entsprechende Anwendung (Art. 258 Abs. 2 ZGB). Die einjährige Klagefrist beginnt frühestens mit der Kenntnis des Todes oder der Urteilsunfähigkeit des Ehemannes (Art. 258 Abs. 3 ZGB). Der Gesetzgeber hat es damit abgelehnt, den Erben dieses Anfechtungsrecht zuzuweisen, da sie vornehmlich erbrechtliche, sprich vermögensrechtliche Interessen verfolgen würden. Dies widerspreche der höchstpersönlichen Natur des Anfechtungsrechts. Den Erben sei ausreichend damit gedient, dass ihnen der Nachweis mangelnder Abstammung im Rahmen erbrechtlicher Vorschriften eröffnet sei.

III. Anerkennung und Vaterschaftsurteil

Neben der Begründung des Kindesverhältnisses zwischen dem Kind und dem Vater kraft der Ehe der Mutter nennt Art. 252 Abs. 2 ZGB die Anerkennung und die Feststellung durch das Gericht. Hiermit eröffnet der Gesetzgeber zwei weitere Möglichkeiten einer, zumindest im Ausgangspunkt, indirekten Feststellung der Vaterschaft des Mannes. Deren nähere Regelung hat er mit den Art. 260–263 ZGB vorgenommen.

1. Anerkennung

Die Bestimmungen über die Anerkennung regeln den Fall, dass das Kind noch keinen rechtlichen Vater oder zweiten weiblichen Elternteil hat, sprich rechtlich noch kein Kindesverhältnis zwischen dem Kind und einem Mann oder einer zweiten Frau begründet ist. Für diesen Fall eröffnet der Gesetzgeber dem Mann die Möglichkeit, das Kind rechtlich anzuerkennen und damit zu ihm ein rechtliches Kindesverhältnis zu begründen.

> **Hinweis:** Die Anerkennung durch eine Frau ist nicht vorgesehen. Will eine Frau ein Kindesverhältnis zu einem Kind, das noch keinen rechtlichen Vater bzw. keinen zweiten Elternteil hat, begründen, so ist sie auf das Verfahren der (Stiefkind-)Adoption verwiesen (siehe dazu unten S. 183 ff., 186).

a. Zulässigkeit und Form

Besteht daher das Kindesverhältnis nur zur Mutter, so kann der Vater das Kind nach Art. 260 Abs. 1 ZGB anerkennen. Voraussetzung ist damit, dass rechtlich noch kein anderer Elternteil besteht.

> **Beispiel:** Ist bereits ein Kindesverhältnis zu einem anderen Mann begründet, muss dieses daher zunächst angefochten werden. Ob dies möglich ist, bestimmt sich wiederum nach den betreffenden Vorschriften und den ihnen zugrunde liegenden Wertungen. Dies gilt auch mit Blick auf Fälle der Samenspende bzw. es ist in diesen

> Fällen eine Anerkennung durch den Samenspender damit regelmässig ausgeschlossen. Eine Anfechtung der Elternschaft der Ehefrau der Mutter wiederum ist grundsätzlich nicht möglich (siehe oben S. 168 f.).

Anknüpfungspunkt der Vermutung des Art. 260 Abs. 1 ZGB ist die Annahme des Gesetzgebers, die Anerkennung des Kindes durch den Mann würde grundsätzlich nur im Fall seiner tatsächlichen Vaterschaft erfolgen.

> **Hinweis:** Ist der Anerkennende dabei minderjährig, steht er unter umfassender Beistandschaft oder hat die Erwachsenenschutzbehörde eine entsprechende Anordnung getroffen, so ist nach Art. 260 Abs. 2 ZGB zusätzlich die Zustimmung seines gesetzlichen Vertreters notwendig. Bei der Anerkennung handelt es sich zwar um ein höchstpersönliches Recht, das der Rechtsträger bei Urteilsfähigkeit selbständig ausüben kann; nicht zuletzt aber aufgrund der vermögensrechtlichen Folgen der Anerkennung ist hier vom Gesetzgeber das Erfordernis der Zustimmung des gesetzlichen Vertreters vorgesehen (Art. 19c Abs. 1 Hs. 1 und 2 ZGB).

Die Anerkennung erfolgt nach Art. 260 Abs. 3 ZGB durch Erklärung vor dem Zivilstandsbeamten durch letztwillige Verfügung oder, wenn eine Klage auf Feststellung der Vaterschaft hängig ist, vor dem Gericht. Andere Formen der (Anerkennungs-)Erklärung sind nicht zulässig.

> **Beispiel:** Eine blosse Unterhaltsvereinbarung zwischen Mutter und genetischem Vater begründet keine wirksame Anerkennung.

b.   Anfechtung

Jedoch kann auch die Vermutung der Vaterschaft, die an die Erklärung des Anerkennenden anknüpft, angefochten werden.

aa. *Klagerecht*

Da dem Schutz der Ehe bei der Anfechtung einer Anerkennung keine Bedeutung zukommt, konnte der Gesetzgeber für die Anerkennung die (Anfechtungs-)Klageberechtigung weiter als nach Art. 256 ZGB fassen: die Anerkennung kann nach Art. 260a Abs. 1 ZGB von jedermann, der ein Interesse hat, beim Gericht angefochten werden.

Art. 260a Abs. 1 ZGB stellt dabei klar, dass dieses Interesse namentlich die Mutter und das Kind haben (und nach seinem Tode die Nachkommen), da ihre Interessen unmittelbar betroffen sind. Ausdrücklich genannt ist auch die Heimat- oder Wohnsitzgemeinde des Anerkennenden, wobei für den Gesetzgeber nicht zuletzt Interessen im Hinblick auf die Gewährung von Bürger- und Sozialrechten durch die Gemeinden eine Rolle spielten. Schliesslich kann aber auch der genetische Vater die Anerkennung eines anderen Mannes anfechten.

Hingegen kann der Anerkennende selbst seine eigene Anerkennung(serklärung) nach Art. 260a Abs. 1 ZGB grundsätzlich nicht anfechten – bzw. nur, wenn er das Kind unter dem Einfluss einer Drohung mit einer nahen und erheblichen Gefahr für das Leben, die Gesundheit, die Ehre oder das Vermögen seiner selbst oder einer ihm nahestehenden Person oder in einem Irrtum über seine Vaterschaft anerkannt hat.

> **Beispiel:** Ein solcher Irrtum kann etwa vorliegen, wenn der Anerkennende davon ausging, als einziger Mann mit der Frau im Zeitraum der Empfängnis Geschlechtsverkehr gehabt zu haben.

Die Klage richtet sich nach Art. 260a Abs. 3 ZGB gegen den Anerkennenden und das Kind, soweit diese nicht selber klagen.

Hinweis: Wenn man nicht die Auffassung vertreten möchte, im Vergleich zu Art. 256 Abs. 2 ZGB handele es sich bei der Nichterwähnung der Mutter um ein (Redaktions-)Versehen, so kann die Mutter dem Rechtsstreit (unter den von der Zivilprozessordnung bestimmten Voraussetzungen) beitreten.

bb. *Klagegrund*

Der Kläger hat nach Art. 260b Abs. 1 ZGB bei der Anfechtung der Anerkennung zu beweisen, dass der Anerkennende nicht der Vater des Kindes ist.

Beispiel: Dies kann auch hier etwa durch den Nachweis erfolgen, dass der Anerkennende keinen Geschlechtsverkehr mit der Mutter im Empfängniszeitraum hatte bzw. haben konnte, dass der Anerkennende unfruchtbar ist – sowie schliesslich wiederum durch ein Abstammungsgutachten.

Eine Sonderregelung hat der Gesetzgeber jedoch für Mutter und Kind getroffen, die unmittelbar von der Anerkennung betroffen sind. Da die Begründung des Kindesverhältnisses nur auf der Erklärung des Anerkennenden beruht, haben sie den Beweis, dass der Anerkennende nicht der Vater ist, nur zu erbringen, wenn der Anerkennende glaubhaft macht, dass er der Mutter um die Zeit der Empfängnis beigewohnt hat (Art. 260b Abs. 2 ZGB). Zuvor reicht die blosse Anfechtung der Vaterschaft aus.

Hinweis: Auch hier ist es möglich, dass der Anerkennende seine Vaterschaft direkt beweist.

cc. *Klagefrist*

Die Klage ist nach Art. 260c Abs. 1 ZGB binnen Jahresfrist einzureichen, seitdem der Kläger von der Anerkennung und von der Tatsache Kenntnis erhielt, dass der Anerkennende nicht der Vater ist oder dass ein Dritter der Mutter um die Zeit der Empfängnis beigewohnt hat, oder seitdem er den Irrtum entdeckte oder seitdem die

Drohung wegfiel – in jedem Fall aber vor Ablauf von fünf Jahren seit der Anerkennung. Die Klage des Kindes kann hingegen nach Art. 260c Abs. 2 ZGB in jedem Fall bis zum Ablauf eines Jahres nach Erreichen der Volljährigkeit erhoben werden (zur Begründung solcher Fristen soeben S. 172).

Schliesslich wird nach Ablauf der Frist eine Anfechtung zugelassen, wenn die Verspätung mit wichtigen Gründen entschuldigt wird (Art. 260c Abs. 3 ZGB). Wie bei Art. 256c ZGB hat der Gesetzgeber damit einen Ausgleich zwischen den Interessen der anfechtenden Person und Interessen an einer Verstetigung des Kindschaftsverhältnisses gesucht.

2.   Insbesondere: Heirat der Eltern

Auch wenn heute der Gesetzgeber die Rechtsfolgen, sprich die Wirkungen des Kindesverhältnisses im Grundsatz unabhängig davon anknüpft, ob das Kindesverhältnis ehelich oder ausserehelich begründet wurde, bleiben doch weiterhin unterschiedliche Rechtsfolgen bestehen, die nicht an das Kindesverhältnis als solches, sondern an darüber hinausgehende Umstände anknüpfen.

> **Beispiel:** Unterschiede ergeben sich etwa im Hinblick auf den Namen (Art. 270, 270a ZGB), das Bürgerrecht (Art. 271 ZGB), die Zuteilung der elterlichen Sorge (Art. 298a Abs. 5 ZGB) sowie die Erfüllung der Unterhaltspflicht (Art. 278 ZGB).

Für den besonderen Fall, dass die Eltern einander nach der Geburt heiraten, war der Gesetzgeber daher der Ansicht, dass sich das Kind in einer vergleichbaren Situation befindet, wie ein Kind, das während der Ehe seiner Eltern geboren wird. Vor diesem Hintergrund hat er die Vorschriften über die Vaterschaft des Ehemannes um eine Bestimmung erweitert: heiraten die Eltern einander, so finden nach Art. 259 Abs. 1 ZGB auf das vorher geborene Kind die Bestimmungen über das während der Ehe geborene Kind entsprechende Anwendung, sobald die Vaterschaft des Ehemannes durch Anerkennung oder Urteil festgestellt ist.

Art. 259 ZGB betrifft also die (Fern-)Wirkungen des Kindesverhältnisses – während im Übrigen, für die Begründung des Kindesverhältnisses, nach Art. 259 Abs. 3 ZGB weiter die Vorschriften über die Anfechtung der Anerkennung entsprechende Anwendung finden. Der Kreis der Anfechtungsberechtigten ist jedoch enger gezogen als im Fall des Art. 260a Abs. 1 ZGB, da nun mit der Heirat der Eltern wiederum nach Ansicht des Gesetzgebers Eheschutzgesichtspunkte hinzutreten. Art. 259 Abs. 2 ZGB enthält daher eine abschliessende Liste der anfechtungsberechtigten Personen. So kann die Anerkennung nach Art. 259 Abs. 2 ZGB (nur) angefochten werden: von der Mutter (Ziff. 1); vom Kind, oder nach seinem Tode von den Nachkommen, wenn während seiner Minderjährigkeit der gemeinsame Haushalt der Ehegatten aufgehört hat oder die Anerkennung erst nach Vollendung seines zwölften Altersjahres ausgesprochen worden ist (Ziff. 2); von der Heimat- oder Wohnsitzgemeinde des Ehemannes (Ziff. 3), sowie vom Ehemann (Ziff. 4).

3. Vaterschaftsklage

Wurde die Vaterschaft weder kraft der Ehe der Mutter begründet, noch durch Anerkennung, «will es also keiner gewesen sein», so eröffnet der Gesetzgeber mit den Art. 261–263 ZGB unmittelbar die Möglichkeit einer (Vaterschafts-)Klage zur Begründung des rechtlichen Kindesverhältnisses.

a. Klagerecht

Sowohl die Mutter als das Kind können nach Art. 261 Abs. 1 ZGB auf Feststellung des Kindesverhältnisses zwischen dem Kind und dem Vater klagen und damit ihr Interesse an der Feststellung der rechtlichen Vaterschaft verfolgen.

Für das Kind jedoch, das durch eine Samenspende gezeugt worden ist, ist nach Art. 23 Abs. 2 Hs. 1 FMedG die Vaterschaftsklage der

Art. 261–263 ZGB gegen den Samenspender ausgeschlossen. Nach dem Willen des Gesetzgebers sollen hier selbst in Fällen, in denen kein Kindesverhältnis zu einem anderen Vater besteht, die Kindesinteressen zurücktreten und der «altruistische» Spender darauf vertrauen dürfen, dass seine Samenspende keine (familienrechtlichen oder erbrechtlichen) Folgen für ihn hat. Auch in anderen Fällen, wie etwa der Einzeladoption, nehme man in Kauf, dass das Kind nur einen Elternteil habe. Zulässig ist die Klage vor diesem Hintergrund jedoch, wenn die Samenspende wissentlich bei einer Person erfolgt, die keine Bewilligung für die Fortpflanzungsverfahren oder für die Konservierung und Vermittlung gespendeter Samenzellen hat (Art. 23 Abs. 2 Hs. 2 FMedG). Im Übrigen richtet sich die Klage nach Art. 261 Abs. 2 ZGB grundsätzlich gegen den Vater. Dabei können auch mehrere Väter verklagt werden, wenn Geschlechtsverkehr mit unterschiedlichen Partnern im Empfängniszeitraum stattgefunden hat.

> Hinweis: Eine Klage gegen «X», sprich eine Klage die für sich alle Männer einer bestimmten Region umfasst, ist hingegen ausgeschlossen.

Wenn der Vater gestorben ist, richtet sich die Klage nach Art. 261 Abs. 2 ZGB nacheinander gegen seine Nachkommen, Eltern oder Geschwister oder, wenn solche fehlen, gegen die zuständige Behörde seines letzten Wohnsitzes. Auch hier wird nicht auf die Erben bzw. das Erbrecht abgestellt, das wesentlich auf vermögensrechtlichen Wertungen beruht, sondern unmittelbar auf familienrechtliche Verhältnisse (zu diesen Wertungen bereits oben S. 173).

> Hinweis: Die Einreichung der Klage wird dabei zugleich der Ehefrau des Vaters zur Wahrung ihrer Interessen (durch eine Verfahrensbeteiligung) vom Gericht mitgeteilt (Art. 261 Abs. 3 ZGB).

b.   Vermutung

Der Gesetzgeber lässt als Klagegrund auch hier zunächst gesetzliche Vermutungen genügen. Abgestuft wird dabei wiederum nach Wahrscheinlichkeiten der Schwangerschaftsdauer. Hat der Beklagte in der Zeit vom 300. bis zum 180. Tag vor der Geburt des Kindes der Mutter beigewohnt, so wird seine Vaterschaft nach Art. 262 Abs. 1 ZGB ohne weiteres vermutet. Wenn das Kind vor dem 300. oder nach dem 180. Tag vor der Geburt gezeugt worden ist, gilt diese Vermutung nach Art. 262 Abs. 2 ZGB (nur), wenn der Beklagte der Mutter um die Zeit der Empfängnis beigewohnt hat.

Die Vermutung fällt jedoch weg, wenn der Beklagte nachweist, dass seine Vaterschaft ausgeschlossen oder weniger wahrscheinlich ist als die eines Dritten (Art. 262 Abs. 3 ZGB). Damit kann es zwar vorkommen, dass ein Mann als Vater festgestellt wird, dessen Vaterschaft nur möglich, aber nicht sicher ist. Diese Folge hat der Gesetzgeber jedoch als weniger stossend empfunden, als dass das Kind überhaupt keinen rechtlichen Vater hat.

c.   Klagefrist

Die Klage kann nach Art. 263 Abs. 1 ZGB vor oder nach der Niederkunft angebracht werden, ist aber von der Mutter vor Ablauf eines Jahres seit der Geburt einzureichen (Ziff. 1), vom Kind wiederum vor Ablauf eines Jahres nach Erreichen der Volljährigkeit (Ziff. 2). Besteht schon ein Kindesverhältnis zu einem anderen Mann, so kann die Klage in jedem Fall innerhalb eines Jahres seit dem Tag, da es beseitigt ist, angebracht werden (Art. 263 Abs. 2 ZGB).

Schliesslich hat auch hier der Gesetzgeber Ausgleich für Ungerechtigkeiten der Fristen im Einzelfall bestimmt: nach Ablauf der Frist wird eine Klage zugelassen, wenn die Verspätung mit wichtigen Gründen entschuldigt wird (Art. 263 Abs. 3 ZGB).

> **Beispiel:** Eine Entschuldigung kommt im Einzelfall etwa in Betracht, wenn dem Kind die Identität des Vaters verheimlicht wurde, oder die Erlangung eines Abstammungsgutachtens besonders zeitintensiv ist.

F. Adoption

Neben der Begründung des rechtlichen Kindesverhältnisses nach Art. 252 Abs. 1 und 2 ZGB, die im Wesentlichen an die zumindest vermutete genetische Abstammung bzw. die Durchführung eines medizinischen Verfahrens nach dem FMedG anknüpft, eröffnet der Gesetzgeber mit Art. 252 Abs. 3 ZGB die Möglichkeit der Begründung eines rechtlichen Kindesverhältnisses aufgrund einer besonderen psychologischen und sozialen Beziehung zum Kind: «Ausserdem entsteht das Kindesverhältnis durch Adoption.»

Auch die Adoption eines minderjährigen Kindes ist dabei von ihren Wirkungen her zu denken, der Begründung des Kindesverhältnisses mit den (Adoptiv-)Eltern und daran anknüpfend «Die Wirkungen des Kindesverhältnisses» nach den 270–327c ZGB, insbesondere die elterliche (Für-)Sorge.

Hingegen dient die Adoption eines Erwachsenen als Kind regelmässig anderen Interessen, die der Gesetzgeber nur in Ausnahmefällen für rechtlich schützenswert befunden hat.

I. Hintergrund

In älteren Rechtsordnungen diente die Adoption vor allem dem Interesse von kinderlosen Adoptiveltern, die so Erben schaffen bzw. ihr Geschlecht erhalten konnten. In der Rechtsentwicklung trat jedoch als Adoptionszweck zunehmend das Wohl des Kindes, sprich die Adoption als Fürsorge- bzw. sogenannte Erziehungsadoption in den Vordergrund. Hier war wiederum eine Entwicklung von einer sogenannten einfachen oder schwachen Adoption, in der das ursprüngliche Kindschaftsverhältnis bestehen blieb und nur einzelne (Fürsorge-)Rechte auf die Adoptierenden übertragen wurden, hin zur sogenannten Volladoption zu verzeichnen, die das alte Kindesverhältnis erlöschen und neu ein Kindesverhältnis zu den Adoptiveltern entstehen lässt.

Auch das Schweizerische Zivilgesetzbuch vom 1. Januar 1912 (aner-) kannte die Adoption, damals jedoch noch als «Kindesannahme». Dennoch schien die Adoption mit dem damaligen Familienbild nur schwer vereinbar, so dass der Gesetzgeber die Kindesannahme zunächst als Ausnahme betrachtete und in ihren Wirkungen als einfache Adoption ausgestaltete. Im Dienste des ehezentrierten Familienbildes war die Adoption zugleich stark an die Ehe zurückgebunden.

Mit der Reform des Adoptionsrechts zum 1. April 1973 sollte jedoch zunehmend das Wohl des Kindes in den Vordergrund und damit die Rückbindung an die Ehe schrittweise relativiert werden. Mit der am 1. Januar 2018 in Kraft getretenen Reform des Adoptionsrechts wurde dieser Weg fortgesetzt.

II. Adoption Minderjähriger

Der Gesetzgeber stellt für die Adoption Minderjähriger zunächst allgemeine und dann je nach Sachverhalt weitere, besondere Voraussetzungen auf.

1. Allgemeine Voraussetzungen

Bei der Adoption verlangt der Gesetzgeber die besondere Begründung eines psychologischen und sozialen Näheverhältnisses der adoptionswilligen Personen zum Kind. So darf nach Art. 264 Abs. 1 ZGB ein minderjähriges Kind nur adoptiert werden, wenn die adoptionswilligen Personen während mindestens eines Jahres für Pflege und Erziehung des Kindes gesorgt haben und nach den gesamten Umständen zu erwarten ist, die Begründung eines Kindesverhältnisses diene seinem Wohl, ohne andere Kinder dieser Personen in unbilliger Weise zurückzusetzen (zur Begründung des Pflegekinderverhältnisses S. 211 f.).

Damit ist erstens zum Ausdruck gebracht, dass ein Wille zur Begründung einer psychologischen und sozialen Beziehung mit dem Kind nicht ausreicht, sondern vorausgesetzt, dass dieser Wille zum Wohl(-ergehen) des Kindes während mindestens eines Jahres in einem tatsächlichen Pflegeverhältnis erprobt wurde. Zweitens tritt zu dieser Retrospektive die Perspektive auf das zu begründende Kindesverhältnis, das in Zukunft weiter dem Wohl des Kindes dienen soll – und drittens darf durch dieses Kindesverhältnis das Wohl anderer Kinder der zu adoptierenden Person nicht gefährdet werden, dürfen diese nicht in unbilliger Weise zurückgesetzt werden. Das Kindeswohl ist damit zentrales Element der Adoption.

Retrospektive (eines Jahres) ——————— Perspektive ——————→

Art. 264 Abs. 2 ZGB enthält eine Konkretisierung der von Art. 264 Abs. 1 ZGB aufgestellten Voraussetzungen zum Wohl des Kindes und betont die Funktion der Adoption Minderjähriger als Erziehungsadoption. Eine Adoption ist nur möglich, wenn die adoptionswilligen Personen aufgrund ihres Alters und ihrer persönlichen Verhältnisse für das Kind voraussichtlich bis zu dessen Volljährigkeit sorgen können.

2. Gemeinschaftliche Adoption

Hinzutretend zu diesen allgemeinen Voraussetzungen der Begründung eines Kindesverhältnisses durch Adoption Minderjähriger stellt der Gesetzgeber zunächst besondere Voraussetzungen für den Fall der gemeinschaftlichen Adoption auf. Nach Art. 264a Abs. 1 ZGB dürfen (nur) Ehegatten ein Kind gemeinschaftlich adoptieren, und dies wiederum (nur) unter der Voraussetzung, dass sie seit mindestens drei Jahren einen gemeinsamen Haushalt führen und beide mindestens 28 Jahre alt sind.

Seit der am 1. Juli 2022 in Kraft getretenen Revision des Zivilgesetzbuchs (Ehe für alle) wird zwar die gemeinschaftliche Adoption nicht mehr verschiedengeschlechtlichen Paaren vorbehalten, doch müssen diese immer noch verheiratet sein. Offenbar steht auch heute noch der Wille des Gesetzgebers zur Abgrenzung und damit zum Schutz der Ehe gegenüber anderen Lebensgemeinschaften im Hintergrund dieser Entscheidung.

> **Beispiel:** Die gleichgeschlechtlichen Partner einer eingetragenen Partnerschaft können nicht gemeinsam (!) ein Kind adoptieren. Ausdrücklich bestimmt dies Art. 28 PartG, nach dem Personen, die in eingetragener Partnerschaft leben, nicht zur gemeinschaftlichen Adoption zugelassen sind (dazu S. 271 sowie zur Einzeladoption durch einen der eingetragenen Partner und der Adoption des Kindes des eingetragenen Partners hier S. 185 f. und 186 f.).

Im Übrigen steht das Wohl des Kindes (allein) im Vordergrund. Mit dem Bestehen eines gemeinsamen Haushalts während dreier Jahre setzt der Gesetzgeber eine gewisse Beziehungsstabilität der Ehe voraus. Das Mindestalter wiederum dient als Indiz für die persönliche Reife der Adoptiveltern. Daher kann vom Mindestalter abgewichen werden, wenn dies zur Wahrung des Kindeswohls nötig ist – doch haben die Ehegatten die Abweichung zu begründen (Art. 264a Abs. 2 ZGB).

> **Hinweis:** Ausreichend für eine Abweichung vom Mindestalter ist damit nicht, dass das Kindeswohl gewahrt bleibt oder nicht gefährdet wird, sondern dass die Abweichung vom Mindestalter notwendig ist, begründet etwa durch eine schon zuvor bestehende enge Verbindung zum Kind.

3. Einzeladoption

Besondere Voraussetzungen für die Einzeladoption bestimmt Art. 264b ZGB. Eine Person darf nach Art. 264b Abs. 1 ZGB ein Kind grundsätzlich (nur) dann allein adoptieren, wenn sie nicht verheiratet ist und nicht in eingetragener Partnerschaft lebt – und mindestens 28 Jahre alt ist. Das Mindestalter dient auch hier als Indiz für die persönliche Reife der adoptierenden Person. Auch hier kann aber vom Mindestalter abgewichen werden, wenn dies zur Wahrung des Kindeswohls nötig ist und die adoptionswillige Person die Abweichung begründet (Art. 264b Abs. 4 ZGB).

Mittelbar wird mit der grundsätzlichen Beschränkung des Art. 264b Abs. 1 ZGB auf Personen, die nicht verheiratet sind und nicht in eingetragener Partnerschaft leben, der Ausnahmecharakter der Einzeladoption gegenüber der gemeinsamen Adoption durch Ehegatten betont. Ebenso ausnahmsweise hat der Gesetzgeber in diesen Fällen jedoch mit Art. 264b Abs. 1 ZGB gerade ein rechtlich schutzwürdiges Interesse an einer Einzeladoption bejaht.

> **Beispiel:** Als Beispiel nennt der Gesetzgeber eine ledige Ärztin, die ein Kind mit Behinderung, das sonst in keiner Familie untergebracht werden kann, adoptieren möchte.

In Ausnahme von diesem Grundsatz darf eine verheiratete Person hingegen ein Kind allein adoptieren, wenn der Ehegatte dauernd urteilsunfähig, seit mehr als zwei Jahren mit unbekanntem Aufenthalt abwesend oder die Ehe seit mehr als drei Jahren gerichtlich getrennt ist (Art. 264b Abs. 2 ZGB), da eine gemeinschaftliche Adoption in diesen Fällen unmöglich ist. Eine entsprechende Regelung hat der Gesetzgeber mit Art. 264b Abs. 3 ZGB für die Adoption durch einen der eingetragenen (gleichgeschlechtlichen) Partner getroffen – ausgenommen die gerichtliche Trennung, die das Gesetz bei der eingetragenen Partnerschaft gleichgeschlechtlicher Paare nicht kennt (S. 271 f.).

4. Stiefkindadoption

Art. 264c ZGB regelt den besonderen Fall der sogenannten Stiefkindadoption, die zwischen der gemeinsamen Adoption und der Einzeladoption steht. Stiefkinder sind Kinder des anderen Lebenspartners. Angestrebt wird mit der Stiefkindadoption daher die vollständige Eingliederung des Stiefkindes in die neue Familie.

Der Gesetzgeber lässt in diesen (Ausnahme-)Fällen den Eheschutz zurücktreten und öffnet die Adoption auch für andere Lebensgemeinschaften. Neben der gemeinschaftlichen Adoption durch

Ehegatten und der ausnahmsweisen Einzeladoption hält der Gesetzgeber dies mit Art. 264c Abs. 1 ZGB grundsätzlich für möglich, falls die Person mit der Mutter und dem Vater der adoptierenden Person verheiratet ist (Ziff. 1), in eingetragener Partnerschaft gleichgeschlechtlicher Paare lebt (Ziff. 2), oder eine faktische, verschieden- oder gleichgeschlechtliche Lebensgemeinschaft führt (Ziff. 3). Dabei schliesst es nach Ansicht des Gesetzgebers das Wohl des Kindes aus, dass die Partner der faktischen Lebensgemeinschaft mit anderen Partnern verheiratet oder durch eingetragene Partnerschaft rechtlich gebunden sind (Art. 264c Abs. 3 ZGB).

Schliesslich muss auch bei der Stiefkindadoption das Paar seit mindestens drei Jahren einen gemeinsamen Haushalt führen (Art. 264c Abs. 2 ZGB). Ein Mindestalter wird hingegen nicht verlangt bzw. das Alter der adoptierenden Person bei der allgemeinen Wohlprüfung nach Art. 264 Abs. 1 ZGB berücksichtigt, da mit der Stiefkindadoption kein Kindesverhältnis zu einer fremden Person geschaffen, sondern eine bereits gelebte Beziehung zum Kind rechtlich abgesichert werden soll.

5. Altersunterschied

Eine allgemeine, besondere Ausprägung der Voraussetzung des Kindeswohls bestimmt Art. 264d Abs. 1 ZGB, nach dem der Altersunterschied zwischen dem Kind und den adoptionswilligen Personen nicht weniger als 16 Jahre und nicht mehr als 45 Jahre betragen darf. Damit strebt der Gesetzgeber ein dem natürlichen Kindesverhältnis nachgebildetes Verhältnis zwischen Adoptivkind und Adoptivelternteil an. Wenn dies zur Wahrung des Kindeswohls nötig ist und die adoptionswilligen Personen diese Abweichung begründen, kann hiervon jedoch abgewichen werden (Art. 264d Abs. 2 ZGB).

> **Beispiel:** Eine Abweichung kann etwa bei der Adoption mehrerer Stiefkinder durch einen Stiefelternteil angezeigt sein, damit alle Kinder in die neue Familie integriert werden können.

6. Zustimmung des Kindes und der Kindesschutzbehörde

Durch die Adoption sind insbesondere rechtlich geschützte, höchst-persönliche Interessen des Kindes betroffen. Ist das Kind urteils-fähig, so bedarf die Adoption daher nach Art. 19 Abs. 1 Hs. 1 ZGB der Zustimmung des Kindes (Art. 265 Abs. 1 ZGB). Ist das Kind bevormundet oder verbeiständet, so werden, auch wenn es urteils-fähig ist (Art. 19 Abs. 1 Hs. 2 ZGB), die Interessen des Kindes nach Art. 265 Abs. 2 ZGB durch die Kindesschutzbehörde vertreten und kann die Adoption daher nur mit ihrer Zustimmung erfolgen.

7. Zustimmung der Eltern

a. Form

Durch die Adoption sind zugleich auch rechtlich geschützte Persön-lichkeitsinteressen der Eltern betroffen, unabhängig insbesondere davon, ob die Eltern des Kindes noch Inhaber des elterlichen (Für-) Sorgerechts sind oder nicht. Die Wirkungen des Kindesverhältnis-ses erschöpfen sich hierin nicht. Nicht zuletzt ist es für die Eltern grundsätzlich ausgeschlossen, nach der Adoption des Kindes jemals wieder ein rechtliches Kindesverhältnis zu ihrem Kind zu begrün-den. Die Adoption bedarf daher nach Art. 265a Abs. 1 ZGB der Zu-stimmung des Vaters und der Mutter des Kindes.

Mit Art. 265a Abs. 2 ZGB wollte der Gesetzgeber eine einfache, aber zugleich Rechtssicherheit gewährleistende, besondere Form dieser (Willens-)Erklärung der Eltern schaffen: die Zustimmung ist bei der Kindesschutzbehörde am Wohnsitz oder Aufenthaltsort der Eltern oder des Kindes mündlich oder schriftlich zu erklären und im Pro-tokoll vorzumerken.

Als (Willens-)Erklärung kann die Zustimmung der Eltern grund-sätzlich auch von Bedingungen abhängig gemacht werden, soweit diese mit dem Zweck der Adoption vereinbar sind.

Beispiel: Die Eltern machen ihre Zustimmung davon abhängig, dass die Adoption durch namentlich bestimmte Personen erfolgt.

Umgekehrt ist die Zustimmung der Eltern nach Art. 265a Abs. 3 ZGB selbst dann gültig, wenn die adoptionswilligen Personen nicht genannt oder noch nicht bestimmt sind. Der Gesetzgeber wollte damit sogenannte Inkognito- oder Blankoadoptionen ermöglichen und damit einer besonderen Interessenlage bei Fremdadoptionen entsprechen.

b.   Zeitpunkt

Nicht zuletzt um einer möglichen Depression der Mutter nach Schwangerschaft und Geburt Rechnung zu tragen und ihr ausreichend Zeit zur Erholung zu geben, bestimmt Art. 265b Abs. 1 ZGB, dass die Zustimmung der Eltern zur Adoption nicht vor Ablauf von sechs Wochen seit der Geburt des Kindes erteilt werden darf. Ein etwaiges Interesse des Kindes an seiner möglichst frühzeitigen Unterbringung bei künftigen Adoptionseltern sieht der Gesetzgeber hierdurch nicht gefährdet. Zugleich eröffnet er die Möglichkeit, eine etwa übereilt oder unter Einfluss Dritter abgegebene Zustimmung nach Art. 265b Abs. 2 ZGB binnen sechs Wochen seit ihrer Entgegennahme zu widerrufen. Wird sie nach einem Widerruf jedoch erneuert, so ist sie endgültig (Art. 265b Abs. 3 ZGB).

c.   Absehen von der Zustimmung

aa.   Voraussetzungen

Von der Zustimmung eines Elternteils kann nach Art. 265c ZGB abgesehen werden, wenn der Elternteil unbekannt, mit unbekanntem Aufenthalt länger abwesend oder dauernd urteilsunfähig ist. Die Zustimmung ist in diesen Fällen objektiv unmöglich.

Von der Zustimmung des Elternteils kann ebenfalls abgesehen werden, wenn sich die Verweigerung als offenbarer Missbrauch seines Rechts im Sinne des Art. 2 Abs. 2 ZGB darstellt.

bb. *Entscheid*

Wird das Kind (adoptionswilligen) Personen bereits zum Zweck der späteren Adoption anvertraut und fehlt die Zustimmung eines Elternteils, so besteht ein Interesse daran, bereits zu diesem Zeitpunkt darüber zu entscheiden, ob von dieser Zustimmung abgesehen werden kann. Der Gesetzgeber bestimmt daher mit Art. 265d Abs. 1 ZGB, dass in diesen Fällen die Kindesschutzbehörde am Wohnsitz des Kindes auf Gesuch der mit der Vormundschaft oder Beistandschaft betrauten Person, einer Vermittlungsstelle oder der adoptionswilligen Personen in der Regel vorgängig entscheidet, ob von dieser Zustimmung abgesehen werden kann. In anderen Fällen, also nach Einleitung eines Adoptionsverfahrens, ist hierüber anlässlich der Adoption selbst zu entscheiden (Art. 265d Abs. 2 ZGB).

III. Adoption einer volljährigen Person

Seine rechtliche (Be-)Wertung der besonderen Interessenlage bei der Adoption einer volljährigen Person bringt der Gesetzgeber über Art. 266 ZGB zum Ausdruck. Dass die adoptierende Person selber keine Kinder hat, ist nicht (mehr) Voraussetzung. Der Gesetzgeber sieht das Interesse an der Adoption einer volljährigen Person jedoch nur als beschränkt schützenswert an. So soll ein schützenswertes Interesse insbesondere dann vorliegen, wenn die Interessenlage bei der Adoption einer volljährigen Person vergleichbar der Adoption Minderjähriger ist. So darf eine volljährige Person nach Art. 266 Abs. 1 ZGB adoptiert werden, wenn sie aus körperlichen, geistigen oder psychischen Gründen dauernd hilfsbedürftig ist und die adoptionswilligen Personen ihr während mindestens eines Jahres Pflege erwiesen haben (Ziff. 1). Gleiches gilt, wenn die adoptionswilligen Personen ihr während ihrer Minderjährigkeit mindestens ein Jahr lang Pflege und Erziehung erwiesen haben (Ziff. 2). Schliesslich soll dies auch für Fälle gelten, in denen andere wichtige Gründe vorliegen und die volljährige Person während mindestens eines Jahres mit den adoptionswilligen Personen im gleichen Haushalt gelebt hat (Ziff. 3).

Beispiel: Andere wichtige Gründe können etwa vorliegen, wenn umgekehrt zu Art. 266 Abs. 1 Ziff. 1 und 2 ZGB die volljährige Person den adoptionswilligen Personen Pflege erwiesen hat.

So sind im Übrigen denn auch die Bestimmungen über die Adoption Minderjähriger sinngemäss anwendbar, ausgenommen die Bestimmung über die Zustimmung der Eltern (Art. 266 Abs. 2 ZGB). Nach Ansicht des Gesetzgebers überwiegt das Interesse des volljährigen Kindes in den (Sonder-)Fällen des Art. 266 Abs. 1 ZGB das Interesse der Eltern.

IV. Wirkung

1. Im Allgemeinen

Die Regelung der Adoption ist im schweizerischen Recht auf die Wirkung einer Volladoption ausgerichtet. So erhält das Adoptivkind nach Art. 267 Abs. 1 ZGB die Rechtstellung eines Kindes der adoptierenden Personen. Zugleich erlischt im Grundsatz das bisherige Kindesverhältnis (Art. 267 Abs. 2 ZGB), nach Art. 267 Abs. 3 ZGB jedoch nicht zu dem Elternteil, der mit der adoptierenden Person verheiratet ist (Ziff. 1), in eingetragener Partnerschaft lebt (Ziff. 2) oder eine faktische Lebensgemeinschaft führt (Ziff. 3) – sprich im Fall einer Stiefkindadoption.

2. Name

Mit Art. 267a ZGB trifft der Gesetzgeber besondere Bestimmungen zu Art. 30 Abs. 1 ZGB über die Namensänderung. So kann dem minderjährigen Kind bei der gemeinschaftlichen Adoption und bei der Einzeladoption nach Art. 267a Abs. 1 Satz 1 ZGB ein neuer Vorname gegeben werden, hingegen nicht bei der ihrem Zweck nach abweichenden Stiefkindadoption. Voraussetzung ist jedoch auch in diesen Fällen, dass achtenswerte Gründe vorliegen. Weiter wird das Kind vor der Änderung des Vornamens durch die zuständige Behörde oder eine beauftragte Drittperson in geeigneter Weise persönlich angehört, sofern sein Alter oder andere wichtige Gründe nicht dagegensprechen (Art. 267a Abs. 1 Satz 2 ZGB). In Anlehnung an die Bestimmung des Art. 270b ZGB über die (Familien-) Namensänderung des Kindes bestimmt Art. 267a Abs. 1 Satz 3 ZGB weiter, dass auch die Änderung des Vornamens der Zustimmung des Kindes bedarf, wenn es mindestens zwölf Jahre alt ist (dazu auch unten S. 235 f.).

Der (Familien-)Name des Kindes richtet sich nach den Bestimmungen über die Wirkungen des Kindesverhältnisses, d.h. Art. 270 ff. ZGB, bzw. es gelten diese bei der Adoption des Kindes durch die eingetragene Partnerin seiner Mutter oder den eingetragenen Partner seines Vaters sinngemäss (Art. 267a Abs. 2 ZGB). Einer zu adoptierenden volljährigen Person kann die zuständige Behörde jedoch nach Art. 267a Abs. 3 ZGB die Weiterführung des bisherigen Namens bewilligen, wenn achtenswerte Gründe vorliegen. Die Namensänderung einer zu adoptierenden volljährigen Person soll hingegen keine Auswirkungen auf die Namensführung von Personen haben, deren Name sich aus dem bisherigen Namen der zu adoptierenden Person ableitet, es sei denn, diese stimmen einer Namensänderung ausdrücklich zu (Art. 267a Abs. 4 ZGB).

3. Bürgerrecht

Das Bürgerrecht des minderjährigen Kindes bestimmt sich gemäss Art. 267b ZGB nach den Bestimmungen über die Wirkungen des Kindesverhältnisses sprich Art. 271 ZGB (näher dazu unten S. 236).

V. Verfahren

Die Adoption setzt nicht einen punktuellen Sachverhalt voraus, sondern ein (gestrecktes) Verfahren. Anders jedoch als bei streitigen Verfahren des Familienrechts, für das auf die ZPO ausgewichen wurde, hat der Gesetzgeber, ähnlich wie im Erwachsenenschutzrecht, von einer Verselbständigung einer Verfahrensordnung für das Adoptionsrecht abgesehen und wesentliche Bestimmungen unmittelbar in das Zivilgesetzbuch aufgenommen.

> **Hinweis:** Wesentliche verfahrensrechtliche (Ausführungs-)Bestimmungen finden sich in der Verordnung über die Adoption (Adoptionsverordnung, AdoV), die vom Bundesrat gestützt auf Art. 269c Abs. 3 ZGB und Art. 316 Abs. 2 ZGB erlassen wurde (zu beiden Vorschriften unten S. 203 und 232 f.). Im Folgenden wird auf die Adoptionsverordnung beispielhaft hingewiesen.

1. Im Allgemeinen

Die Adoption bzw. das Adoptionsverfahren setzen in ihrer Ausgestaltung durch das schweizerische Recht ein Gesuch der adoptionswilligen Personen voraus. Mittelbar geht dies auch aus Art. 268 Abs. 2 ZGB hervor, nach dem die Adoptionsvoraussetzungen bereits bei der Einreichung des Gesuchs erfüllt sein müssen. Der Gesetzgeber möchte mit dieser Bestimmung verhindern, dass adoptionswillige Paare mit Blick auf die Dauer des Adoptionsverfahrens bereits ein Gesuch einreichen, bevor sie sämtliche Adoptionsvoraussetzungen erfüllt haben.

> **Hinweis:** Mit dem (verfahrenseinleitenden) Gesuch bezieht sich der Gesetzgeber dabei nicht auf das Gesuch am Ende der einjährigen Pflegezeit. Bezugspunkt soll vielmehr der Verfahrensschritt sein, der

zur Eignungsabklärung adoptionswilliger Personen und bei positivem Ausgang zur Ausstellung der Einigungsbescheinigung führt, die wiederum zur Aufnahme eines Kindes zum Zweck der späteren Adoption berechtigt. So benötigt nach Art. 4 AdoV, wer gewöhnlichen Aufenthalt in der Schweiz hat und ein Kind zur Adoption aufnehmen oder ein Kind aus dem Ausland adoptieren will, eine Bewilligung der kantonalen Behörde. Die kantonale Behörde klärt nach Art. 5 Abs. 1 AdoV die Eignung der künftigen Adoptiveltern im Hinblick auf das Wohl und die Bedürfnisse des aufzunehmenden Kindes ab. Näher bestimmt werden die Eignungsvoraussetzungen insbesondere durch Art. 5 Abs. 2 AdoV. Sind die Voraussetzungen nach Art. 5 AdoV erfüllt, so bescheinigt die kantonale Behörde mittels Verfügung die Eignung zur Adoption (Art. 6 Abs. 1 AdoV) oder kann unter weiteren Voraussetzungen die Bewilligung zur Aufnahme eines bestimmten Kindes erteilen (Art. 7 Abs. 1 AdoV).

Ist das Gesuch eingereicht, so hindert nach Art. 268 Abs. 3 ZGB Tod oder Eintritt der Urteilsunfähigkeit der adoptierenden Person die Adoption nicht, sofern die anderen Voraussetzungen weiterhin erfüllt sind.

> **Beispiel:** Dies kann etwa der Fall sein, wenn bei einer gemeinschaftlichen Adoption nur einer der Partner stirbt, aber bereits ein psychologisch und soziales Näheverhältnis begründet wurde.

Ähnlich wertet der Gesetzgeber mit Art. 268 Abs. 4 ZGB den Fall, dass das Kind nach Einreichung des Gesuchs volljährig wird: die Bestimmungen über die Adoption Minderjähriger bleiben anwendbar, wenn deren Voraussetzungen vorher erfüllt waren.

Am Ende des Adoptionsverfahrens wird nach Art. 268 Abs. 1 ZGB die Adoption von der zuständigen kantonalen Behörde am Wohnsitz der Adoptiveltern ausgesprochen. Der Adoptionsentscheid enthält nach Art. 268 Abs. 5 ZGB alle für die Eintragung in das Personenstandsregister erforderlichen Angaben betreffend den Vornamen, den Namen und das Bürgerrecht der adoptierten Person.

2. Untersuchung

Die Adoption bzw. der Adoptionsentscheid darf nach Art. 268a Abs. 1 ZGB erst nach umfassender Untersuchung aller wesentlichen Umstände, nötigenfalls unter Beizug von Sachverständigen, ausgesprochen werden. Wesentlicher, zentraler Umstand ist dabei insbesondere nach Art. 264 Abs. 1 ZGB das Kindeswohl. So sind für den Adoptionsentscheid nach Art. 268a Abs. 2 ZGB namentlich die Persönlichkeit und die Gesundheit der adoptionswilligen Personen und des Kindes, ihre gegenseitige Beziehung, die erzieherische Eignung, die wirtschaftliche Lage, die Beweggründe und die Familienverhältnisse der adoptionswilligen Personen sowie die Entwicklung des Pflegeverhältnisses abzuklären.

3. Anhörung des Kindes

Mit Art. 268a[bis] Abs. 1 ZGB bestimmt der Gesetzgeber ausdrücklich, dass das Kind durch die für das Adoptionsverfahren zuständige kantonale Behörde oder durch eine beauftragte Drittperson in geeigneter Weise persönlich angehört wird, sofern sein Alter oder andere wichtige Gründe nicht dagegensprechen. Über die Anhörung ist Protokoll zu führen; das urteilsfähige Kind kann die Verweigerung der Anhörung mit Beschwerde anfechten (Art. 269a[bis] Abs. 2 und 3 ZGB).

> **Hinweis:** Die Bestimmung entspricht Art. 298 Abs. 1 ZPO für das eherechtliche Verfahren.

4. Vertretung des Kindes

Die für das Adoptionsverfahren zuständige kantonale Behörde ordnet nach Art. 268a[ter] Abs. 1 ZGB wenn nötig die Vertretung des Kindes an und bezeichnet als Vertretung eine in fürsorgerischen und rechtlichen Fragen erfahrene Person.

> **Beispiel:** Dies kann etwa bei einer Stiefkindadoption der Fall sein, wenn die Interessen des Kindes durch die Eltern nicht ausreichend gewahrt werden.

Das urteilsfähige Kind kann auch von sich aus einen Antrag auf Vertretung stellen. Auch in diesem Fall ist die Vertretung anzuordnen (Art. 268a^ter Abs. 2 ZGB). Wird dem Antrag des urteilsfähigen Kindes nicht entsprochen, so kann es diese Nichtanordnung nach Art. 268a^ter Abs. 3 ZGB selbständig mit Beschwerde anfechten.

5. Würdigung der Einstellung von Angehörigen

Art. 268a^quater fasst schliesslich zusammen, wessen Einstellungen zu einer Adoption zu würdigen sind. Haben die adoptionswilligen Personen Nachkommen, so ist deren Einstellung zur Adoption zu würdigen (Art. 268a^quater Abs. 1 ZGB), unabhängig von der Art der Adoption und dem Alter der zu adoptierenden Person. Vor der Adoption einer volljährigen Person zusätzlich zu würdigen ist nach Art. 268a^quater Abs. 2 ZGB die Einstellung des Ehegatten oder der eingetragenen Partnerin oder des eingetragenen Partners der zu adoptierenden Person (Ziff. 1), der leiblichen Eltern der zu adoptierenden Person (Ziff. 2) und der Nachkommen der zu adoptierenden Person, sofern nicht ihr Alter oder andere wichtige Gründe dagegen sprechen (Ziff. 3). Der Adoptionsentscheid ist diesen Personen nach Art. 268a^quater Abs. 3 ZGB, sofern möglich, mitzuteilen.

VI. Adoptionsgeheimnis

Mit Art. 268b ZGB (und dann Art. 268c ZGB) wendet sich der Gesetzgeber einer besonderen Interessenlage im sogenannten Adoptionsdreieck zwischen den leiblichen Eltern und deren Nachkommen, der adoptierten Person, und den Adoptiveltern zu. Aufgelöst werden müssen in diesem Fall bestehende Interessen an Geheimhaltung bzw. Auskunft über die Adoption.

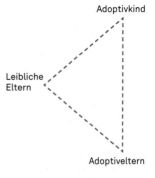

Adoptivkind

Leibliche Eltern

Adoptiveltern

Ausgangspunkt des Gesetzes ist die sogenannte geheime Adoption. Nach Art. 268b Abs. 1 ZGB haben das Adoptivkind und die Adoptiveltern grundsätzlich Anspruch auf Wahrung des Adoptionsgeheimnisses, sprich der Geheimhaltung des Adoptiertseins sowie identifizierender Informationen über das adoptierte Kind und die Adoptiveltern. Verhindert werden soll so eine Einmischung der leiblichen Eltern in die Beziehung des Kindes zu seinen Adoptiveltern und damit das vom Gesetzgeber angestrebte Ziel der Volladoption gefördert werden – das adoptierte Kind vollständig in die Adoptivfamilie zu integrieren, sprich im Grundsatz alle Verbindungen zu den leiblichen Eltern aufzulösen.

> Hinweis: Art. 268b Abs. 1 ZGB ist jedoch nicht zwingend, da alle Beteiligten auf diesen Interessenschutz verzichten können. Möglich sind damit anstelle der geheimen Adoption halboffene oder offene Adoptionen, bei denen die leiblichen Eltern Zugang zu bestimmten Informationen über das Kind bis hin zu einem direkten Kontakt zum Adoptivkind haben (zur Regelung des persönlichen Verkehrs sogleich S. 200 f.).

Mit Art. 268b Abs. 2 und 3 ZGB wendet sich der Gesetzgeber dem Ausgleich der gegensätzlichen Interessen im Adoptionsdreieck zu – hier zunächst aus Perspektive der leiblichen Eltern. Identifizierende Informationen über das minderjährige Kind oder über seine Adoptiveltern dürfen den leiblichen Eltern nach Art. 268b Abs. 2 ZGB (nur) bekannt gegeben werden, wenn das Kind urteilsfähig ist und die Adoptiveltern sowie das Kind der Bekanntgabe zugestimmt haben. Bis zur Volljährigkeit ist damit neben der Zustimmung des Kindes die Zustimmung der Adoptiveltern notwendig. Ist das Kind hingegen volljährig, treten die Interessen der adoptierenden Eltern an einer weiteren Geheimhaltung zurück und es dürfen identifizierende Informationen über das volljährige Kind den leiblichen Eltern sowie deren direkten Nachkommen bekannt gegeben werden, wenn das Kind der Bekanntgabe zugestimmt hat (Art. 268b Abs. 3 ZGB).

VII. Auskunft über die Adoption und die leiblichen Eltern und deren Nachkommen

Art. 268c Abs. 1 ZGB dient dem Ausgleich gegensätzlicher Interessen im Adoptionsdreieck aus der Perspektive des Kindes. Hervor tritt hier der besondere rechtliche Schutz des Interesses des Kindes an der Kenntnis der eigenen Abstammung, das verfassungsrechtlich mit Art. 10 Abs. 2 BV begründet wird. Als Teil(-regelung) dieses Rechts haben die Adoptiveltern das Kind nach Art. 268c Abs. 1 ZGB entsprechend seinem Alter und seiner Reife über die Tatsache seiner Adoption in Kenntnis zu setzen. Der Gesetzgeber begreift dabei Art. 268c Abs. 1 ZGB als «Appell» an die Adoptiveltern. An die Nichterfüllung der Pflicht knüpft er keine (Rechts-)Folgen, so dass die Pflicht lediglich als Naturalobligation ausgestaltet ist.

> Hinweis: Der Gesetzgeber geht davon aus, dass es grundsätzlich schon sehr früh angezeigt sein kann, mit der Aufklärung des Kindes zu beginnen, um so eine möglichst natürliche Verbindung zum Thema der Adoption aufbauen zu können.

Das minderjährige Kind hat darüber hinaus nach Art. 268c Abs. 2 Satz 1 ZGB Anspruch auf Auskunft über seine leiblichen Eltern, soweit dadurch keine Rückschlüsse auf deren Identität möglich sind. Identifizierende Informationen erhält es hingegen nur, wenn es ein schutzwürdiges Interesse nachweisen kann (Art. 268c Abs. 2 Satz 2 ZGB). Erforderlich ist in diesem Fall eine Abwägung mit möglichen Geheimhaltungsinteressen der leiblichen Eltern.

> Beispiel: Ein schutzwürdiges Interesse kann etwa in der medizinischen Notwendigkeit der Auskunft über die leiblichen Eltern begründet sein.

Das volljährige Kind kann hingegen nach Art. 268c Abs. 3 Satz 1 ZGB jederzeit verlangen, dass ihm die Personalien seiner leiblichen Eltern und weitere Informationen über diese bekannt gegeben werden. Das Interesse des Kindes an Kenntnis der eigenen

Abstammung soll nach dem Gesetzgeber in allen Fällen etwaige Geheimhaltungsinteressen der leiblichen Eltern überwiegen. Eine Interessenabwägung findet nicht mehr statt.

> Hinweis: Der Gesetzgeber bezieht diese Bestimmung jedoch lediglich auf die Personalien zum Zeitpunkt der Geburt. Im Hinblick auf die aktuellen Personalien sieht der Gesetzgeber die Eltern berechtigt, die Bekanntgabe aufgrund Art. 28 ZGB zu verweigern.

Art. 268c Abs. 3 Satz 2 ZGB schreibt den Auskunftsanspruch schliesslich im Hinblick auf direkte Nachkommen der leiblichen Eltern fort. Danach kann das Kind verlangen, dass ihm Informationen über direkte Nachkommen seiner leiblichen Eltern bekannt gegeben werden, wenn die Nachkommen volljährig sind und der Bekanntgabe zugestimmt haben (Art. 268c Abs. 3 Satz 2 ZGB).

VIII. Kantonale Auskunftsstelle und Suchdienste

Zur (Erleichterung der) Auskunft über die leiblichen Eltern, über deren direkte Nachkommen sowie über das Kind hat der Gesetzgeber mit Art. 268d Abs. 1 ZGB die Zuständigkeit entsprechend dem Adoptionsverfahren und damit eine einzige kantonale Behörde bestimmt. Verwiesen wird darauf, dass diese Behörde über die Adoptionsunterlagen und für die Auskunft qualifizierte Mitarbeiter verfüge. Flankiert wird die Bestimmung des Art. 268d Abs. 1 ZGB durch Art. 268d Abs. 4 ZGB, nach dem die Kantone eine Stelle bezeichnen, welche die leiblichen Eltern, deren direkte Nachkommen sowie das Kind auf Wunsch beratend unterstützt.

Das Verfahren der Behörde anlässlich eines Auskunftsbegehrens bestimmen Art. 268d Abs. 2 und 3 ZGB. So informiert die Behörde nach Art. 268d Abs. 2 Satz 1 ZGB die vom Auskunftsgesuch betroffene Person über das Gesuch und holt, wo nötig, deren Zustimmung zur Kontaktaufnahme mit der gesuchstellenden Person ein. Dabei kann sie diese Aufgaben an einen spezialisierten Suchdienst übertragen (Art. 268d Abs. 2 Satz 2 ZGB). Lehnt die vom Auskunftsgesuch betroffene Person den persönlichen Kontakt ab, so informiert die Behörde oder der beauftragte Suchdienst nach Art. 268d Abs. 3 ZGB die gesuchstellende Person darüber und macht diese auf die Persönlichkeitsrechte der vom Auskunftsgesuch betroffenen Person aufmerksam.

Hinweis: Die materiellen Fragen des Zustimmungserfordernisses sowie die konkrete Ausgestaltung des Persönlichkeitsschutzes regeln jedoch weiter die Art. 268b und 268c ZGB.

IX. Persönlicher Verkehr mit den leiblichen Eltern

Mit Art. 268e ZGB möchte der Gesetzgeber der besonderen Interessenlage für den Fall gerecht werden, in dem die Beteiligten auf den Interessenschutz der geheimen Adoption teilweise oder ganz verzichten bzw. eine mehr oder weniger offene Form der Adoption vereinbaren. So können die Adoptiveltern und die leiblichen Eltern nach Art. 268e Abs. 1 Satz 1 ZGB vereinbaren, dass den leiblichen Eltern ein (Rechts-)Anspruch auf angemessenen persönlichen Verkehr mit dem minderjährigen Kind eingeräumt wird. Ist das Kind urteilsfähig, bedarf die Vereinbarung jedoch seiner Zustimmung (Art. 268e Abs. 1 Satz 4 ZGB). Ansonsten ist es Aufgabe der Kindesschutzbehörde am Wohnsitz des Kindes, die Interessen des Kindes zu vertreten – neben einer Gesamtschau der Interessen und der Genehmigung der Vereinbarung oder ihrer Änderung (Art. 268e Abs. 1 Satz 2 ZGB). Die Kindesschutzbehörde hat daher nach Art. 268e Abs. 1 Satz 3 ZGB selbst oder durch eine beauftragte Drittperson das Kind vor dem Entscheid in geeigneter Weise persönlich anzuhören, sofern dessen Alter oder andere wichtige Gründe nicht dagegensprechen.

Ist durch den so begründeten (Rechts-)Anspruch auf persönlichen Verkehr das Kindeswohl gefährdet oder besteht Uneinigkeit über die Umsetzung der Vereinbarung, so entscheidet nach Art. 268e Abs. 2 ZGB die Kindesschutzbehörde. Das Kind selbst kann den Kontakt zu den leiblichen Eltern jedoch jederzeit ohne dieses Verfahren verweigern (Art. 268e Abs. 3 Satz 1 ZGB). Gegen seinen Willen dürfen die Adoptiveltern nach Art. 268e Abs. 3 Satz 2 ZGB auch keine Informationen an die leiblichen Eltern weitergeben.

> **Beispiel:** Informationen stellen etwa auch persönliche Fotos oder Schulzeugnisse dar.

X. Anfechtung

Der Gedanke der Volladoption schliesst im Grundsatz aus, dass die Adoption rückgängig gemacht wird. Das über die Adoption begründete Kindesverhältnis steht, wie andere Kindesverhältnisse auch, nicht zur Verfügung der Beteiligten. Mit den Art. 269–269b ZGB bestimmt der Gesetzgeber jedoch Ausnahmen vom Grundsatz der Endgültigkeit der Adoption.

1. Gründe

a. Fehlen der Zustimmung

Ist eine Zustimmung ohne gesetzlichen Grund nicht eingeholt worden, so können die durch das Zustimmungserfordernis geschützten, sprich die Zustimmungsberechtigten nach Art. 269 Abs. 1 ZGB die Adoption beim Gericht anfechten, sofern dadurch das Wohl des Kindes nicht ernstlich beeinträchtigt wird. Die Anfechtung als besonderes Verfahren ist jedoch nur eröffnet, wenn kein allgemeines (Rechts-)Mittel gegen den Adoptionsentscheid besteht. Den Eltern steht die Anfechtungsklage daher nach Art. 269 Abs. 2 ZGB nicht zu, wenn sie den Entscheid ans Bundesgericht weiterziehen können.

b. Andere Mängel

Leidet die Adoption an anderen schwerwiegenden Mängeln, so kann sie nach Art. 269a Abs. 1 ZGB jedermann, der ein Interesse hat, namentlich auch die Heimat- oder Wohnsitzgemeinde, anfechten.

> **Beispiel:** Ein anderer schwerwiegender Mangel kann etwa in der Unterschreitung der Mindestdauer des Pflegeverhältnisses oder der Mindestdauer der Ehe liegen.

Die Anfechtung ist jedoch ausgeschlossen, wenn der Mangel inzwischen behoben ist oder ausschliesslich Verfahrensvorschriften betrifft (Art. 269a Abs. 2 ZGB).

> **Beispiel:** So kann der Zeitlauf den Mangel der Unterschreitung der Mindestdauer des Pflegeverhältnisses oder der Mindestdauer der Ehe heilen. Blosse Verfahrensvorschriften sollen etwa die Regelungen der örtlichen Zuständigkeit darstellen.

2. Klagefrist

Nicht zuletzt vor dem Hintergrund des Kindeswohls, aber auch allgemeinen Erwägungen der Rechtssicherheit, hat der Gesetzgeber mit Art. 269b ZGB eine Klagefrist bestimmt. Danach ist die Klage binnen sechs Monaten seit Entdeckung des Anfechtungsgrundes und in jedem Falle binnen zwei Jahren seit der Adoption zu erheben.

XI. Adoptivkindervermittlung

Mit der Vorschrift des Art. 269c ZGB wendet sich der Gesetzgeber schliesslich Fragen der sogenannten Adoptivkindervermittlung zu. Bei Fremdadoptionen wird das Kind in der Regel durch Dritte an adoptionswillige Personen vermittelt. Diese Vermittlung stellt hohe Anforderungen an die vermittelnde Person, die der Gesetzgeber durch eine öffentliche Aufsicht des Bundes (Art. 269c Abs. 1 ZGB) sicherstellen möchte.

Darüber hinaus wird für berufsmässige oder im Zusammenhang mit einem Beruf betriebene Vermittlungen nach Art. 269c Abs. 2 ZGB eine Bewilligung vorausgesetzt – ausgenommen Vermittlungen durch die Kindesschutzbehörde, der der Gesetzgeber ausreichende Qualifikation unterstellt und für die er daher das allgemeine Aufsichtsverfahren nach Art. 269c Abs. 1 ZGB für ausreichend erachtet.

Nach Art. 269c Abs. 3 ZGB erlässt der Bundesrat Ausführungsbestimmungen und regelt die Mitwirkung der für die Aufnahme von Kindern zum Zweck späterer Adoption zuständigen kantonalen Behörde bei der Abklärung der Bewilligungsvoraussetzungen und bei der Aufsicht.

> Hinweis: Die Ausführungsbestimmungen finden sich heute in der Verordnung über die Adoption (Adoptionsverordnung, AdoV) vom 29. Juni 2011.

G. Recht auf Kenntnis der eigenen Abstammung

Von der Entstehung des Kindesverhältnisses als Anknüpfungspunkt für die Wirkungen des Kindesverhältnisses ist die Frage zu unterscheiden, ob man ein Recht auf Kenntnis der eigenen (genetischen) Abstammung hat. Dieses Recht ist selbständig zu begründen und findet seinen Grund etwa mit Art. 268c ZGB für das Recht des adoptierten Kindes auf Auskunft über die Adoption und die leiblichen Eltern und deren Nachkommen sowie mit Art. 27 FMedG über die Auskunft des Kindes über die Personalien bzw. Daten des Spenders. Zumindest für das volljährige Kind bedarf dieses Recht nach Willen des Gesetzgebers keiner Abwägung mit etwaigen (Persönlichkeits-)Interessen der betroffenen Person an Geheimhaltung ihrer Elternschaft.

Über diese gesetzlichen Regelungen hinaus wird das Recht auf Kenntnis der eigenen Abstammung allgemein auf Art. 28 ZGB, auf die Identität als (Bestand-)Teil der Persönlichkeit gegründet, und bundesverfassungsrechtlich auf Art. 10 Abs. 2 BV zurückgeführt, sprich die Achtung der Persönlichkeit als Bestandteil des Rechts auf persönliche Freiheit. In diesen Fällen ist zur Begründung des Rechts auf Kenntnis der eigenen Abstammung jedoch im Einzelfall eine Abwägung mit den Persönlichkeitsinteressen der betroffenen Person erforderlich.

Hinweis: Triebfeder für die Anerkennung eines Rechts auf Kenntnis der eigenen Abstammung war nicht zuletzt Art. 7 Abs. 1 der UN-Kinderrechtskonvention (KRK), nach dem das Kind soweit möglich das Recht hat, seine Eltern zu kennen.

H. Recht auf Kenntnis der eigenen (genetischen) Elternschaft

Ähnlich gestaltet sich die Frage, ob ein Recht auf Kenntnis der eigenen, genetischen Elternschaft besteht. Soweit man ein solches Recht annehmen möchte, begründet man dies parallel zum Recht auf Kenntnis der eigenen Abstammung. Bei der auch hier notwendigen Abwägung im Einzelfall tritt diesem Recht jedoch insbesondere das Wohl des Kindes gegenüber.

§ 10 Die Wirkungen des Kindesverhältnisses

Unter den «Wirkungen des Kindesverhältnisses» regelt der Gesetzgeber zunächst «Die Gemeinschaft der Eltern und Kinder», darauf «Die Unterhaltspflicht der Eltern», und abschliessend «Die elterliche Sorge». Auch hier zeigt sich wieder der Charakter des Zivilgesetzbuchs als Nachschlagewerk, nicht als Lese- bzw. Lehrbuch. Hier soll an erster Stelle «Die elterliche Sorge» und damit insbesondere die Frage betrachtet werden, wer vom Gesetzgeber zur (Für-)Sorge für das Kind für zuständig erklärt wird. Nach dieser Zuständigkeit richten sich wesentliche Vorschriften der beiden vorangehenden Abschnitte über die Wirkungen des Kindesverhältnisses.

A. Die elterliche Sorge

«Die elterliche Sorge» ist eine wesentliche Wirkung des Kindesverhältnisses. Mit den Art. 296–317 ZGB wendet sich der Gesetzgeber der Frage zu, wer für das Kind zu sorgen hat, bis dieses für sich selbst (rechtlich wirksam) sorgen kann. Die Antwort des schweizerischen Gesetzgebers lautet: im Grundsatz die rechtlichen Eltern – anknüpfend damit an die Bestimmungen der Art. 252–269c ZGB über «Die Entstehung des Kindesverhältnisses», die damit Teil der Begründung der elterlichen Sorge sind.

I.   Grundsätze (und Zuständigkeit)

Die Art. 296–300 ZGB bestimmen die Grundsätze der elterlichen Sorge, sprich ihren (grundsätzlichen) Zweck sowie die Zuständigkeit zur elterlichen Sorge – im Grundsatz und in Fortschreibung dieses Grundsatzes für weitere Fälle.

1.   *Grundsätze*

Grundsatz der elterlichen Sorge ist zunächst Art. 296 Abs. 1 ZGB: «Die elterliche Sorge dient dem Wohl des Kindes.» Nach Art. 296 Abs. 2 ZGB stehen die Kinder daher, solange sie minderjährig sind, grundsätzlich unter der gemeinsamen elterlichen Sorge von Vater und Mutter.

> **Hinweis:** Der Gesetzeswortlaut wurde nicht an die mit der am 1. Juli 2022 in Kraft getretenen Revision des Zivilgesetzbuchs (Ehe für alle) geänderten abstammungsrechtlichen Bestimmungen angepasst. Es ist jedoch davon auszugehen, dass die Bestimmungen, die sich auf «Vater und Mutter» beziehen, auch auf die Fälle originärer Elternschaft der Ehefrau der Mutter anzuwenden sind (vgl. dazu oben S. 167)

Der schweizerische Gesetzgeber geht davon aus, dass für das Wohl des Kindes regelmässig der rechtliche Vater und die rechtliche Mutter bzw. die rechtlichen Elternteile am besten sorgen können.

> **Hinweis:** Dabei werden im Ausgangspunkt keine besonderen pädagogischen oder sonstigen Anforderungen an die Eltern gestellt. Ausgenommen ist der Fall der Entstehung des Kindesverhältnisses durch Adoption, die nach den Art. 264–269c ZGB zur Voraussetzung hat, dass sie dem Wohl des Kindes dient (dazu bereits oben S. 183 f.).

Für ein Kind rechtlich sorgen, rechtlich handeln zu können, setzt im Regelfall eigene rechtliche Handlungsfähigkeit voraus. Vor diesem Hintergrund bestimmt der Gesetzgeber mit Art. 296 Abs. 3 ZGB, dass minderjährigen Eltern sowie Eltern unter umfassender Beistandschaft zunächst keine elterliche Sorge zusteht. Werden die Eltern jedoch volljährig, so kommt ihnen die elterliche Sorge von Gesetzes wegen, sprich ohne Weiteres, zu. Bei einer späteren Aufhebung der umfassenden Beistandschaft entscheidet hingegen die Kindesschutzbehörde entsprechend dem Kindeswohl über die Zuteilung der elterlichen Sorge. In Fällen, in denen die Zuständigkeit zur eigenen Interessenbesorgung bereits einmal abgesprochen wurde, hält der Gesetzgeber einen ausdrücklichen Entscheid im Hinblick auf die elterliche Sorge für erforderlich.

2. Tod eines Elternteils

Das Schicksal der gemeinsamen elterlichen Sorge bei Tod eines Elternteils und damit eine notwendige erste Abweichung von der grundsätzlichen Zuständigkeit für die elterliche Sorge bestimmt Art. 297 ZGB. Stirbt ein Elternteil und haben die Eltern bis zu diesem Zeitpunkt die elterliche Sorge gemeinsam ausgeübt, so steht die elterliche Sorge nun dem überlebenden Elternteil zu (Art. 297 Abs. 1 ZGB). Eine selbständige Entscheidung über die elterliche Sorge ist in diesen Fällen nach Willen des Gesetzgebers nicht begründet.

Anders ist dies, wenn der Elternteil stirbt, dem die elterliche Sorge bereits aus einem anderen Grund, etwa infolge einer Scheidung, allein zustand. In diesem Fall muss die Kindesschutzbehörde einen Entscheid über die elterliche Sorge treffen und überträgt nach Art. 296 Abs. 2 ZGB die elterliche Sorge auf den überlebenden Elternteil oder bestellt dem Kind einen Vormund, je nachdem, was zur Wahrung des Kindeswohls besser geeignet ist.

3. Scheidung und andere eherechtliche Verfahren

Der Grundsatz der gemeinsamen elterlichen Sorge nach Art. 296 Abs. 2 ZGB setzt sich auch bei Scheidung und Eheschutzmassnahmen fort. In einem Scheidungs- oder Eheschutzverfahren überträgt das Gericht einem Elternteil die alleinige elterliche Sorge (nur), wenn dies zur Wahrung des Kindeswohls nötig ist (Art. 298 Abs. 1 ZGB). Ist dies nicht der Fall, sind die Eltern dem Grundsatz entsprechend weiter gemeinsam für die elterliche Sorge zuständig.

> **Beispiel:** Ein Ausnahmegrund von der gemeinsamen elterlichen Sorge soll der schwerwiegende elterliche Dauerkonflikt oder die anhaltende Kommunikationsunfähigkeit sein, wenn sich der Mangel negativ auf das Kind auswirkt und das alleinige Sorgerecht eine Verbesserung der Situation erwarten lässt. Hingegen sollen Auseinandersetzungen oder Meinungsverschiedenheiten, wie sie in allen Familien vorkommen und insbesondere mit einer Trennung oder Scheidung einhergehen können, nicht Grund für eine Alleinzuteilung des elterlichen Sorgerechts (bzw. für die Belassung eines bestehenden Alleinsorgerechts) sein. Die alleinige elterliche Sorge soll (eng begrenzte) Ausnahme bleiben.

In diesem Rahmen regelt das Gericht nach Art. 298 Abs. 2 ZGB die Obhut, den persönlichen Verkehr oder die Betreuungsanteile, wenn keine Aussicht darauf besteht, dass sich die Eltern diesbezüglich einigen. Unter Obhut versteht das Gesetz die Befugnis zur täglichen Betreuung des Kindes und die Ausübung der Rechte und Pflichten im Zusammenhang mit dessen Pflege und Erziehung. Die Betreuungsanteile bestimmen die Anteile an dieser Betreuung. Der Begriff des persönlichen Verkehrs schliesslich bezieht sich auf das Verhältnis zum Kind, wenn die Obhut bzw. die Befugnis zu solcher Betreuung des Kindes nicht gegeben ist (zum Recht auf persönlichen Verkehr näher unten S. 236 ff.).

Klarstellend verweist Art. 298 Abs. 2bis ZGB darauf, dass das Gericht bei seinem Entscheid das Recht des Kindes berücksichtigt, regelmässige persönliche Beziehungen zu beiden Elternteilen zu pflegen. Bei gemeinsamer elterlicher Sorge prüft es im Sinne des Kindeswohls die Möglichkeit einer alternierenden Obhut, wenn ein Elternteil oder das Kind dies verlangt (Art. 298 Abs. 2ter ZGB).

Hinweis: Das Gericht regelt bei Scheidung nach Art. 133 Abs. 1 Satz 2 ZGB die elterliche Sorge (Ziff. 1) und die Obhut (Ziff. 2). Es hat sich daher darüber zu vergewissern, dass die gemeinsame elterliche Sorge weiter dem Kindeswohl entspricht. Im heutigen Regelfall kann es sich darauf beschränken, die elterliche Sorge beiden Eltern gemeinsam zu belassen.

Kommen hingegen weder die Mutter noch der Vater für die Übernahme der elterlichen Sorge infrage, so fordert das Gericht die Kindesschutzbehörde auf, dem Kind einen Vormund zu bestellen (Art. 298 Abs. 3 ZGB).

Hinweis: Vorausgesetzt wird damit zugleich eine Entziehung der elterlichen Sorge bzw. müssen die von Art. 311 ZGB bestimmten Voraussetzungen erfüllt sein (dazu unten S. 224 f.).

4. Anerkennung und Vaterschaftsurteil

In den Fällen, in denen der rechtliche Vater von Gesetzes wegen bestimmt ist, sprich bei Vaterschaft des Ehemannes, aber auch bei Adoption, kann das Gesetz die gemeinsame elterliche Sorge unmittelbar der rechtlichen Mutter und dem rechtlichen Vater zuweisen. Art. 298a ff. ZGB regelt hingegen Fälle, in denen das Kindesverhältnis von Gesetzes wegen nur zur Mutter begründet ist, das Kindesverhältnis zum Vater hingegen erst durch Anerkennung oder durch das Gericht, sprich Vaterschaftsurteil, festzustellen ist. Die elterliche Sorge steht in diesen Fällen zunächst allein der Mutter zu (Art. 298a Abs. 5 ZGB).

a.   Vaterschaftsklage

Heisst das Gericht hingegen eine Vaterschaftsklage gut, so verfügt es sogleich die gemeinsame elterliche Sorge, sofern nicht zur Wahrung des Kindeswohls an der alleinigen elterlichen Sorge der Mutter festzuhalten oder die alleinige elterliche Sorge dem Vater zu übertragen ist (Art. 298c ZGB).

b.   Gemeinsame Erklärung der Eltern

Anders als bei der Vaterschaftsklage setzt hingegen die Begründung des Kindesverhältnisses durch Anerkennung kein Tätigwerden des Gerichts voraus. Anerkennt der Vater das Kind oder wird das Kindesverhältnis durch Urteil festgestellt und die gemeinsame elterliche Sorge ausnahmsweise nicht bereits im Zeitpunkt des Urteils verfügt, so kommt die gemeinsame elterliche Sorge nach Art. 298a Abs. 1 ZGB aufgrund einer gemeinsamen Erklärung der Eltern zustande.

> Hinweis: Geben die Eltern die Erklärung zusammen mit der Anerkennung ab, so richten sie sie an das Zivilstandsamt. Eine spätere Erklärung haben sie an die Kindesschutzbehörde am Wohnsitz des Kindes zu richten (Art. 298a Abs. 4 ZGB).

In der Erklärung bestätigen die Eltern nach Art. 298a Abs. 2 ZGB, dass sie bereit sind, gemeinsam die Verantwortung für das Kind zu übernehmen (Ziff. 1), und sich über die Obhut und den persönlichen Verkehr oder die Betreuungsanteile sowie über den Unterhaltsbeitrag für das Kind verständigt haben (Ziff. 2). Vor der Abgabe der Erklärung können sich die Eltern von der Kindesschutzbehörde beraten lassen (Art. 298a Abs. 3 ZGB).

c.   Entscheid der Kindesschutzbehörde

Nun kann es vorkommen, dass sich ein Elternteil weigert, die Erklärung über die gemeinsame elterliche Sorge abzugeben. In diesem Fall kann der andere Elternteil die Kindesschutzbehörde am Wohnsitz des Kindes anrufen (Art. 298b Abs. 1 ZGB). Die Kindesschutzbehörde verfügt nach Art. 298b Abs. 2 ZGB die gemeinsame elterliche Sorge, sofern nicht zur Wahrung des Kindeswohls an der alleinigen elterlichen Sorge der Mutter festzuhalten oder die alleinige elterliche Sorge dem Vater zu übertragen ist.

Auch hier verweist der Gesetzgeber klarstellend darauf, dass die Kindesschutzbehörde beim Entscheid über die Obhut, den persönlichen Verkehr oder die Betreuungsanteile das Recht des Kindes berücksichtigt, regelmässige persönliche Beziehungen zu beiden Elternteilen zu pflegen (Art. 298b Abs. 3bis ZGB). Bei gemeinsamer elterlicher Sorge prüft sie im Sinne des Kindeswohls die Möglichkeit einer alternierenden Obhut, wenn ein Elternteil oder das Kind dies verlangt (Art. 298b Abs. 3ter ZGB).

> Hinweis: Zusammen mit dem Entscheid über die elterliche Sorge regelt die Kindesschutzbehörde die übrigen strittigen Punkte, die wie auch in Art. 298 Abs. 2 ZGB damit die Obhut, den persönlichen Verkehr oder die Betreuungsanteile betreffen können; der Entscheidung des Gerichts vorbehalten bleibt jedoch die Klage auf Leistung des Unterhalts (Art. 298b Abs. 3 ZGB).

Ist die Mutter minderjährig oder steht sie unter umfassender Beistandschaft, so weist die Kindesschutzbehörde die elterliche Sorge dem Vater zu oder bestellt dem Kind einen Vormund, je nachdem, was zur Wahrung des Kindeswohls besser geeignet ist (Art. 298b Abs. 4 ZGB).

d.   Veränderung der Verhältnisse

Auf Begehren eines Elternteils, des Kindes oder von Amtes wegen regelt die Kindesschutzbehörde nach Art. 298d Abs. 1 ZGB die Zuteilung der elterlichen Sorge neu, wenn dies wegen wesentlicher Änderung der Verhältnisse zur Wahrung des Kindeswohls nötig ist. Dabei kann sich die Kindesschutzbehörde jedoch wiederum auf die Regelung der Obhut, des persönlichen Verkehrs oder der Betreuungsanteile beschränken (Art. 298d Abs. 2 ZGB).

Die Klage auf Änderung des Unterhaltsbeitrags an das zuständige Gericht bleibt nach Art. 298d Abs. 3 Hs. 1 ZGB vorbehalten. In diesem Fall ist es das Gericht, das nötigenfalls die elterliche Sorge sowie die weiteren Kinderbelange neu regelt (Art. 298d Abs. 3 Hs. 2 ZGB).

Die gleiche Interessenlage besteht bei einer Stiefkindadoption in faktischen Lebensgemeinschaften. Hat eine Person das Kind adoptiert, mit dessen Mutter oder Vater sie eine faktische Lebensgemeinschaft führt, und tritt eine wesentliche Änderung der Verhältnisse ein, so ist nach Art. 298e ZGB die Bestimmung über die Veränderung der Verhältnisse bei Anerkennung und Vaterschaftsurteil sinngemäss anwendbar.

5.   Stiefeltern

Das Stiefelternverhältnis begründet nach der Wertung des Gesetzgebers für sich kein rechtliches Kindesverhältnis, sprich begründet damit für sich auch keine Wirkungen des Kindesverhältnisses, kein elterliches Sorgerecht (zur Stiefkindadoption hingegen oben S. 186 f.). Dennoch nimmt der Stiefelternteil fast notwendig an der Sorge für das Kind teil bzw. ist er zu diesem Beistand bereits nach Art. 159 Abs. 3 ZGB verpflichtet (allgemein zur ehelichen Beistandspflicht oben S. 48).

Mit Art. 299 ZGB möchte der Gesetzgeber diese nur schwache Stellung des Stiefelternteils stärken bzw. berechtigen und damit den «Zusammenhalt» der durch die neue Ehe gegründeten (Kern-)Familie fördern. Art. 299 ZGB bestimmt daher, dass jeder Ehegatte dem anderen in der Ausübung der elterlichen Sorge gegenüber dessen Kindern in angemessener Weise beizustehen und ihn zu vertreten hat, wenn es die Umstände erfordern. Damit soll nach dem Willen des Gesetzgebers nicht nur eine Pflicht, sondern gegenüber Ehegatten und Dritten auch ein Recht begründet werden.

6.   Pflegeeltern

Für die Pflegeelternschaft gilt dasselbe wie für das Stiefelternverhältnis. Als solche begründet die Pflegeelternschaft kein rechtliches Kindesverhältnis. Damit hätten die Pflegeeltern grundsätzlich bei allen Entscheidungen Weisungen der Eltern einzuholen. Oft ist dieses jedoch zeitlich nicht möglich. Teilweise sind die Pflegeeltern auch besser mit den Interessen, mit dem Wohl des Kindes vertraut. Art. 300 ZGB soll daher die rechtliche Stellung der Pflegeeltern stärken. Wird ein Kind Dritten zur Pflege anvertraut, so vertreten diese nach Art. 300 Abs. 1 ZGB, unter Vorbehalt abweichender Anordnungen, die Eltern in der Ausübung der elterlichen Sorge, soweit es zur gehörigen Erfüllung ihrer Aufgabe angezeigt ist.

Wichtige Entscheidungen bleiben damit jedoch im Grundsatz weiter den Eltern vorbehalten. Da gerade diese Entscheidungen das Pflegeverhältnis unmittelbar treffen, sollen die Pflegeeltern jedoch vor wichtigen Entscheidungen angehört werden (Art. 300 Abs. 2 ZGB).

II. Inhalt

Die Art. 301–306 ZGB bestimmen den Inhalt der elterlichen Sorge, des elterlichen Sorgerechts.

1. Im Allgemeinen

a. Elterliche Entscheidungszuständigkeit

Nach Art. 301 Abs. 1 ZGB leiten die Eltern mit Blick auf das Wohl des Kindes seine Pflege und Erziehung und treffen die nötigen Entscheidungen. Die Entscheidungszuständigkeit, das Sorgerecht der Eltern ist daher im (Innen-)Verhältnis zum Kind an dessen Wohl zurückgebunden. Teilweise bezeichnet man daher das elterliche Sorgerecht auch als Pflichtrecht.

Das «Wohl des Kindes» als solches wird jedoch vom Gesetz nicht näher bestimmt. Eine allgemeingültige Definition wird nicht gegeben. Als Richtlinie mag man unter Kindeswohl die «wohlverstandenen» Interessen des Kindes verstehen. Diese bestimmen sich insbesondere zu Anfang seines Lebens eher objektiv, werden aber mit fortschreitendem Alter zunehmend von dem Kind individuell, sprich subjektiv, geprägt.

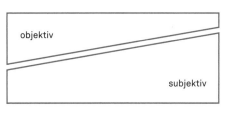

Innerhalb dieses Rahmens ist jedoch ein mehr oder weniger grosser (Spiel-)Raum gegeben. Der Gesetzgeber hat es in die Hand der Eltern gelegt, das Wohl des Kindes im Einzelfall abschliessend zu bestimmen, darüber zu entscheiden.

Die gemeinsame elterliche Sorge setzt dabei nicht voraus, dass die Eltern zusammenleben (dazu S. 205 ff.). Leben sie jedoch getrennt, so sind Absprachen unter ihnen bzw. gemeinsame Entscheidungen zumindest erschwert.

Hinweis: Darüber hinaus besteht die Gefahr des Missbrauchs der bloss gemeinsamen Zuständigkeit der Eltern, sprich der Blockierung von Sorgeentscheidungen durch ein Elternteil.

Um dennoch die Funktionsfähigkeit der elterlichen Sorge zu gewährleisten, bestimmt Art. 301 Abs. 1bis ZGB für das (Innen-)Verhältnis der Eltern untereinander, dass der Elternteil, der das Kind (faktisch) betreut, allein entscheiden kann, wenn die Angelegenheit alltäglich oder dringlich ist (Ziff. 1) oder der andere Elternteil nicht mit vernünftigem Aufwand zu erreichen ist (Ziff. 2). Anzulegen ist jeweils ein objektiver Massstab, nicht das subjektive Mass eines Elternteils.

Beispiel: Als alltägliche Angelegenheiten (Ziff. 1) hat der Gesetzgeber insbesondere Fragen der Ernährung, Bekleidung und Freizeitgestaltung angesehen, nicht jedoch etwa den Wechsel der Schule oder der Konfession, für die es bei der gemeinsamen Zuständigkeit beider Eltern bleibt.

b.   Eigene Entscheidungszuständigkeit des Kindes

Eine Fürsorge der Eltern ist für das Kind nicht erforderlich, soweit dieses selbst (rechtlich wirksam) für seine Interessen sorgen kann. Kann daher das Kind selbst rechtlich wirksam handeln, so sind grundsätzlich auch keine (Rechts-)Handlungen der Eltern für das Kind erforderlich. Art. 301 Abs. 1 ZGB stellt daher die Fürsorge durch die Eltern ausdrücklich unter den Vorbehalt der eigenen rechtlichen Handlungsfähigkeit des Kindes.

> **Beispiel:** Eine eigene rechtliche Handlungsfähigkeit ergibt sich etwa allgemein aus Art. 19 Abs. 2 und Art. 19c ZGB, sowie insbesondere auch aus familienrechtlichen Bestimmungen, wie Art. 303 Abs. 3, Art. 305 Abs. 1, Art. 321 Abs. 2, Art. 322 Abs. 1, Art. 323 Abs. 1 ZGB.

c.   Gehorsamspflicht des Kindes

Vor dem Hintergrund der grundsätzlichen Entscheidungszuständigkeit der Eltern bestimmt Art. 301 Abs. 2 ZGB weiter, dass das Kind den Eltern Gehorsam schuldet – während die Eltern dem Kind die seiner Reife entsprechende Freiheit der Lebensgestaltung gewähren und in wichtigen Angelegenheiten, soweit tunlich, auf seine Meinung Rücksicht nehmen. Zwar ist dieses Spannungsverhältnis mit Art. 301 Abs. 1 ZGB zunächst zugunsten der Entscheidungszuständigkeit der Eltern aufgelöst, findet zugleich jedoch über eine Beschränkung der zulässigen (Vollstreckungs- bzw.) Erziehungsmittel Ausdruck.

> **Hinweis:** Weiter kontrovers diskutiert wird die Frage der Zulässigkeit von Körperstrafen bzw. «Züchtigung», sprich die körperliche Sanktionierung von Ungehorsam.

d.   Entscheidungszuständigkeit für den Vornamen

Eine wesentliche elterliche (Sorge-)Entscheidung gilt es gleich zu Anfang des Lebens des Kindes zu treffen, die Vornamensgebung.

Anders als hinsichtlich des Namens, der gesetzlich weitgehend vorbestimmt ist (S. 233 ff.), bestehen für den Vornamen grundsätzlich keine Vorgaben. Die Eltern entscheiden über den Vornamen des Kindes, «geben» ihm den Vornamen (Art. 301 Abs. 4 ZGB).

> Hinweis: Auch hier ist das Wohl des Kindes leitend. So weist nach Art. 37c ZStV die Zivilstandsbeamtin oder der Zivilstandsbeamte Vornamen zurück, welche die Interessen des Kindes offensichtlich verletzen.

e.   Entscheidungszuständigkeit für den Aufenthalt

Als ein zentraler Inhalt der elterlichen Sorge erscheint schliesslich über Art. 301 Abs. 3 Hs. 1 ZGB, dass das Kind ohne Einwilligung der Eltern die häusliche Gemeinschaft nicht verlassen darf, sprich die Bestimmung des Aufenthaltsortes des Kindes (näher dazu sogleich S. 215 ff.).

Im Verhältnis zu Dritten bedeutet dies nach Art. 301 Abs. 3 Hs. 2 ZGB, dass das Kind den Eltern nicht widerrechtlich entzogen werden darf.

2.   *Bestimmung des Aufenthaltsortes*

Näher geregelt wird das Recht zur Bestimmung des Aufenthaltsortes von Art. 301a ZGB. Nach dem Gesetzgeber schliesst die elterliche Sorge das Recht, den Aufenthaltsort des Kindes zu bestimmen, (notwendig) ein (Art. 301a Abs. 1 ZGB). Dieses Recht kann jedoch beschränkt werden, nach dem geltenden Recht jedoch nur durch behördliche Bestimmungen, insbesondere der Aufhebung des Aufenthaltsbestimmungsrechts durch die Kindesschutzbehörde (näher hierzu unten S. 223 f.).

In Fällen, in denen Eltern die elterliche Sorge gemeinsam ausüben, sie jedoch nicht zusammenleben, können sich auch hier Schwierigkeiten bei einer gemeinsamen Entscheidfindung ergeben. Diesen durch Art. 301 Abs. 1bis ZGB allgemein geregelten Fall regelt Art. 301a ZGB besonders für die Bestimmung des Aufenthaltsortes.

Will ein Elternteil den Aufenthaltsort des Kindes wechseln, so bedarf dies daher nach Art. 301a Abs. 2 ZGB (nur) der Zustimmung des anderen Elternteils – oder der Entscheidung des Gerichts oder der Kindesschutzbehörde, wenn der neue Aufenthaltsort im Ausland liegt (lit. a), da dadurch regelmässig die rechtliche Durchsetzung in der Schweiz getroffener Regelungen der elterlichen Sorge erschwert wird, oder wenn der Wechsel des Aufenthaltsortes erhebliche Auswirkungen auf die Ausübung der elterlichen Sorge und den persönlichen Verkehr durch den anderen Elternteil hat (lit. b).

> **Beispiel:** Der Wechsel des Aufenthaltsortes soll etwa keine erheblichen Auswirkungen auf die Ausübung der elterlichen Sorge und den persönlichen Verkehr durch den anderen Elternteil haben, wenn die Eltern nicht in der gleichen Gemeinde leben und durch den Wechsel des Aufenthaltsortes der Weg nur geringfügig verändert oder sogar kürzer wird.

Doch auch wenn ein Elternteil die elterliche Sorge allein ausübt und den Aufenthaltsort des Kindes wechseln will, so muss er den anderen Elternteil nach Art. 301a Abs. 3 ZGB zumindest rechtzeitig darüber informieren. Dieselbe Informationspflicht hat ein Elternteil, der seinen eigenen Wohnsitz wechseln will. Die (rechtzeitige) Kenntnis des Aufenthaltsorts des Kindes wie aber auch des anderen Elternteils ist regelmässig Voraussetzung der tatsächlichen Ausübung auch der übrigen Elternrechte.

Mit dem Wechsel des Aufenthaltsortes wandelt sich schliesslich auch ein Bezugspunkt des Wohls des Kindes. Daher kann es erforderlich sein, die Regelung der elterlichen Sorge, der Obhut, des persönlichen Verkehrs und des Unterhaltsbeitrages anzupassen. Im Ausgangspunkt haben sich die Eltern hierüber unter Wahrung des Kindeswohls zu verständigen (Art. 301a Abs. 4 Satz 1 ZGB). Können sie sich nicht einigen, entscheidet nach Art. 301a Abs. 4 Satz 2 ZGB das Gericht oder die Kindesschutzbehörde.

3. Erziehung

In der Erziehung sieht der Gesetzgeber die «vornehmste Aufgabe» der Eltern. Im Kern sei diese jedoch «sittlicher Natur» und rechtlicher Bestimmung nicht zugänglich. Der Gesetzgeber beschränkt sich daher auf allgemeine Leitsätze. So haben die Eltern nach Art. 302 Abs. 1 ZGB das Kind ihren Verhältnissen entsprechend zu erziehen und seine körperliche, geistige und sittliche Entfaltung zu fördern und zu schützen. Sie haben dem Kind, insbesondere auch dem körperlich oder geistig gebrechlichen, eine angemessene, seinen Fähigkeiten und Neigungen soweit möglich entsprechende allgemeine und berufliche Ausbildung zu verschaffen (Art. 302 Abs. 2 ZGB).

> **Beispiel:** So soll bei entsprechender Begabung ein Anspruch auf ein Hochschulstudium bestehen.

Gerade die Erziehung ist jedoch heute in nicht geringem Masse von der Familie, von den Eltern abgelöst und der Schule und der öffentlichen oder gemeinnützigen Jugendhilfe zugewiesen. Auch diese sind dem Wohl des Kindes verpflichtet und bedürfen daher insbesondere der Unterstützung der Eltern. Zum Zweck der Ausbildung, sprich zum Wohl des Kindes, sollen die Eltern daher nach Art. 302 Abs. 3 ZGB in geeigneter Weise mit der Schule und, wo es die Umstände erfordern, mit der öffentlichen und gemeinnützigen Jugendhilfe zusammenarbeiten.

> **Beispiel:** Der Gesetzgeber weist darauf hin, dass die Ausrichtung am Wohl des Kindes im Einzelfall aber auch bedeuten kann, dass sich die Eltern einem objektiv verfehlten Vorgehen eines Lehrers oder einer Fürsorgerin widersetzen dürfen und sollen.

> **Hinweis:** Von der von Art. 302 Abs. 3 ZGB bestimmten Pflicht der Eltern gegenüber dem Kind sind insbesondere kantonal begründete Pflichten der Eltern gegenüber der Schule zu trennen.

4. Religiöse Erziehung

Art. 303 ZGB konkretisiert die elterliche Sorge um die Erziehung im Hinblick auf die sogenannte religiöse Erziehung – über sie verfügen die Eltern ebenfalls (Art. 303 Abs. 1 ZGB). Die religiöse Erziehung umfasst dabei auch eine areligiöse Erziehung. Ein Vertrag, der die Befugnis zur religiösen Erziehung beschränkt, ist nach Art. 303 Abs. 2 ZGB ungültig.

> **Beispiel:** Ungültig ist damit etwa ein Vertrag darüber, die Kinder römisch-katholisch zu erziehen.

Hat ein Kind das 16. Altersjahr zurückgelegt, so entscheidet es nach Art. 303 Abs. 3 ZGB selbständig über sein religiöses Bekenntnis. Schon zuvor gilt auch hier jedoch der allgemeine Grundsatz des Art. 301 Abs. 2 Hs. 2 ZGB, dass die Eltern dem Kind die seiner Reife entsprechende Freiheit der Lebensgestaltung gewähren und in wichtigen Angelegenheiten, soweit tunlich, auf seine Meinung Rücksicht nehmen.

> **Beispiel:** Von besonderer Bedeutung kann dies bei Religions- oder Konfessionswechseln werden. Allgemein gilt aber auch hier, namentlich im Hinblick auf Sekten, die Ausrichtung der elterlichen Sorge am Kindeswohl.

5. Vertretung

Im Anschluss an die Art. 304–306 ZGB über den Inhalt der elterlichen Sorge im (Innen-)Verhältnis zum Kind bestimmen die Art. 304–306 den Inhalt der elterlichen Sorge bzw. die Zuständigkeit der Eltern im Hinblick auf das Aussenverhältnis des Kindes. Dabei hat der Gesetzgeber wertungsmässig danach unterschieden, ob das Aussenverhältnis zu Dritten oder das Verhältnis innerhalb der Gemeinschaft der Eltern und Kinder betroffen ist.

a.   Dritten gegenüber

aa.   *Im Allgemeinen*

Art. 304 Abs. 1 ZGB spiegelt die Zuständigkeit der Eltern im Innenverhältnis auf das Aussenverhältnis des Kindes: die Eltern haben von Gesetzes wegen die Vertretung des Kindes gegenüber Drittpersonen im Umfang der ihnen zustehenden elterlichen Sorge – sprich soweit die elterliche Sorge nicht eingeschränkt ist.

> **Beispiel:** Einschränkungen können hier etwa über Art. 308 Abs. 3, Art. 310 oder 325 ZGB begründet sein (zu diesen Bestimmungen S. 223, 223 f. und 258 f.). Unmittelbar wird diese Zuständigkeit zum Schutz des Kindes durch Art. 304 Abs. 3 ZGB eingeschränkt, nach dem die Eltern in Vertretung des Kindes keine Bürgschaften eingehen, keine Stiftungen errichten und keine Schenkungen vornehmen dürfen, mit Ausnahme der üblichen Gelegenheitsgeschenke.

Sind jedoch beide Eltern Inhaber der elterlichen Sorge, droht die damit auch im Aussenverhältnis bestehende gemeinsame Zuständigkeit ein Handeln im Rechtsverkehr zumindest zu erschweren. Art. 304 Abs. 2 ZGB bestimmt daher, dass in diesem Fall gutgläubige Drittpersonen voraussetzen dürfen, dass jeder Elternteil im Einvernehmen mit dem anderen handelt.

bb.   *Rechtsstellung des Kindes*

Wie schon Art. 301 Abs. 1 ZGB den Inhalt der elterlichen Sorge bzw. die Entscheidungszuständigkeit im (Innen-)Verhältnis zum Kind unter den Vorbehalt seiner eigenen Handlungsfähigkeit stellt, verweist auch Art. 305 Abs. 1 ZGB für das (Aussen-)Verhältnis noch einmal ausdrücklich darauf, dass das urteilsfähige Kind unter elterlicher Sorge im Rahmen des Personenrechts durch eigenes Handeln Rechte und Pflichten begründen und höchstpersönliche Rechte ausüben kann (näher S. 214).

Schliesslich ist mit Art. 305 Abs. 2 ZGB klargestellt, dass für Verpflichtungen des Kindes im Aussenverhältnis, seien sie nun durch eigenes Handeln oder in Vertretung durch die Eltern begründet worden, sein Vermögen ohne Rücksicht auf die elterlichen Vermögensrechte haftet.

b.   Innerhalb der Gemeinschaft

Der Vertretung bzw. der Zuständigkeit zur Vertretung innerhalb der Gemeinschaft wendet sich schliesslich Art. 306 ZGB zu. Dabei regelt Art. 306 Abs. 1 ZGB zunächst die Frage, ob urteilsfähige Kinder selbst für die Gemeinschaft handeln können: urteilsfähige Kinder, die unter elterlicher Sorge stehen, können mit Zustimmung der Eltern für die Gemeinschaft handeln – verpflichten damit aber nicht sich selbst, sondern die Eltern.

Mit Blick auf die Zuständigkeit der Eltern sehen schliesslich Art. 306 Abs. 2 und 3 ZGB besondere Regelungen vor. Sind die Eltern am Handeln verhindert oder haben sie in einer Angelegenheit Interessen, die denen des Kindes widersprechen, so ernennt die Kindesschutzbehörde einen Beistand oder regelt diese Angelegenheit selber (Art. 306 Abs. 2 ZGB).

> **Beispiel:** Dies kann etwa bei der Anfechtung der Vermutung der Vaterschaft des Ehemannes durch das Kind begründet sein (dazu bereits hier S. 168 ff.).

Bei Interessenkollision lässt der Gesetzgeber schliesslich von Gesetzes wegen die Befugnisse der Eltern in der entsprechenden Angelegenheit entfallen (Art. 306 Abs. 3 ZGB). Damit soll eine (abstrakte) Gefährdung der Kindesinteressen vermieden werden.

III.   Kindesschutz

Die elterliche Sorge dient dem Wohl des Kindes (Art. 296 Abs. 1 ZGB), dem Schutz der wohlverstandenen Interessen des Kindes.

Für den Fall jedoch, dass das Wohl des Kindes durch oder trotz der elterlichen Sorge gefährdet ist, hat der Gesetzgeber mit den Art. 307–317 ZGB besondere Vorschriften über den «Kindesschutz» erlassen. Diese treten zum öffentlich-rechtlichen und strafrechtlichen Kindesschutz hinzu.

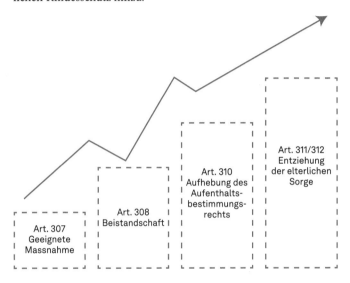

1. *Geeignete Massnahmen*

Ist das Wohl des Kindes gefährdet und sorgen die Eltern nicht von sich aus für Abhilfe oder sind sie dazu ausserstande, so trifft die Kindesschutzbehörde nach Art. 307 Abs. 1 ZGB die geeigneten Massnahmen zum Schutz des Kindes. Der Kindesschutz wird daher nicht aus der Perspektive der elterlichen Sorge formuliert und setzt damit insbesondere auch keine Verletzung der elterlichen Sorge (-pflichten) voraus. Geschützt wird das Kindeswohl, das selbst bei Erfüllung aller elterlichen Sorgepflichten im Einzelfall gefährdet sein kann.

Als Eingriff in das elterliche Sorgerecht bzw. (darüber vermittelt) in das Selbstbestimmungsrecht des Kindes, müssen die Massnahmen der Kindesschutzbehörde insbesondere verhältnismässig, sprich geeignet, erforderlich und zumutbar sein.

> **Beispiel:** Eine Massnahme ist insbesondere dann nicht verhältnismässig, wenn sie nicht erforderlich ist, sprich es ein milderes Mittel gibt, um den verfolgten Zweck zu erreichen.

Die Kindesschutzbehörde kann zum Schutz des Kindes namentlich die Eltern oder das Kind ermahnen, ihnen bestimmte Weisungen für die Pflege, Erziehung oder Ausbildung erteilen und eine geeignete Person oder Stelle bestimmen, der Einblick und Auskunft zu geben ist (Art. 307 Abs. 3 ZGB).

Hinweis: Im Wesentlichen aus systematischen Gründen wurde Art. 314 Abs. 2 ZGB den Bestimmungen über das (Kindesschutz-) Verfahren zugewiesen, nach dem die Kindesschutzbehörde in geeigneten Fällen die Eltern zu einem Mediationsversuch auffordern kann.

Gegenüber Dritten greifen die Kindesschutzbestimmungen der Art. 307–317 ZGB grundsätzlich nicht. Dem Schutz des Kindes dienen in diesen Fällen insbesondere strafrechtliche und öffentlich-rechtliche (Kindes-)Schutzvorschriften.

Hinweis: Vorbeugende Funktion kommt dabei insbesondere auch den öffentlich-rechtlichen Kindesschutzvorschriften zu, allgemein namentlich auch dem sogenannten Polizeirecht. Die vorbeugende Funktion tritt bei strafrechtlichen Bestimmungen dagegen in den Hintergrund. Hier ist jedoch besonders Art. 364 StGB über das «Mitteilungsrecht» zu beachten, nach dem (auch) die an das Amts- oder das Berufsgeheimnis gebundenen Personen (Art. 320 und 321 StGB) berechtigt sind, an einem Minderjährigen begangene strafbare Handlungen in seinem Interesse der Kindesschutzbehörde zu melden (zu den Melderechten und Meldepflichten S. 228 ff.).

Mit Art. 307 Abs. 2 ZGB sieht der Gesetzgeber jedoch eine Sondervorschrift für Fälle vor, in denen das Kind bei Pflegeeltern untergebracht oder sonst ausserhalb der häuslichen Gemeinschaft der Eltern lebt. In diesem Fall vertreten nach Art. 300 ZGB Dritte, denen das Kind zur Pflege anvertraut ist, unter Vorbehalt abweichender Anordnungen die Eltern in der Ausübung der elterlichen Sorge, soweit es zur gehörigen Erfüllung ihrer Aufgabe angezeigt ist (dazu S. 211 f.). Diese Wertung setzt sich auch für den Kindesschutz fort. Die Kindesschutzbehörde ist daher auch gegenüber Kindern, die bei Pflegeeltern untergebracht sind oder sonst ausserhalb der häuslichen Gemeinschaft der Eltern leben, verpflichtet, unter den Voraussetzungen des Art. 307 Abs. 1 ZGB geeignete Massnahmen zum Schutz des Kindes zu treffen (Art. 307 Abs. 2 ZGB).

2. Beistandschaft

Erfordern es die Verhältnisse und reichen im Einzelfall mildere Massnahmen, etwa im Sinne von Art. 307 Abs. 3 ZGB, nicht zum Schutz des Wohl des Kindes aus, so ernennt die Kindesschutzbehörde dem Kind nach Art. 308 Abs. 1 ZGB einen Beistand, der die Eltern in ihrer Sorge um das Kind mit Rat und Tat unterstützt. Man spricht in diesen Fällen von einer sogenannten Erziehungsbeistandschaft. Die Kindesschutzbehörde kann dem Beistand nach Art. 308 Abs. 2 ZGB auch besondere Befugnisse übertragen, namentlich die Vertretung des Kindes bei der Feststellung der Vaterschaft, bei der Wahrung seines Unterhaltsanspruchs und anderer Rechte und die Überwachung des persönlichen Verkehrs – und entsprechend die elterliche Sorge beschränken (Art. 308 Abs. 3 ZGB).

3. Aufhebung des Aufenthaltsbestimmungsrechts

Kann der Gefährdung des Kindes nicht anders begegnet werden, so hat die Kindesschutzbehörde es nach Art. 310 Abs. 1 ZGB den Eltern oder, wenn es sich bei Dritten befindet, diesen wegzunehmen und in angemessener Weise unterzubringen. Aufgehoben wird damit (nur) das Aufenthaltsbestimmungsrecht, das Recht, den Aufenthaltsort des Kindes zu bestimmen – das nach dem Grundsatz des Art. 301a Abs. 1 ZGB Inhalt der elterlichen Sorge ist (S. 215 ff.).

Die gleiche Anordnung trifft die Kindesschutzbehörde auf Begehren der Eltern oder des Kindes, wenn das Verhältnis so schwer gestört ist, dass das Verbleiben des Kindes im gemeinsamen Haushalt unzumutbar geworden ist und nach den Umständen nicht anders geholfen werden kann (Art. 310 Abs. 2 ZGB). Anders als bei Unterbringung durch die Eltern im Rahmen ihres Sorgerechts geht es im vorliegenden Fall um eine Unterbringung durch Dritte, durch die Kindesschutzbehörde.

> **Beispiel:** Verwiesen wird hier etwa auch auf Fälle schwer(st)erziehbarer Kinder.

Hat vor dem Hintergrund von Art. 310 Abs. 1 und 2 ZGB ein Kind längere Zeit bei Pflegeeltern gelebt, so kann die Kindesschutzbehörde den Eltern seine Rücknahme untersagen, wenn die Rücknahme die Entwicklung des Kindes ernstlich zu gefährden droht (Art. 310 Abs. 3 ZGB).

4. Entziehung der elterlichen Sorge

a. Von Amtes wegen

Art. 311 ZGB eröffnet schliesslich der Kindesschutzbehörde die Möglichkeit, die elterliche Sorge (ganz) zu entziehen. Sind andere Kindesschutzmassnahmen erfolglos geblieben oder erscheinen sie von vornherein als ungenügend, so entzieht die Kindesschutzbehörde nach Art. 311 Abs. 1 ZGB die elterliche Sorge – wenn die Eltern wegen Unerfahrenheit, Krankheit, Gebrechen, Abwesenheit, Gewalttätigkeit oder ähnlichen Gründen ausserstande sind, die elterliche Sorge pflichtgemäss auszuüben (Ziff. 1), oder wenn die Eltern sich um das Kind nicht ernstlich gekümmert oder ihre Pflichten gegenüber dem Kinde gröblich verletzt haben (Ziff. 2). Während Ziff. 1 objektive Gründe betont, die dazu führen, dass die Eltern ausserstande sind, die elterliche Sorge pflichtgemäss auszuüben, hebt Ziff. 2 Fälle hervor, in denen die Eltern subjektiv die wohlverstandenen Interessen des Kindes verletzt haben, allgemein oder in bestimmten Fällen.

> Hinweis: Die Entziehung der elterlichen Sorge wird, wenn nicht ausdrücklich das Gegenteil angeordnet wird, gegenüber allen, auch den später geborenen Kindern, wirksam (Art. 311 Abs. 3 ZGB).

Wird beiden Eltern die Sorge entzogen, so erhalten die Kinder nach Art. 311 Abs. 2 ZGB einen Vormund. Art. 311 Abs. 2 ZGB bringt damit, über einen Verweis auf Art. 327a–327c ZGB, zum Ausdruck, dass auch nur einem Elternteil die elterliche Sorge entzogen werden kann (zu den Art. 327a–327c ZGB hier S. 260 f.).

> Hinweis: Führen die Eltern jedoch noch einen gemeinsamen Haushalt, so setzt der Entzug der Sorge nur eines Elternteils voraus, dass der Elternteil, dem die elterliche Sorge verbleibt, sich bzw. seine Sorgeentscheidungen im Verhältnis zum anderen Elternteil durchsetzen kann.

b.   Mit Einverständnis der Eltern

Niedrigere Voraussetzungen bestimmt der Gesetzgeber für die Entziehung der elterlichen Sorge, sofern das Einverständnis der Eltern besteht. Dabei können die Eltern jedoch nicht beliebig auf die Sorge für das Kind verzichten. Die Kindesschutzbehörde entzieht nach Art. 312 ZGB die elterliche Sorge vielmehr nur, wenn die Eltern aus wichtigen Gründen darum nachsuchen (Ziff. 1), oder wenn sie in eine künftige Adoption des Kindes durch ungenannte Dritte eingewilligt haben (Ziff. 2) – begründet insbesondere in Zwecken der vom Gesetzgeber zum Ausgang genommenen geheimen bzw. Volladoption (dazu oben S. 182).

> Beispiel: Wichtige Gründe sollen nicht bereits im Nachsuchen der Eltern allein zu sehen sein.

5.   Änderung der Verhältnisse

Verändern sich die Verhältnisse, auf denen die Kindesschutzmassnahmen gründeten, so sind diese Massnahmen der neuen Lage anzupassen (Art. 313 Abs. 1 ZGB). Art. 313 Abs. 2 ZGB bestimmt jedoch, dass die elterliche Sorge in keinem Fall vor Ablauf eines Jahres nach ihrer Entziehung wiederhergestellt werden darf.

> **Hinweis:** Da auch Art. 313 Abs. 2 ZGB dem Kindeswohl dient, sollen entgegen dem Wortlaut («in keinem Fall vor Ablauf eines Jahres») Abweichungen von diesem (dann nur noch Grund-)Satz möglich sein – zum Zwecke wiederum des Kindeswohls.

6.   Verfahren

Anders als für andere Zivilrechtsstreitigkeiten mit der Zivilprozessordnung, hat der Gesetzgeber für den Kindesschutz kein besonderes Verfahrensgesetz erlassen.

a.   Im Allgemeinen

Mit Art. 314 Abs. 1 ZGB verweist der Gesetzgeber vielmehr auf die sinngemässe Anwendung der Bestimmungen über das Verfahren vor der Erwachsenenschutzbehörde und damit der Art. 443–456 ZGB. Ergänzt werden diese durch besondere, im Kindesschutz begründete Regelungen.

So kann nach Art. 314 Abs. 2 ZGB die Kindesschutzbehörde in geeigneten Fällen die Eltern zu einem Mediationsversuch auffordern.

> **Beispiel:** Als Anwendungsbeispiel werden insbesondere intergenerationelle und interkulturelle Konflikte angeführt.

Schliesslich betont Art. 314 Abs. 3 ZGB, dass die Kindesschutzbehörde bei Errichtung einer Beistandschaft im Entscheiddispositiv die Aufgaben des Beistandes und allfällige Beschränkungen der elterlichen Sorge festhält. Neben allgemeiner Rechtssicherheit soll damit Klarheit über die Zuständigkeiten der bei der Sorge um das Kind (nun) Beteiligten geschaffen werden.

b.   Anhörung des Kindes

Besondere Aufmerksamkeit hat der Gesetzgeber mit Art. 314a ZGB der Anhörung des Kindes gewidmet. Nach Art. 314a Abs. 1 ZGB wird das Kind durch die Kindesschutzbehörde oder durch eine beauftragte Drittperson in geeigneter Weise persönlich angehört, soweit nicht sein Alter oder andere wichtige Gründe dagegensprechen. Bezugspunkt des Kindesschutzes sind die, wenn auch wohlverstandenen, Interessen des Kindes; das Kind, die Interessen des Kindes sind Gegenstand des Verfahrens.

Zugleich werden aufgrund des besonderen Persönlichkeitsbezugs bzw. der durch Kindesschutzmassnahmen begründeten Eingriffsintensität durch die Anhörung Interessen des Kindes im Hinblick auf das Verfahren selbst als schutzwürdig bestimmt – weit über die allgemeinen Regelungen zur Handlungsfähigkeit hinaus. Die Verweigerung der Anhörung mit Beschwerde anfechten kann hingegen nach Art. 314a Abs. 3 ZGB wiederum nur: das urteilsfähige Kind.

> Hinweis: Im Protokoll der Anhörung werden nur die für den Entscheid wesentlichen Ergebnisse festgehalten und die Eltern über diese Ergebnisse informiert (Art. 314a Abs. 2 ZGB).

c.   Vertretung des Kindes

Im Ausgangspunkt unabhängig von einer etwaigen Urteilsfähigkeit des Kindes ist weiter auch Art. 314a^{bis} ZGB zu verstehen. Wenn im Verfahren nötig, ordnet die Kindesschutzbehörde die Vertretung des Kindes an und bezeichnet als Beistand eine in fürsorgerischen und rechtlichen Fragen erfahrene Person (Art. 314a^{bis} Abs. 1 ZGB). Der Beistand kann nach Art. 314a^{bis} Abs. 3 ZGB Anträge stellen und Rechtsmittel einlegen.

> Hinweis: Uneinigkeit besteht darüber, ob diese Vertretung subjektiven Kindesinteressen verpflichtet ist, oder wohlverstandenen, in diesem Sinne objektivierten Interessen des Kindes.

Eine Anordnung der Vertretung wird nach Art. 314a^{bis} Abs. 2 ZGB von der Kindesschutzbehörde insbesondere in Fällen geprüft, in denen nach Ansicht des Gesetzgebers regelmässig ein besonderer Schutz des Kindes begründet ist – so wenn die Unterbringung des Kindes Gegenstand des Verfahrens ist (Ziff. 1), oder die Beteiligten bezüglich der Regelung der elterlichen Sorge oder bezüglich wichtiger Fragen des persönlichen Verkehrs unterschiedliche Anträge stellen (Ziff. 2).

d.   Unterbringung in einer geschlossenen Einrichtung
       oder psychiatrischen Klinik

Die (materiellen) Voraussetzungen für eine Unterbringung des Kindes hat der Gesetzgeber mit Art. 310 ZGB bestimmt – auch die einer Unterbringung in einer geschlossenen Einrichtung oder in einer psychiatrischen Klinik. Nach Art. 314b Abs. 1 ZGB sind hingegen auf das Verfahren bzw. die formellen Voraussetzungen der Unterbringung in einer geschlossenen Einrichtung oder in einer psychiatrischen Klinik die Bestimmungen des Erwachsenenschutzes über die fürsorgerische Unterbringung sinngemäss anzuwenden. Dieser Verweis bezieht sich insbesondere auch auf Art. 439 ZGB, der die Anrufung des Gerichts regelt. Hier bestimmt Art. 314b Abs. 2 ZGB für das kindesschutzrechtliche Verfahren (ausdrücklich), dass das urteilsfähige Kind das Gericht selber anrufen kann.

e. Melderechte und Meldepflichten

aa. Melderechte

Gemäss Art. 314c Abs. 1 ZGB kann jede Person der Kindesschutzbehörde Meldung erstatten, wenn die körperliche, psychische oder sexuelle Integrität eines Kindes gefährdet erscheint. Bemerkenswerter als diese zunächst selbstverständlich erscheinende Bestimmung ist Art. 314c Abs. 2 Satz 1 ZGB, nach dem auch Personen, die dem Berufsgeheimnis nach dem Strafgesetzbuch unterstehen, meldeberechtigt sind, sofern die Meldung im Interesse des Kindes liegt.

Hinweis: Damit sieht der Gesetzgeber einen gesetzlichen Rechtfertigungsgrund für die Verletzung des Berufsgeheimnisses nach Art. 321 StGB vor (vgl. Art. 14 StGB i.V.m. Art. 321 Ziff. 3 StGB). Wenn sich ein Berufsgeheimnisträger auf Art. 314c Abs. 1 ZGB berufen kann, muss er sich insbesondere nicht mehr nach Art. 321 Ziff. 2 StGB von seinem Berufsgeheimnis entbinden lassen.

Blosse Hilfspersonen, die ebenfalls nach dem Strafgesetzbuch an das Berufsgeheimnis gebunden sind, sind vom Melderecht gemäss Art. 314c Abs. 2 Satz 2 ZGB jedoch explizit ausgenommen. Die Interessenabwägung, ob das Vertrauensverhältnis bewahrt oder eine Meldung an die Kindesschutzbehörden gemacht wird, soll in der Kompetenz des primären Berufsgeheimnisträgers bleiben.

bb. Meldepflichten

Über die Melderechte des Art. 314c ZGB hinaus sieht Art. 314d Abs. 1 ZGB eine Meldepflicht für bestimmte Fachpersonen vor, die beruflich regelmässig Kontakt zu Kindern haben (Ziff. 1), sowie für Personen, die in amtlicher Tätigkeit von einer Gefährdung erfahren (Ziff. 2). Von der Meldepflicht in Art. 314d Abs. 1 ZGB jedoch unmittelbar ausgenommen sind Personen, die dem Berufsgeheimnis nach dem Strafgesetzbuch unterstehen. Ihnen soll nur ein Melderecht, nicht jedoch eine entsprechende Pflicht zukommen, damit sie weiterhin die eigenverantwortliche Güterabwägung zwischen der Wahrung des Vertrauensverhältnisses und der Meldung an die Kindesschutzbehörde vornehmen können.

Die Meldepflicht besteht nach Art. 314d Abs. 1 ZGB nur, wenn konkrete Hinweise dafür bestehen, dass die körperliche, psychische oder sexuelle Integrität eines Kindes gefährdet ist und die Fach- oder Amtsperson der Gefährdung nicht im Rahmen ihrer Tätigkeit Abhilfe schaffen kann, wodurch niederschwellige Schutzmassnahmen weiterhin möglich bleiben sollen.

Hinweis: Art. 314d ZGB stellt einen gesetzlichen Rechtfertigungsgrund für die Verletzung des Amtsgeheimnisses nach Art. 320 StGB dar, womit auch hier keine vorgängige Entbindung vom Amtsgeheimnis erforderlich ist (vgl. Hinweis zum Melderecht oben S. 229).

Schliesslich wird nach Art. 314d Abs. 2 ZGB die Meldepflicht auch erfüllt, wenn die Meldung an die vorgesetzte Person gerichtet wird.

Hinweis: Gemäss Art. 314d Abs. 3 ZGB können die Kantone weitere Meldepflichten vorsehen. Eine Übersicht über diese zusätzlichen kantonalen Meldepflichten findet sich auf der Internetseite der Konferenz für Kindes- und Erwachsenenschutz (KOKES): https://www.kokes.ch/ de/dokumentation/empfehlungen/melderechte-und-meldepflichten.

cc. Mitwirkung und Amtshilfe

Am (Kindesschutz-)Verfahren beteiligte Personen und Dritte sind nach Art. 314e Abs. 1 ZGB zur Mitwirkung bei der Abklärung des Sachverhalts verpflichtet. Art. 314e Abs. 4 ZGB bestimmt zudem, dass Verwaltungsbehörden und Gerichte die notwendigen Akten herausgeben, Bericht erstatten und Auskünfte erteilen, sofern nicht schutzwürdige Interessen entgegenstehen.

In gewisser Parallele zu Art. 314c Abs. 2 ZGB bestimmt zudem Art. 314e Abs. 2 Satz 1 ZGB, dass Personen, die dem Berufsgeheimnis nach dem Strafgesetzbuch unterstehen, zur Mitwirkung berechtigt sind, ohne sich vorgängig vom Berufsgeheimnis entbinden zu lassen. Art. 314e Abs. 2 Satz 2 ZGB bestimmt wiederum, dass diese Bestimmung nicht für die nach dem Strafgesetzbuch an das Berufsgeheimnis gebundenen Hilfspersonen gilt.

Zur Mitwirkung verpflichtet sind schliesslich Personen, die dem Berufsgeheimnis nach dem Strafgesetzbuch unterstehen, wenn die geheimnisberechtigte Person sie dazu ermächtigt hat oder die vorgesetzte Behörde oder die Aufsichtsbehörde sie auf Gesuch der Kindesschutzbehörde vom Berufsgeheimnis entbunden hat, wobei jedoch Art. 13 des Anwaltsgesetzes vom 23. Juni 2000 (BGFA) vorbehalten bleibt (Art. 314e Abs. 3 Satz 1 und 2 ZGB).

Hinweis: Der Bundesrat hatte ursprünglich geplant, auch Anwälte unter diese Mitwirkungspflicht zu stellen und zu diesem Zweck Art. 13

Abs. 1 BGFA anzupassen. Schliesslich setzte sich im Parlament jedoch die Auffassung durch, dass die Wahrung des Anwaltsgeheimnisses der Mitwirkungspflicht im Kindesschutzverfahren vorgeht.

7. Zuständigkeit

Bei der Regelung der Zuständigkeit für Kindesschutzmassnahmen hat sich der Gesetzgeber namentlich von Gesichtspunkten fachlicher Qualifikation, zugleich aber auch von allgemeinen Verfahrenszwecken und verfahrensökonomischen Aspekten leiten lassen.

a. Im Allgemeinen

So werden im Allgemeinen nach Art. 315 Abs. 1 ZGB die Kindesschutzmassnahmen von der Kindesschutzbehörde am Wohnsitz des Kindes angeordnet.

Lebt das Kind hingegen bei Pflegeeltern oder sonst ausserhalb der häuslichen Gemeinschaft der Eltern oder liegt Gefahr im Verzug vor, so sind auch die Behörden am Ort zuständig, wo sich das Kind aufhält (Art. 315 Abs. 2 ZGB). Die Behörde am Aufenthaltsort des Kindes benachrichtigt nach Art. 315 Abs. 3 ZGB jedoch die ansonsten zuständige Wohnsitzbehörde, wenn sie eine Kindesschutzmassnahme trifft.

b. In eherechtlichen Verfahren

Abweichend von dieser Zuständigkeit im Allgemeinen bestimmt der Gesetzgeber mit den Art. 315a und 315b ZGB besondere Zuständigkeiten im eherechtlichen Verfahren.

aa. Zuständigkeit des Gerichts

Hat das Gericht, das für die Ehescheidung oder den Schutz der ehelichen Gemeinschaft zuständig ist, die Beziehungen der Eltern zu den Kindern zu gestalten, so trifft es nach Art. 315a Abs. 1 ZGB auch die nötigen Kindesschutzmassnahmen – und betraut die Kindesschutzbehörde mit dem Vollzug. Dabei können auch bestehende Kindesschutzmassnahmen vom Gericht den neuen Verhältnissen angepasst werden (Art. 315a Abs. 2 ZGB). Dennoch bleibt die Kindesschutzbehörde nach Art. 315a Abs. 3 ZGB befugt, ein vor dem gerichtlichen Verfahren eingeleitetes Kindesschutzverfahren weiterzuführen (Ziff. 1) und die zum Schutz des Kindes sofort notwendigen Massnahmen anzuordnen, wenn sie das Gericht voraussichtlich nicht rechtzeitig treffen kann (Ziff. 2).

bb. Abänderung gerichtlicher Anordnungen

Zur Abänderung gerichtlicher Anordnungen über die Kindeszuteilung und den Kindesschutz ist das Gericht jedoch nach Art. 315b Abs. 1 ZGB nur zuständig: während des Scheidungsverfahrens (Ziff. 1), im Verfahren zur Abänderung des Scheidungsurteils gemäss den Vorschriften über die Ehescheidung (Ziff. 2), im Verfahren zur Änderung von Eheschutzmassnahmen, wobei die Vorschriften über die Ehescheidung sinngemäss anwendbar sind (Ziff. 3). In den übrigen Fällen ist hingegen die Kindesschutzbehörde für die Abänderung gerichtlicher Anordnungen zuständig (Art. 315b Abs. 2 ZGB).

8. Pflegekinderaufsicht

Mit Art. 316 ZGB nimmt sich der Gesetzgeber der besonderen Situation von Kindern an, die zur Pflege aufgenommen werden. Nach Willen des Gesetzgebers bedarf, wer Pflegekinder aufnimmt, einer Bewilligung der Kindesschutzbehörde oder einer anderen vom kantonalen Recht bezeichneten Stelle seines Wohnsitzes und steht unter deren Aufsicht (Art. 316 Abs. 1 ZGB).

> **Hinweis:** Um nicht zuletzt eine Professionalisierung zu ermöglichen, ist hierzu eine einzige kantonale Behörde zuständig – sofern ein Pflegekind zum Zweck der späteren Adoption aufgenommen wird (Art. 316 Abs. 1bis ZGB). Eine allgemeine Vorschrift für Pflegekinder findet sich hingegen nicht.

Der Bundesrat erlässt nach Art. 316 Abs. 2 ZGB Ausführungsvorschriften.

Hinweis: Dies ist einerseits mit der Verordnung über die Aufnahme von Pflegekindern (Pflegekinderverordnung, PAVO) vom 19. Oktober 1977, andererseits mit der Verordnung über die Adoption (Adoptionsverordnung, AdoV) vom 29. Juni 2011 erfolgt (zu Letzterer bereits oben S. 193 f.).

9. Zusammenarbeit in der Jugendhilfe

Schliesslich bestimmt Art. 317 ZGB, dass die Kantone durch geeignete Vorschriften die zweckmässige Zusammenarbeit der Behörden und Stellen auf dem Gebiet des zivilrechtlichen Kindesschutzes, des Jugendstrafrechts und der übrigen Jugendhilfe sichern. Art. 317 ZGB dient der Koordination auf einem Gebiet, auf dem sich neben den Kindesschutzbehörden weitere amtliche und private Stellen mit der Hilfe für Kinder und Jugendliche befassen. Vermieden werden soll damit eine fehlende Abstimmung der unterschiedlichen Massnahmen und insbesondere Doppelungen und Widersprüche.

B. Die Gemeinschaft von Eltern und Kindern

I. Name

Für den Namen des Kindes unterscheidet der Gesetzgeber danach, ob die Eltern des Kindes unverheiratet oder verheiratet sind – und damit die besondere Begründung eines gemeinsamen (Familien-) Namens nach Eheschliessung hinzutritt.

1. Kind verheirateter Eltern

Art. 270 ZGB regelt daher in Parallele zu Art. 160 ZGB, der die Namensführung der Ehegatten bestimmt, die Namensführung des Kindes verheirateter Eltern. Ausgangspunkt ist jedoch auch hier zunächst der (gesetzliche Regel-)Fall, dass die Ehegatten verschiedene Namen tragen: das Kind erhält nach Art. 270 Abs. 1 ZGB denjenigen ihrer Ledignamen, den sie bei der Eheschliessung nach

Art. 160 Abs. 3 Satz 1 ZGB zum Namen ihrer gemeinsamen Kinder bestimmt haben.

Hinweis: Wurden die Eltern nach Art. 160 Abs. 3 Satz 2 ZGB bei der Eheschliessung von der Pflicht befreit, zu bestimmen, welchen ihrer Ledignamen ihre Kinder tragen sollen (S. 48), oder ist aus sonstigen Gründen keine Bestimmung erfolgt, so erklären sie mit der Geburtsmeldung des ersten Kindes schriftlich gegenüber der Zivilstandsbeamtin oder dem Zivilstandsbeamten, welchen ihrer Ledignamen ihre Kinder tragen sollen (Art. 37 Abs. 2 ZStV). Ungeklärt ist, was zu geschehen hat, wenn sich die Eltern nicht einigen können. Teilweise wird hier für einen Entscheid auf den Kindesschutz bzw. die Kindesschutzbehörde verwiesen.

Die Eltern können jedoch innerhalb eines Jahres seit der Geburt des ersten Kindes gemeinsam verlangen, dass das Kind den Ledignamen des anderen Elternteils trägt (Art. 270 Abs. 2 ZGB). Damit trägt der Gesetzgeber dem Umstand Rechnung, dass sich die Ansichten der Ehegatten zwischen dem Zeitpunkt der Eheschliessung und der Geburt des Kindes ändern können.

Art. 270 Abs. 3 ZGB nimmt schliesslich den Fall des Art. 160 Abs. 2 ZGB auf (S. 48 f.). Haben sich die Eltern, vor allem zum Ausdruck ihrer besonderen Verbundenheit in der Ehe, für das Tragen eines gemeinsamen Familiennamens entschieden, so erhält auch das Kind diesen Namen.

2.   *Kind unverheirateter Eltern*

Für die Namensführung des Kindes unverheirateter Eltern differenziert Art. 270a Abs. 1 ZGB danach, ob die elterliche Sorge einem Elternteil oder den Eltern gemeinsam zusteht. Steht die elterliche Sorge einem Elternteil zu, so erhält das Kind dessen Ledignamen, steht die elterliche Sorge den Eltern hingegen gemeinsam zu, so bestimmen sie, welchen ihrer Ledignamen ihre Kinder tragen sollen.

Hinweis: Mit der Anknüpfung an den Ledignamen wird auch hier der Grundsatz, dass ein durch frühere Ehe erworbener Name nicht wieder aufgenommen werden kann (S. 135 f.), für ausserhalb der Ehe geborene Kinder fortgeschrieben.

Wird die gemeinsame elterliche Sorge erst nach der Geburt des ersten Kindes begründet, trägt das Kind zunächst den Ledignamen des bis zu diesem Zeitpunkt allein sorgeberechtigten Elternteils, regelmässig der Mutter. Art. 270a Abs. 2 Satz 1 ZGB gibt den Eltern nun die Möglichkeit, innerhalb eines Jahres seit der nachträglichen Begründung der gemeinsamen elterlichen Sorge gegenüber der Zivilstandsbeamtin oder dem Zivilstandsbeamten zu erklären, dass das Kind den Ledignamen des anderen Elternteils trägt.

Hinweis: Diese Erklärung gilt dabei für alle gemeinsamen Kinder, unabhängig von der Zuteilung der elterlichen Sorge (Art. 270a Abs. 2 Satz 2 ZGB), um so ihre Zusammengehörigkeit zum Ausdruck zu bringen.

Schliesslich kann es vorkommen, dass die elterliche Sorge keinem Elternteil zusteht. In diesem Fall erhält das Kind den Ledignamen der Mutter (Art. 270a Abs. 3 ZGB).

Die Zuteilung der elterlichen Sorge kann sich im Lauf des Lebens des Kindes ändern. Änderungen bei der Zuteilung der elterlichen Sorge bleiben jedoch nach Art. 270a Abs. 4 ZGB ohne Auswirkungen auf den Namen – vorbehalten die Bestimmungen über die Namensänderung.

3. Zustimmung des Kindes

Der Namen gehört zu den Persönlichkeitsrechten des Kindes. In den seltenen Fällen, in denen das Kind zum Zeitpunkt der Namensänderung bereits urteilsfähig ist, ist daher vor dem Hintergrund von Art. 19c Abs. 1 ZGB für diesen Eingriff die Einwilligung des urteilsfähigen Kindes erforderlich. Ausdruck hiervon ist Art. 270b ZGB, nach dem der Name des Kindes, das das zwölfte Altersjahr vollendet hat, nur geändert werden kann, wenn es zustimmt. Die Festlegung der Altersgrenze bei zwölf Jahren erfolgte durch den Gesetzgeber im «Interesse einer einfachen Anwendung».

Beispiel: Fälle sind in der Praxis eher selten, können sich aber etwa ergeben, wenn die Eltern des Kindes erst nach dessen zwölften Lebensjahr heiraten.

II. Bürgerrecht

Art. 271 Abs. 1 ZGB knüpft das Bürgerrecht des Kindes an den Namen an: das Kind erhält das Kantons- und Gemeindebürgerrecht des Elternteils, dessen Namen es trägt. Führen die Eltern einen gemeinsamen Familiennamen, so erhält das Kind das Bürgerrecht des Elternteils, dessen Ledigname Familienname geworden ist.

Erwirbt das Kind während der Minderjährigkeit den Namen des anderen Elternteils, so erhält es dessen Kantons- und Gemeindebürgerrecht anstelle des bisherigen (Art. 271 Abs. 2 ZGB).

III. Beistand und Gemeinschaft

Nach Art. 271 ZGB sind Eltern und Kinder einander allen Beistand, alle Rücksicht und Achtung schuldig, die das Wohl der Gemeinschaft erfordert. Mit Art. 271 ZGB bestimmt der Gesetzgeber die «Verantwortung gegenüber dem Nächsten» als einen Grundsatz des Familienrechts. Über die darauf aufbauenden Rechtssätze hinaus wollte der Gesetzgeber dem «Wandel der sozialen Gestalt der Familie» Rechnung tragen und mit Art. 271 ZGB Grund für die (Fort-) Bildung weiterer Rechtssätze legen.

Art. 271 ZGB setzt keinen gemeinsamen Haushalt voraus und umfasst daher alle durch ein rechtliches Kindesverhältnis verbundene Personen, sprich Grosseltern mit den Eltern und diese mit den Kindern.

IV. Persönlicher Verkehr

Der persönliche Verkehr von Eltern und Kindern war vom Gesetzgeber lange Zeit (nur) als Ausfluss des Persönlichkeitsrechts der

Eltern angesehen worden. Heute wird der persönliche Verkehr mit den Eltern jedoch zugleich als rechtlich geschütztes Interesse des Kindes angesehen.

1. Eltern und Kinder

a. Grundsatz

So haben Eltern, denen die elterliche Sorge oder Obhut nicht zusteht, und das minderjährige Kind nach Art. 273 Abs. 1 ZGB gegenseitig Anspruch auf angemessenen persönlichen Verkehr.

Eine Pflicht zum angemessenen Verkehr hat der Gesetzgeber hingegen nicht bestimmt. Ihre Durchsetzung liege «schwerlich im Interesse des Kindes» und würde zu «fast unüberwindlichen Schwierigkeiten» führen. Nach Art. 273 Abs. 2 ZGB kann die Kindesschutzbehörde jedoch Eltern, Pflegeeltern oder das Kind ermahnen und ihnen Weisungen erteilen, wenn sich die Ausübung oder Nichtausübung des persönlichen Verkehrs für das Kind nachteilig auswirkt oder wenn eine Ermahnung oder eine Weisung aus anderen Gründen geboten ist. Schliesslich können der Vater oder die Mutter verlangen, dass ihr Anspruch auf persönlichen Verkehr geregelt wird (Art. 273 Abs. 3 ZGB).

b. Schranken

Der Anspruch auf angemessenen persönlichen Verkehr richtet sich gegen die Person, der die Obhut über das minderjährige Kind zusteht. Der Vater und die Mutter haben daher nach Art. 274 Abs. 1 ZGB alles zu unterlassen, was das Verhältnis des Kindes zum anderen Elternteil beeinträchtigt oder die Aufgabe der erziehenden Person erschwert.

Der Anspruch auf angemessenen persönlichen Verkehr hat heute seine Grundlage im Kindesverhältnis und wird damit wesentlich durch das Wohl des Kindes bestimmt. Fehlt es an solcher Grundlage, so ist nach dem Gesetzgeber auch der Anspruch auf angemessenen persönlichen Verkehr unbegründet: wird das Wohl des

Kindes durch den persönlichen Verkehr gefährdet, üben die Eltern ihn pflichtwidrig aus, haben sie sich nicht ernsthaft um das Kind gekümmert oder liegen andere wichtige Gründe vor, so kann ihnen das Recht auf persönlichen Verkehr verweigert oder entzogen werden (Art. 274 Abs. 2 ZGB).

Eine Sonderregelung sieht schliesslich Art. 274 Abs. 3 ZGB für den Fall vor, dass die Eltern der Adoption ihres Kindes zugestimmt haben oder von ihrer Zustimmung abgesehen werden kann. Da der Gesetzgeber vom Grundsatz der Volladoption bzw. von der geheimen Adoption ausgeht (dazu S. 182), erlischt in diesem Fall nach Art. 274 Abs. 3 ZGB das Recht auf persönlichen Verkehr, sobald das Kind zum Zwecke künftiger Adoption untergebracht wird. Selbständig daneben stehen jedoch (heute) die Wertungen des Adoptionsrechts, die mit Art. 268e ZGB wiederum die Möglichkeit eröffnen, im Einzelfall den leiblichen Eltern einen Anspruch auf angemessenen persönlichen Verkehr mit dem minderjährigen Kind einzuräumen (dazu S. 200 f.).

2. Dritte

Liegen ausserordentliche Umstände vor, so kann der Anspruch auf persönlichen Verkehr auch anderen Personen, insbesondere Verwandten, eingeräumt werden, sofern dies dem Wohl des Kindes dient (Art. 274a Abs. 1 ZGB).

> **Beispiel:** Dies kann insbesondere bei Personen der Fall sein, zu denen ein besonderes psychologisch und soziales Näheverhältnis besteht, wie etwa beim sogenannten Scheinvater nach Auflösung der Familiengemeinschaft.

Dabei gelten jedoch nach Art. 274a Abs. 2 ZGB die für die Eltern aufgestellten Schranken des Besuchsrechtes, die Art. 273 und 274 ZGB, sinngemäss (zu diesen soeben S. 237 f.).

3. Zuständigkeit

Bestehen noch keine Anordnungen über den Anspruch von Vater und Mutter, kann der persönliche Verkehr nicht gegen den Willen der Person ausgeübt werden, welche die elterliche Sorge oder Obhut zusteht (Art. 275 Abs. 3 ZGB).

Zuständig für diese Anordnungen über den persönlichen Verkehr ist nach Art. 275 Abs. 1 ZGB die Kindesschutzbehörde am Wohnsitz des Kindes und, sofern sie Kindesschutzmassnahmen getroffen hat oder trifft, diejenige an seinem Aufenthaltsort. Regelt hingegen das Gericht nach den Bestimmungen über die Ehescheidung und den Schutz der ehelichen Gemeinschaft, sprich nach Art. 133 Abs. 1 ZGB oder Art. 176 Abs. 3 ZGB die elterliche Sorge, die Obhut oder den Unterhaltsbeitrag, so regelt es auch den persönlichen Verkehr (Art. 275 Abs. 2 ZGB).

V. Information und Auskunft

Eltern ohne elterliche Sorge sind gegenüber dem Kind regelmässig auf ihren Anspruch auf persönlichen Verkehr verwiesen (S. 236 ff.). Weiter beschränkt sich ihr Elternsein namentlich auf Unterhaltsverpflichtungen gegenüber dem Kind (S. 240 ff.). Der Gesetzgeber hielt dies für unbefriedigend und wollte so die Möglichkeit eröffnen, dass die Eltern am Wohl(-ergehen) ihres Kindes Anteil nehmen können. Mit Art. 275a ZGB sieht er daher eine besondere Bestimmung zu «Information und Auskunft» über das Leben des Kindes vor. Zugleich soll damit einer sinn- und zweckmässigen Ausübung des Anspruchs auf persönlichen Verkehrs Grund gelegt und mit einer Teilhabe am Leben des Kindes das «Verantwortungsgefühl» von Eltern ohne elterliche Sorge gefördert werden.

Nach Art. 275a Abs. 1 ZGB sollen daher Eltern ohne elterliche Sorge über besondere Ereignisse im Leben des Kindes benachrichtigt und vor Entscheidungen, die für die Entwicklung des Kindes wichtig sind, angehört werden – nicht zuletzt, weil diese auch Rückwirkungen auf etwaige Unterhaltsverpflichtungen haben können. Namentlich für Fälle, in denen die Kommunikation zwischen den Eltern gestört ist, bestimmt Art. 275a Abs. 2 ZGB weiter, dass Auskünfte über den Zustand und die Entwicklung des Kindes auch bei Drittpersonen, die an der Betreuung des Kindes beteiligt sind, wie namentlich bei Lehrkräften, Ärztinnen und Ärzten, eingeholt werden können – in gleicher Weise wie durch den Inhaber der elterlichen Sorge.

Auch hier soll jedoch im Einzelfall eine Beschränkung möglich sein, so dass nach Art. 275a Abs. 3 ZGB die Bestimmungen über die Schranken des persönlichen Verkehrs (Art. 274 ZGB) und die Zuständigkeit für Anordnungen über den persönlichen Verkehr (Art. 275 ZGB) sinngemäss gelten.

C. Die Unterhaltspflicht der Eltern

I. Allgemeines

1. Gegenstand und Umfang

Kinder sind grundsätzlich nicht in der Lage, selbst ihre Bedürfnisse zu unterhalten. Der Gesetzgeber hat daher Dritte, und damit vor allem die Eltern, zu diesem Unterhalt verpflichtet.

Nach Art. 276 Abs. 1 ZGB wird der Unterhalt des Kindes durch Pflege, Erziehung und Geldzahlung geleistet. Begrifflich unterschieden wird vor diesem Hintergrund weiter zwischen dem sogenannten Naturalunterhalt, namentlich durch Pflege und Erziehung, und dem Geldunterhalt. Für den Geldunterhalt unterscheidet man wiederum zwischen einem Barunterhalt im Allgemeinen und dem, noch besonders begriffenen, sogenannten Betreuungsunterhalt (zu diesem näher unten S. 246).

Die Eltern sorgen nach Art. 276 Abs. 2 ZGB gemeinsam, ein jeder Elternteil nach seinen Kräften, für den gebührenden Unterhalt des Kindes und tragen insbesondere die Kosten von Betreuung, Erziehung, Ausbildung und Kindesschutzmassnahmen. Die Bedürfnisse des Kindes bzw. die von den Eltern zu unterhaltenden Bedürfnisse des Kindes gehen daher über seinen unmittelbaren Lebensunterhalt hinaus.

Die Eltern sind von der Unterhaltspflicht nur bzw. nur in dem Mass befreit, als dem Kind zugemutet werden kann, den Unterhalt aus seinem Arbeitserwerb oder anderen Mitteln zu bestreiten (Art. 276 Abs. 3 ZGB).

> **Beispiel:** Mittel des Kindes können etwa Sozialleistungen oder Teile des Kindesvermögens sein, das den Eltern nicht zum Unterhalt zur Verfügung steht. Dies gilt etwa für den Arbeitserwerb des Kindes, der nach Art. 323 Abs. 1 ZGB unter seiner Verwaltung und Nutzung steht (S. 257 f.).

2. Vorrang der Unterhaltspflicht gegenüber einem minderjährigen Kind

Die Unterhaltspflicht gegenüber dem minderjährigen Kind tritt in Konkurrenz zu weiteren Unterhaltspflichten gegenüber Erwachsenen, dem Ehegatten oder einem volljährigen Kind. Die Unterhaltspflicht gegenüber dem minderjährigen Kind geht nach dem Willen des Gesetzgebers den anderen familienrechtlichen Unterhaltspflichten vor (Art. 276a Abs. 1 ZGB).

> **Beispiel:** Reichen die vorhandenen Mittel nicht zur Erfüllung der Unterhaltspflicht gegenüber dem minderjährigen Kind und dem geschiedenen Ehegatten, so ist mit ihnen zunächst die Unterhaltspflicht gegenüber dem minderjährigen Kind zu erfüllen (zu sogenannten Mankofällen bereits oben S. 148 f.).

In begründeten Fällen kann das Gericht jedoch nach Art. 276a Abs. 2 ZGB von dieser Regel absehen, insbesondere um eine Benachteiligung des unterhaltsberechtigten volljährigen Kindes zu vermeiden.

> **Beispiel:** Der Gesetzgeber verweist als möglichen Anwendungsfall etwa auf das achtzehnjährige Kind, das bei der Scheidung das Gymnasium noch nicht abgeschlossen hat und finanziell noch von seinen Eltern abhängig ist.

II. Dauer

Die Unterhaltspflicht der Eltern dauert bis zur Volljährigkeit des Kindes (Art. 277 Abs. 1 ZGB). Danach hat das Kind grundsätzlich selbst für den Unterhalt seiner Bedürfnisse aufzukommen.

Die Eltern haben nach Art. 277 Abs. 2 ZGB nur für den Unterhalt des Kindes aufzukommen, wenn das Kind noch keine angemessene Ausbildung hat – und soweit dies den Eltern nach den gesamten Umständen zugemutet werden darf und bis eine entsprechende Ausbildung ordentlicherweise abgeschlossen werden kann.

> **Beispiel:** Massstab ist nicht ein idealer Verlauf des Bildungsgangs, sondern auch hier im Ausgangspunkt das Kind bzw. das nicht zuletzt über Art. 302 ZGB konkretisierte Kindeswohl als solches (näher dazu S. 217 f.).

III. Verheiratete Eltern

Während Art. 276 Abs. 2 ZGB allgemein bestimmt, dass die Eltern gemeinsam, ein jeder Elternteil nach seinen Kräften, für den Unterhalt des Kindes sorgen, verweist Art. 278 ZGB auf besondere Bestimmungen dieses Verhältnisses bei verheirateten Eltern. Während der Ehe tragen die Eltern die Kosten des Unterhaltes nach den Bestimmungen des Eherechts (Art. 278 Abs. 1 ZGB). Von besonderer Bedeutung ist für dieses Verhältnis Art. 163 ZGB über den «Unterhalt der Familie» (S. 51 f.).

Darüber hinaus hat der Gesetzgeber die Beistandspflicht der Ehegatten nach Art. 159 Abs. 3 ZGB dahin rechtlich bestimmt, dass jeder Ehegatte dem anderen in der Erfüllung der Unterhaltspflicht gegenüber vorehelichen Kindern in angemessener Weise beizustehen hat (Art. 278 Abs. 2 ZGB). Der Anspruch steht damit nicht dem Kind selbst, sondern allein dem Elternteil zu.

> **Hinweis:** Nicht erfasst sind nach dem Wortlaut des Art. 278 Abs. 2 ZGB Kinder, welche ein Ehegatte während der Ehe mit Dritten zeugt.

IV. Verträge über die Unterhaltspflicht

Bereits unabhängig von einem Streit über die Unterhaltspflicht und eine hierdurch begründete Klage (dazu sogleich S. 244 f.) besteht ein Interesse, die Unterhaltspflicht nach den allgemeinen Voraussetzungen des Gesetzes zu konkretisieren. Für solche Verträge über die Unterhaltspflicht zwischen den zum Unterhalt Verpflichteten und den zum Unterhalt berechtigen Kind sieht der Gesetzgeber jedoch, zum Schutz der Interessen des Kindes, ein besonderes Verfahren vor. Dabei unterscheidet er nach Verträgen, die (weiter) periodische Leistungen, und solchen, die eine Abfindung zum Gegenstand haben.

1. Periodische Leistungen

Für das Kind werden nach Art. 287 Abs. 1 ZGB Unterhaltsverträge erst mit der Genehmigung durch die Kindesschutzbehörde verbindlich (zur Bemessung des Unterhaltsbeitrags im Klageverfahren S. 245 ff.). Diese Genehmigung(spflicht) ändert nichts an der Möglichkeit, vertraglich festgelegte Unterhaltsbeiträge wieder zu ändern, wiederum durch Vertrag oder Klage (S. 244 f.) – und soweit dies nicht mit Genehmigung der Kindesschutzbehörde ausgeschlossen worden ist (Art. 287 Abs. 2 ZGB).

Wird der Vertrag hingegen in einem gerichtlichen Verfahren geschlossen, so erklärt der Gesetzgeber mit Art. 287 Abs. 3 ZGB das Gericht für die Genehmigung für zuständig.

2. Inhalt des Unterhaltsvertrages

Um später zu wissen, auf welcher (Vertrags-)Grundlage die Unterhaltsbeiträge festgelegt wurden, ist im Unterhaltsvertrag nach Art. 287a ZGB anzugeben, von welchem Einkommen und Vermögen jedes Elternteils und jedes Kindes ausgegangen wird (lit. a), welcher Betrag für jedes Kind bestimmt ist (lit. b), welcher Betrag zur Deckung des gebührenden Unterhalts jedes Kindes fehlt (lit. c), und ob und in welchem Ausmass die Unterhaltsbeiträge den Veränderungen der Lebenskosten angepasst werden (zu Folgen einer Veränderung [dieser] Verhältnisse unten S. 248 ff.).

3. Abfindung

Eine Abfindung des Kindes für seinen Unterhaltsanspruch kann hingegen nach Art. 288 Abs. 1 ZGB (nur) vereinbart werden, wenn es das Interesse des Kindes rechtfertigt.

> **Beispiel:** Wenn ein Elternteil auswandern und alle Beziehungen zum Kind endgültig abbrechen möchte – und dadurch Schwierigkeiten bei der Geltendmachung und Vollstreckung periodischer Unterhaltsleistungen entstünden.

Anders als bei Vereinbarungen über periodische Leistungen wird die Vereinbarung über die Abfindung für das Kind nach Art. 288 Abs. 2 ZGB erst verbindlich, wenn die Kindesschutzbehörde, oder bei Abschluss in einem gerichtlichen Verfahren, das Gericht die Genehmigung erteilt hat (Ziff. 1), und darüber hinaus die Abfindungssumme an die dabei bezeichnete Stelle entrichtet worden ist (Ziff. 2).

V. Klage

Neben der Möglichkeit, sich über die Höhe der Unterhaltsbeiträge zu vertragen, einen Unterhaltsvertrag zu schliessen, hat der Gesetzgeber mit den Art. 279 ff. ZGB besondere Bestimmungen über die Klage auf (Geld-)Leistung des Unterhalts getroffen.

1. Klagerecht

Das Kind kann nach Art. 279 Abs. 1 ZGB gegen den Vater oder die Mutter oder gegen beide auf Leistung des Unterhalts für die Zukunft klagen – und für ein Jahr vor Klageerhebung.

> Hinweis: Regelmässig handelt für das Kind jedoch sein gesetzlicher Vertreter nach Art. 304 Abs. 1 ZGB (S. 219) bzw. vor dem Hintergrund widersprechender Interessen und des Art. 306 Abs. 2 ZGB (S. 220) ein zur Durchsetzung der Unterhaltsansprüche bestimmter Beistand.

Deutlich wird auch hier, dass der Gesetzgeber «Unterhalt» (von Bedürfnissen) zukunftsbezogen begreift. Der Gesetzgeber wollte jedoch vermeiden, dass dem Kind bei einer vor Klageerhebung versuchten gütlichen Einigung Nachteile entstehen, und hat daher auch die Forderung von Unterhalt für ein Jahr vor Klageerhebung zugelassen.

2. Bemessung des Unterhaltsbeitrages

Für die Klage bestimmen Art. 285 und 285a ZGB näher die Geldleistung im Sinne des Art. 276 Abs. 1 ZGB, sprich die Bemessung des Unterhaltsbeitrags.

a. Beitrag der Eltern

Art. 285 Abs. 1 Hs. 1 ZGB bestimmt, dass der Unterhaltsbeitrag den Bedürfnissen des Kindes sowie der Lebensstellung und Leistungsfähigkeit der Eltern entsprechen soll. Zu berücksichtigen sind dabei das Vermögen und die Einkünfte des Kindes (Art. 285 Abs. 1 Hs. 2 ZGB).

Wie beim nachehelichen Unterhalt erfolgt die Berechnung grundsätzlich nach der sogenannten zweistufig-konkreten Methode bzw. der zweistufigen Methode mit Überschussverteilung (zur Begründung bereits oben S. 150). In einem ersten Schritt sind damit die verfügbaren Mittel zu bestimmen, während es dann in einem zweiten Schritt zunächst um (die Aufteilung der verfügbaren Mittel auf) den

Unterhalt des betreibungsrechtlichen Existenzminimums geht, das, sofern dies die verfügbaren Mittel erlauben, auf das familienrechtliche Existenzminimum zu erweitern ist (siehe näher oben S. 151).

Der Unterhaltsbeitrag dient auch der Gewährleistung der Betreuung des Kindes durch die Eltern oder Dritte (Art. 285 Abs. 2 ZGB). Während jedoch die (Fremd-)Betreuung durch Dritte unmittelbar bestimmt ist, sind die Kosten für die (Eigen-)Betreuung durch einen Elternteil selbst schwieriger bezifferbar. Dieser sogenannte Betreuungsunterhalt soll die indirekten Kosten ausgleichen, die dadurch entstehen, dass der betreuende Elternteil in dieser Zeit keiner Erwerbstätigkeit nachgehen kann. Nach der sogenannten Lebenshaltungskostenmethode soll der geschuldete Betreuungsunterhalt dabei dem Anteil an den Lebenshaltungskosten des betreuenden Elternteils (grundsätzlich ausgehend vom familienrechtlichen Existenzminimum) entsprechen, für den dieser aufgrund der Kinderbetreuung nicht selbst aufkommen kann.

Resultiert nach dieser Verteilung der verfügbaren Mittel noch ein Überschuss, wird dieser wiederum auf die einzelnen Köpfe verteilt (siehe dazu näher oben S. 151). Im Vordergrund steht dabei eine Überschussverteilung nach «grossen und kleinen Köpfen», wonach die Eltern als «grosse Köpfe» gegenüber den minderjährigen Kindern als «kleine Köpfe» einen doppelt so grossen Überschussanspruch haben; hiervon soll jedoch aus mannigfaltigen Gründen abgewichen werden können.

Hinweis: Umgekehrt stellen sich auch hier, wie für den nachehelichen Unterhalt, besondere Probleme bei der Leistungsunfähigkeit – eines Elternteils bzw. der Eltern (allgemein zu solchen Mankofällen bereits oben S. 148 f.). Mit Blick auf die Unterhaltspflicht der Eltern hat der Gesetzgeber für Mankofälle mit Art. 286a ZGB eine Sonderbestimmung getroffen (zu dieser sogleich S. 249 f.).

Der Unterhaltsbeitrag ist zum Voraus zu entrichten, wobei das Gericht die Zahlungstermine festsetzt (Art. 285 Abs. 3 ZGB).

b.   Andere für den Unterhalt des Kindes bestimmte Leistungen

Bei der Bemessung des Unterhaltsbeitrags für das Kind sind auch die für das Kind bestimmten Familienzulagen, Sozialversicherungsrenten und ähnliche für den Unterhalt des Kindes bestimmte Leistungen zu berücksichtigen (dazu soeben S. 245). Soweit der Unterhaltsbeitrag auf diese Weise berechnet wird und der unterhaltspflichtige Elternteil eine Familienzulage, eine Sozialversicherungsrente oder eine ähnliche für den Unterhalt des Kindes bestimmte Leistung bezieht, ist diese daher bei der Bemessung des Unterhaltsbeitrags im Ergebnis immer zusätzlich zum Unterhaltsbeitrag zu leisten.

Um jedoch im Hinblick namentlich auf Familienzulagen Unklarheiten in der Praxis zu vermeiden, ob diese bei der Bestimmung des Unterhaltsbeitrags bereits berücksichtigt wurden oder nicht, sieht Art. 285a Abs. 1 ZGB vor, dass Familienzulagen, die dem unterhaltspflichtigen Elternteil ausgerichtet werden, zusätzlich zum Unterhaltsbeitrag zu zahlen sind.

> Hinweis: Nach Art. 2 des Bundesgesetzes über die Familienzulagen (Familienzulagengesetz, FamZG) sind Familienzulagen einmalige oder periodische Geldleistungen, die ausgerichtet werden, um die finanzielle Belastung durch ein oder mehrere Kinder teilweise auszugleichen. Art. 3 FamZG behandelt die Arten von Familienzulagen und die Kompetenzen der Kantone. Da bereits Art. 8 FamZG (den Zweck von Familienzulagen dahingehend) bestimmt, dass anspruchsberechtigte Personen, die auf Grund eines Gerichtsurteils oder einer Vereinbarung zur Zahlung von Unterhaltsbeiträgen für Kinder verpflichtet sind, die Familienzulagen zusätzlich zu den Unterhaltsbeiträgen entrichten müssen, kommt Art. 285a Abs. 1 ZGB (heute) klarstellende Wirkung zu.

Ebenso zusätzlich zum Unterhaltsbeitrag zu zahlen sind Sozialversicherungsrenten und ähnliche für den Unterhalt des Kindes bestimmte Leistungen, die dem unterhaltspflichtigen Elternteil zustehen, soweit das Gericht es nicht anders bestimmt (Art. 285a Abs. 2 ZGB).

Erhält der Unterhaltspflichtige infolge Alter oder Invalidität nachträglich Sozialversicherungsrenten oder ähnliche für den Unterhalt des Kindes bestimmte Leistungen, die Erwerbseinkommen ersetzen, so verändern sich die die Berechnung des Unterhaltsbetrags begründenden Verhältnisse. Ein besonderes Verfahren zur Neufestsetzung des Unterhaltsbeitrags soll hierzu jedoch nicht erforderlich sein (zu solchem Verfahren sogleich S. 248 f.). Vielmehr hat der Unterhaltsverpflichtete diese Beträge nach Art. 285a Abs. 3 ZGB und damit bereits von Gesetzes wegen dem Kind zu zahlen; der bisherige Unterhaltsbeitrag vermindert sich von Gesetzes wegen im Umfang dieser neuen Leistungen.

3. *Veränderung der Verhältnisse*

a. Im Allgemeinen

Das Gericht kann nach Art. 286 Abs. 1 ZGB anordnen, dass der Unterhaltsbeitrag sich bei bestimmten Veränderungen der Bedürfnisse des Kindes oder der Leistungsfähigkeit der Eltern oder der Lebenskosten ohne weiteres erhöht oder vermindert, sprich der Bestimmung des Unterhaltsbeitrags eine Indexklausel beifügen, sie in einem Nachsatz an einen Index zurückbinden. Diese Erhöhung oder Verminderung «ohne weiteres» setzt die Bestimmung des massgebenden Index voraus, dessen Stand im Zeitpunkt des Entscheids und des Masses der dadurch begründeten Veränderung des Unterhaltsbeitrags.

> **Beispiel:** Üblich sind etwa Abstufungen nach dem Alter des Kindes oder Bezugnahmen auf den Landesindex für Konsumentenpreise.

Ansonsten setzt das Gericht den Unterhaltsbeitrag auf Antrag eines Elternteils oder des Kindes (nur) bei erheblicher Veränderung der Verhältnisse neu fest oder hebt ihn auf (Art. 286 Abs. 2 ZGB). Darüber hinaus kann das Gericht bei nicht vorhergesehenen ausserordentlichen Bedürfnissen des Kindes die Eltern zur Leistung eines besonderen Beitrags verpflichten.

> **Beispiel:** So etwa bei Notwendigkeit einer Zahnbehandlung oder eines Kuraufenthaltes.

b.   Mankofälle

In Mankofällen, sprich in Fällen, in denen mangels entsprechender Leistungsfähigkeit des unterhaltspflichtigen Elternteils in einem Entscheid (oder in einem genehmigten Unterhaltsvertrag) kein Unterhaltsbeitrag festgelegt werden konnte, der den gebührenden Unterhalt des Kindes deckt (allgemein hierzu oben S. 245 f.), sieht das Gesetz mit Art. 286a ZGB eine Sonderbestimmung vor.

> **Hinweis:** Der Fehlbetrag ist im Unterhaltsvertrag aufgrund Art. 287a lit. c ZGB (S. 244) oder im Entscheid nach Art. 301a lit. c ZPO angegeben.

Haben sich seit diesem Zeitpunkt die Verhältnisse des unterhaltspflichtigen Elternteils ausserordentlich verbessert, so hat das Kind nach Art. 286a Abs. 1 ZGB Anspruch darauf, dass dieser Elternteil diejenigen Beträge zahlt, die während der letzten fünf Jahre, in denen der Unterhaltsbeitrag geschuldet war, zur Deckung des gebührenden Unterhalts fehlten.

> **Beispiel:** Eine ausserordentliche Verbesserung der Verhältnisse kann sich etwa im Falle einer Erbschaft, eines Lotteriegewinns oder einer Schenkung ergeben.

Der Anspruch muss innerhalb eines Jahres seit Kenntnis der ausserordentlichen Verbesserung geltend gemacht werden (Art. 286a Abs. 2 ZGB). Dabei geht dieser Anspruch nach Art. 286a Abs. 3 ZGB mit allen Rechten auf den anderen Elternteil oder auf das Gemeinwesen über, soweit dieser Elternteil oder das Gemeinwesen für den fehlenden Anteil des gebührenden Unterhalts aufgekommen ist.

VI. Erfüllung

1. Gläubiger

Der Anspruch auf Unterhaltsbeiträge steht nach Art. 289 Abs. 1 ZGB (unmittelbar) dem Kind zu und wird, solange das Kind minderjährig ist, (vermittelt) durch Leistung an dessen gesetzlichen Vertreter oder den Inhaber der Obhut erfüllt, soweit das Gericht es nicht anders bestimmt.

Erfüllen die Eltern ihre Unterhaltspflicht nicht, muss nach Massgabe der kantonalen Fürsorgegesetzgebung das Gemeinwesen für den Unterhalt aufkommen (vgl. bereits hier Art. 293 ZGB). Soweit dies der Fall ist, geht nach Art. 289 Abs. 2 ZGB der Unterhaltsanspruch mit allen Rechten auf das Gemeinwesen über. Umfasst ist damit nicht zuletzt auch die Klage nach den Art. 279–286 ZGB.

2. Vollstreckung

Aufgrund der schlechten Zahlungsmoral bei der Erfüllung geschuldeter Unterhaltsbeiträge, geschuldeter Alimente, sieht der Gesetzgeber, über die allgemeinen Regelungen der Vollstreckung hinaus, mit den Art. 290–292 ZGB besondere (Vollstreckungs-)Massnahmen vor.

a. Inkassohilfe

Nach Ansicht des Gesetzgebers sind die gesetzlichen Vertreter des Kindes, nicht zuletzt alleinstehende Elternteile, oft «zu schüchtern oder zu unbeholfen», um die Unterhaltsforderung mit Mitteln des Schuldbetreibungs- und Strafrechts durchzusetzen. Erfüllt der Vater oder die Mutter die Unterhaltspflicht nicht, so hilft eine vom kantonalen Recht bezeichnete Fachstelle auf Gesuch hin dem Kind sowie dem anderen Elternteil bei der Vollstreckung des Unterhaltsanspruchs in geeigneter Weise und unentgeltlich (Art. 290 Abs. 1

ZGB). Neben der Alimentenbevorschussung (S. 252) bildet die Inkassohilfe den ersten Baustein der sogenannten Alimentenhilfe. Um jedoch gerade bei der Inkassohilfe kantonale Unterschiede so weit wie möglich zu vermeiden, legt der Bundesrat nach Art. 290 Abs. 2 ZGB die Leistungen der Inkassohilfe fest.

> **Hinweis:** Die sogenannte Inkassohilfeverordnung (InkHV) vom 6. Dezember 2019 ist am 1. Januar 2022 in Kraft getreten. Demnach bietet die Fachstelle neben umfassender Beratung und administrativer Unterstützung (vgl. Art. 12 Abs. 1 lit. a–i, k InkHV) auch die Einleitung der Zwangsvollstreckung oder Verarrestierung nach Art. 67 ff. bzw. 271 ff. SchKG an (vgl. Art. 12 Abs. 1 lit. j InkHV) und kann sofern angemessen auch strafrechtlich aktiv werden (vgl. Art. 12 Abs. 2 InkHV).

b. Anweisungen an die Schuldner

Wenn die Eltern die Sorge für das Kind, sprich ihre elterliche Pflicht zum Unterhalt, vernachlässigen, kann das Gericht nach Art. 291 ZGB ihre Schuldner anweisen, die Zahlungen ganz oder zum Teil an den gesetzlichen Vertreter des Kindes zu leisten. In den Augen des Gesetzgebers kommt dieser Anweisung zweierlei Funktion zu: zum einen muss so nicht neu für jede fällige Forderung die Schuldbetreibung eingeleitet werden, zum anderen soll bereits die bloss mögliche Anweisung der Schuldner und damit deren Kenntnis von der Vernachlässigung der Sorge für das Kind den Unterhaltsschuldner abschrecken und zur Erfüllung seiner Unterhaltsschuld bewegen.

3. *Sicherstellung*

Art. 217 StGB stellt die «Vernachlässigung von Unterhaltspflichten» unter Strafe. So wird, wer seine familienrechtlichen Unterhalts- oder Unterstützungspflichten nicht erfüllt, obschon er über die Mittel dazu verfügt oder verfügen könnte, auf Antrag, mit Freiheitsstrafe bis zu drei Jahren oder Geldstrafe bestraft (Art. 217 Abs. 1 StGB). Neben dieser repressiven Regelung wirkt Art. 292 ZGB präventiv: vernachlässigen die Eltern beharrlich die Erfüllung ihrer Unterhaltspflicht, oder ist anzunehmen, dass sie Anstalten zur

Flucht treffen oder ihr Vermögen verschleudern oder beiseiteschaffen, so kann das Gericht sie verpflichten, für die künftigen Unterhaltsbeiträge angemessene Sicherheit zu leisten.

Hinweis: Unterhaltspflichten werden auch im Rahmen des Bundesgesetzes über Schuldbetreibung und Konkurs (SchKG) als besonders schutzwürdig gewertet, so etwa über den sogenannten privilegierten Anschluss an die Pfändung ohne Betreibung (Art. 111 Abs. 1 Ziff. 2 SchKG) und mit Blick auf die Rangordnung der Gläubiger über eine privilegierte Kollokation (Art. 219 Abs. 4 lit. c SchKG).

VII. Öffentliches Recht

Die Bedürfnisse des Kindes müssen unterhalten werden, notfalls durch staatliche Fürsorge. Dies hält der Bundeszivilgesetzgeber mit Art. 293 ZGB, der sogenannten Alimentenbevorschussung als dem zweiten Baustein der Alimentenhilfe neben der Inkassohilfe (S. 250 f.), ausdrücklich fest: das öffentliche Recht bestimmt unter Vorbehalt der Unterstützungspflicht der Verwandten, wer die Kosten des Unterhaltes zu tragen hat, wenn weder die Eltern noch das Kind sie bestreiten können (Art. 293 Abs. 1 ZGB); ausserdem regelt das öffentliche Recht die Ausrichtung von Vorschüssen für den Unterhalt des Kindes, wenn die Eltern ihrer Unterhaltspflicht nicht nachkommen (Art. 293 Abs. 2 ZGB). Anknüpfungspunkt der staatlichen Fürsorge darf damit nicht erst die Not des Kindes sein.

Hinweis: Zuständig sind damit im Grundsatz die Kantone. Der Inhalt des Art. 293 ZGB ist insoweit unverbindlich – auch wenn der Gesetzgeber (die Hoffnung) zum Ausdruck gebracht hat, die Kantone hätten «Sinn und Geist der privatrechtlichen Ordnung zu achten».

VIII. Pflegeeltern

Eine besondere Regelung enthält Art. 294 ZGB im Hinblick auf die Pflegeeltern. Die Pflegeelternschaft begründet kein rechtliches Kinderverhältnis, jedoch unterhalten die Pflegeeltern Bedürfnisse des Kindes (vor diesem Hintergrund näher S. 211 f.). Der Ausgleich für diese Leistungen, insbesondere auch eine etwaige Vergütung für die Pflege des Kindes, richtet sich nach den Bestimmungen des Obligationenrechts und ist allgemein vertraglich bzw. über einen sogenannten Pflegevertrag zu begründen.

Um allgemeinen Zweifeln an der Entgeltlichkeit eines solchen Pflegeverhältnisses entgegenzutreten, bestimmt der Gesetzgeber mit Art. 294 Abs. 1 ZGB, dass Pflegeeltern Anspruch auf ein angemessenes Pflegegeld haben, sofern nichts Abweichendes vereinbart ist oder sich eindeutig aus den Umständen ergibt. Unentgeltlichkeit ist hingegen zu vermuten, wenn Kinder von nahen Verwandten oder zum Zweck späterer Adoption aufgenommen werden (Art. 294 Abs. 2 ZGB). In diesen Fällen müsste ein Pflegegeld ausdrücklich vereinbart werden.

IX. Ansprüche der unverheirateten Mutter

Nur im weitesten Sinne der Unterhaltspflicht der Eltern zuzuordnen ist schliesslich Art. 295 ZGB über die Ansprüche der unverheirateten Mutter für die Kosten von Schwangerschaft und Geburt – und damit der Unterhaltung dieser grundlegenden Bedürfnisse des Kindes. Ist die Mutter verheiratet, sind die Kosten von Schwangerschaft und Geburt nach den Bestimmungen des Eherechts, sprich nach den Bestimmungen über den Unterhalt der Familie nach Art. 163 Abs. 1 ZGB, zu tragen. Für die unverheiratete Mutter bestimmt hingegen Art. 295 Abs. 1 ZGB einen selbständigen Anspruch dahin, dass sie spätestens bis ein Jahr nach der Geburt gegen den Vater oder dessen Erben auf Ersatz klagen kann: für die Entbindungskosten (Ziff. 1), für die Kosten des Unterhaltes während mindestens vier Wochen vor und mindestens acht Wochen nach der Geburt (Ziff. 2), sowie für andere infolge der Schwangerschaft oder der Entbindung notwendig gewordene Auslagen unter Einschluss der ersten Ausstattung des Kindes (Ziff. 3).

Aus Billigkeit kann das Gericht nach Art. 295 Abs. 2 ZGB auch den teilweisen oder vollständigen Ersatz der entsprechenden Kosten zusprechen, wenn die Schwangerschaft vorzeitig beendigt wird. Leistungen Dritter, auf welche die Mutter nach Gesetz oder Vertrag Anspruch hat, sind anzurechnen, soweit es die Umstände rechtfertigen (Art. 295 Abs. 3 ZGB).

D. Das Kindesvermögen

Die elterliche (Für-)Sorge für das Kindesvermögen, sprich die Vermögensinteressen des Kindes, hat der Gesetzgeber neben den Art. 296–317 ZGB über die elterliche Sorge mit den Art. 318–327 ZGB besonders geregelt.

I. Verwaltung

Nach Art. 318 Abs. 1 ZGB haben die Eltern, solange ihnen die elterliche Sorge zusteht, das Recht und die Pflicht, das Kindesvermögen zu verwalten, sprich die (Für-)Sorge für die Vermögensinteressen des Kindes. Diese Verwaltung erfolgt grundsätzlich selbständig und wird trotz möglicher vermögensrechtlicher Eigeninteressen der Eltern über den Verweis auf die gegenseitige Kontrolle der Eltern gerechtfertigt. Stirbt jedoch ein Elternteil, so hat der überlebende Elternteil, nicht zuletzt vor dem Hintergrund der nicht mehr gegebenen gegenseitigen Kontrolle, der Kindesschutzbehörde ein Inventar über das Kindesvermögen einzureichen (Art. 318 Abs. 2 ZGB).

Erachtet es die Kindesschutzbehörde nach Art und Grösse des Kindesvermögens und nach den persönlichen Verhältnissen der Eltern allgemein für angezeigt, so ordnet sie nach Art. 318 Abs. 3 ZGB die Inventaraufnahme oder die periodische Rechnungsstellung und Berichterstattung an. Dabei handelt es sich bereits um vorbeugende Massnahmen zum Schutz des Kindesvermögens (näher zu diesen unten S. 257ff.)

Beispiel: Diese Massnahmen können ihren Grund etwa in der Unerfahrenheit, Gleichgültigkeit, aber auch der eigenen (schlechten) finanziellen Situation der Eltern finden.

II. Verwendung der Erträge

Auch wenn die Eltern für die (Für-)Sorge für die Interessen des Kindes zuständig sind, so kommt diese Fürsorge doch unmittelbar dem Kind zugute. Dennoch hat der Gesetzgeber von einer vollen Tragung der Kosten der Fürsorge durch das Kind abgesehen. Nach Art. 319 Abs. 1 ZGB dürften die Eltern (nur) die Erträge des Kindesvermögens für Unterhalt, Erziehung und Ausbildung des Kindes und, soweit es der Billigkeit entspricht, auch für die Bedürfnisse des Haushaltes (in dem das Kind lebt) verwenden. Übersteigen die Erträge des Kindesvermögens die genannten Bedürfnisse, so fällt ein Überschuss nach Art. 319 Abs. 2 ZGB ins Kindesvermögen.

III. Anzehrung des Kindesvermögens

In gleicher Weise stellt der Gesetzgeber bestimmte Teile (der Substanz) des Kindesvermögens zur Verfügung: Abfindungen (vgl. Art. 288 ZGB), Schadenersatz und ähnliche Leistungen werden vom Gesetzgeber als zum Verbrauch bestimmte Leistungen angesehen, so dass das Kindesvermögen insoweit angezehrt bzw. nach Art. 320 Abs. 1 ZGB diese Leistungen in Teilbeträgen entsprechend den laufenden Bedürfnissen für den Unterhalt des Kindes verbraucht werden dürfen.

Im Übrigen hält der Gesetzgeber eine Anzehrung des Kindesvermögens nur ausnahmsweise für zulässig. Erweist es sich für die Bestreitung der Kosten des Unterhalts, der Erziehung oder der Ausbildung als notwendig, so kann die Kindesschutzbehörde den Eltern nach Art. 320 Abs. 2 ZGB gestatten, auch das übrige Kindesvermögen in bestimmten Beträgen anzugreifen.

IV.   Freies Kindesvermögen

Neben dieser allgemeinen Regelung bestimmt der Gesetzgeber nach Art. 321 ZGB ein freies (Kindes-)Vermögen, das von den Regelungen der Art. 318–320 ZGB teilweise oder ganz befreit und unter Umständen der Verwaltung der Eltern entzogen ist. Die Begründungen für ein solch freies Kindervermögen sind vielfältig und können auf die Vorbereitung des Kindes auf seine wirtschaftliche Selbständigkeit oder etwa die Mehrung des Kindesvermögens als solchen verweisen (zur Frage der Anzehrung auch dieses Kindesvermögens jedoch soeben S. 255).

1.   Zuwendungen

So dürfen nach Art. 321 Abs. 1 ZGB und entgegen Art. 319 ZGB Eltern Erträge des Kindesvermögens nicht verbrauchen, wenn es dem Kind mit dieser ausdrücklichen Auflage oder unter der Bestimmung zinstragender Anlage oder als Spargeld zugewendet worden ist. Die Verwaltung durch die Eltern ist jedoch nach Art. 321 Abs. 2 ZGB nur dann ausgeschlossen, wenn dies bei der Zuwendung ausdrücklich bestimmt wird.

2.   Pflichtteil

Nach Willen des Gesetzgebers sollen die Bestimmungen über das freie Kindesvermögen auch für den Pflichtteil des Kindes gelten können. Mit Art. 322 Abs. 1 ZGB bestimmt der Gesetzgeber daher, dass der Pflichtteil durch Verfügung von Todes wegen von der elterlichen Verwaltung ausgenommen werden kann – und erweitert damit für diesen besonderen Fall die nach Art. 481–497 ZGB zulässigen Arten von Verfügungen von Todes wegen.

Hinweis: Probleme ergeben sich, wenn der Erblasser die Verwaltung einem Dritten überträgt. In diesem Fall kann die Kindesschutzbehörde auch diesen zur periodischen Rechnungsstellung und Berichterstattung anhalten (Art. 322 Abs. 2 ZGB).

3. Arbeitserwerb, Berufs- und Gewerbevermögen

Was das Kind durch eigene Arbeit erwirbt und was es von den Eltern aus seinem Vermögen zur Ausübung eines Berufes oder eines eigenen Gewerbes herausbekommt, steht nach Art. 323 Abs. 1 ZGB unter seiner Verwaltung und Nutzung. Art. 323 Abs. 1 ZGB stellt daher eine besondere Bestimmung zu den Regelungen des allgemeinen Handlungsfähigkeitsrechts insoweit dar, als hiermit das Kind im Hinblick auf seinen Arbeitserwerb vom Gesetzgeber für handlungsfähig (und prozessfähig) bestimmt wird. Die Handlungsfähigkeit ist dabei der Höhe nach begrenzt, als nur Verpflichtungen eingegangen werden können, welche den ihm bis zum Ablauf der ordentlichen Kündigungsfrist des Arbeitsvertrags zustehenden Lohn nicht übersteigen.

> **Hinweis:** In Bezug auf den Arbeitsvertrag als solchen gelten hingegen die allgemeinen Bestimmungen über die elterliche Sorge bzw. die Vertretung des Kindes nach den Art. 304 und 305 ZGB (dazu oben S. 219 f.).

Art. 323 Abs. 2 ZGB schreibt schliesslich den (Grund-)Gedanken von Art. 276 Abs. 3 ZGB fort, nach dem die Eltern von ihrer Unterhaltspflicht in dem Mass befreit sind, als dem Kind zugemutet werden kann, den Unterhalt aus seinem Arbeitserwerb oder anderen Mitteln zu bestreiten (näher hierzu S. 241). Lebt das Kind mit den Eltern noch in häuslicher Gemeinschaft, so können sie nach Art. 323 Abs. 2 ZGB verlangen, dass es einen angemessenen Beitrag an seinen Unterhalt leistet.

V. Schutz des Kindesvermögens

Auch der allgemeine Kindesschutz findet sich im Hinblick auf den Schutz des Kindesvermögens, sprich die Vermögensinteressen des Kindes, besonders bestimmt. Der Gesetzgeber hat mit dem Kindesvermögen einen eigenen Anknüpfungspunkt geschaffen, an den (besondere) Massnahmen zum Schutz des Kindesvermögens selbständig angeknüpft werden können.

1. Geeignete Massnahmen

Art. 324 Abs. 1 ZGB nimmt dabei zunächst die Bestimmung des Art. 307 Abs. 1 ZGB zum allgemeinen Kindesschutz auf (zu dieser oben S. 221 ff.). Ist die sorgfältige Verwaltung nicht hinreichend gewährleistet, so trifft die Kindesschutzbehörde die geeigneten Massnahmen zum Schutz des Kindesvermögens.

Als vorbeugende Massnahme ist bereits Art. 318 Abs. 3 ZGB zu beachten, nach dem die Kindesschutzbehörde eine Inventaraufnahme oder die periodische Rechnungsstellung und Berichterstattung anordnet, wenn sie es nach Art und Grösse des Kindesvermögens und nach den persönlichen Verhältnissen der Eltern für angezeigt erachtet (dazu oben S. 254 f.). (Weitere) besondere, für den Schutz des Kindesvermögens geeignete Massnahmen bestimmt Art. 324 Abs. 2 ZGB. So kann die Kindesschutzbehörde zum Schutz der Vermögensinteressen des Kindes namentlich Weisungen für die Verwaltung erteilen und, wenn die periodische Rechnungsstellung und Berichterstattung nicht ausreichen, die Hinterlegung oder Sicherheitsleistung anordnen.

Für das Verfahren und die Zuständigkeit verweist Art. 324 Abs. 3 ZGB auf die entsprechende Anwendung der (allgemeinen) Bestimmungen über den Kindesschutz, sprich die Art. 314–315b ZGB (zu diesen S. 226 ff.).

2. Entziehung der Verwaltung

Um nicht das ganze elterliche Sorgerecht entziehen zu müssen, sieht Art. 325 Abs. 1 ZGB die Möglichkeit vor, den Eltern (bloss) die Verwaltung zu entziehen. Kann der Gefährdung des Kindesvermögens auf andere Weise nicht begegnet werden, so überträgt die Kindesschutzbehörde die Verwaltung einem Beistand. Einen noch weitergehenden Eingriff sieht Art. 325 Abs. 3 ZGB vor, als er das nach Art. 319 und 320 ZGB für die Eltern freigegebene Vermögen betrifft. Ist zu befürchten, dass die Erträge oder die für den Verbrauch bestimmten oder freigegebenen Beträge des Kindesvermögens nicht bestimmungsgemäss verwendet werden, so kann die Kindesschutz-behörde auch deren Verwaltung einem Beistand übertragen.

Die Kindesschutzbehörde trifft die gleiche Anordnung, wenn Kindesvermögen, das nicht von den Eltern verwaltet wird, gefährdet ist (Art. 325 Abs. 2 ZGB) – sprich in den Fällen der Art. 321 Abs. 2, Art. 322 und 323 ZGB. Auch der Kindesvermögensschutz findet seinen Grund in der Gefährdung des Kindesvermögens als solchen, nicht in der Gefährdung durch eine besondere Person (oder Handlung).

VI.　Ende der Verwaltung

Besondere Bestimmungen hat der Gesetzgeber für den Fall vorgesehen, dass die Verwaltung des Kindesvermögens durch die Eltern endet.

> **Beispiel:** Ende der elterlichen Sorge (vgl. Art. 318 Abs. 1 ZGB), etwa mit Volljährigkeit des Kindes oder in Fällen ihres Entzugs, oder bei Entziehung der Verwaltungsbefugnis nach Art. 325 ZGB (dazu soeben S. 258 f.).

1.　Rückerstattung

Endet die elterliche Sorge oder Verwaltung, so haben die Eltern nach Art. 326 ZGB das Kindesvermögen aufgrund einer Abrechnung dem volljährigen Kind oder seinem gesetzlichen Vertreter herauszugeben.

2.　Verantwortlichkeit

Für die Rückleistung sind die Eltern nach Art. 327 Abs. 1 ZGB gleich einem Beauftragten, sprich nach Art. 398 f. OR, verantwortlich. Für das, was sie in guten Treuen veräussert haben, ist der Erlös zu erstatten (Art. 327 Abs. 2 ZGB). Für die Beträge, die sie befugtermassen für das Kind oder den Haushalt verwendet haben, schulden sie nach

Art. 327 Abs. 3 ZGB jedoch keinen Ersatz. Damit sind die Fälle des Art. 319 Abs. 1 und Art. 320 ZGB angesprochen (S. 255).

E.   Minderjährige unter Vormundschaft

Mit den Art. 327a–327b ZGB schliesst sich die Klammer der Vorschriften des achten Titels über «Die Wirkungen des Kindesverhältnisses» – und befasst sich mit der Frage nach den (Rechts-)Folgen, wenn das Kind nicht (mehr) unter elterlicher Sorge steht.

I.   Grundsatz

Den Grundsatz, die grundsätzliche Antwort auf diese Frage gibt der Gesetzgeber mit Art. 327a ZGB: Steht ein Kind nicht unter elterlicher Sorge, so ernennt ihm die Kindesschutzbehörde einen («anderen») Vormund, überträgt das Sorgerecht auf ihn.

II.   Rechtsstellung

1.   Des Kindes

Das Kind unter Vormundschaft hat dabei die gleiche Rechtsstellung wie das Kind unter elterlicher Sorge (Art. 327b ZGB).

2.   Des Vormunds

Auch stehen dem Vormund die gleichen Rechte wie den Eltern zu (Art. 327c Abs. 1 ZGB). Mit der Übertragung des Sorgerechts auf andere als die Eltern, auf eine Drittperson, hat der Gesetzgeber jedoch besondere Vorschriften für erforderlich gehalten, namentlich Bestimmungen über die Ernennung des Vormunds, die Führung der Vormundschaft und die Mitwirkung einer Behörde – und so die Bestimmungen des Erwachsenenschutzes, des ehemaligen «Vormundschaftsrechts», insbesondere die Bestimmungen über die Ernennung des Beistands, die Führung der Beistandschaft und die

Mitwirkung der Erwachsenenschutzbehörde, mit Art. 327c Abs. 2 ZGB für sinngemäss anwendbar erklärt.

> Hinweis: Muss das Kind vom Vormund in einer geschlossenen Einrichtung oder in einer psychiatrischen Klinik untergebracht werden, so sind die Bestimmungen des Erwachsenenschutzes über die fürsorgerische Unterbringung sinngemäss anwendbar (Art. 327c Abs. 3 ZGB). Damit sollen jedoch auch hier, anders als bei der Unterbringung durch die Eltern selbst, nur die besonderen verfahrensrechtlichen Bestimmungen bzw. Sicherungen des Erwachsenenschutzrechts Anwendung finden, während die Voraussetzung der Unterbringung unmittelbar durch das Kindesschutzrecht selbst bestimmt werden.

§ 11 Die Familiengemeinschaft

Mit dem Titel über «Die Familiengemeinschaft» schliesst der zweite Teil des Zivilgesetzbuchs über «Das Familienrecht». Hiermit tritt der Gesetzgeber vor die eheliche Gemeinschaft zurück, ohne jedoch wieder die historische Grossfamilie in den Blick zu nehmen – sondern wiederum das «Bollwerk», «gegen alle der Familie und der Ehe feindlichen Bestrebungen unserer Tage», sprich die «Bildung einer enger, aber umso fester geschlossenen Familie» (dazu bereits oben S. 4 f.):

> «Dieser Familie haben privatrechtlich mit intensiven Rechten und Pflichten die näheren Blutsverwandten und ausserdem der Ehegatte, d.h. die Ehefrau und Mutter, anzugehören.»

Es verwundert daher nicht, wenn die Begründung der Bestimmungen über die Familiengemeinschaft heute häufig zur Diskussion gestellt wird. Im Zentrum steht dabei regelmässig die Frage der Zuständigkeitsverteilung für Fürsorgeleistungen zwischen Staat und Privaten.

A.   Die Unterstützungspflicht

So regeln die Bestimmungen der Art. 328–330 ZGB über die Unterstützungspflicht zunächst die Frage, ob bzw. inwieweit Mitglieder der so verstandenen Familie andere Familienmitglieder unterstützen müssen, wenn diese ihre Bedürfnisse nicht selbst befriedigen können. Damit ist zugleich die Frage aufgeworfen, in welchem Verhältnis diese familienrechtliche Unterstützungspflicht zu Unterstützungspflichten, insbesondere Sozialleistungen des Staates, steht.

Der Gesetzgeber hat die Art. 328–330 ZGB in dem Bewusstsein getroffen, dass einerseits aufgrund der Entwicklung der Sozialleistungen des Staates die Notwendigkeit einer familienrechtlichen Unterstützungspflicht stark gemindert wurde. Zugleich war dem Gesetzgeber bewusst, dass «die Verankerung der Unterstützungspflicht im Rechtsbewusstsein der Bevölkerung mit der Lockerung der verwandtschaftlichen Bande deutlich schwächer geworden» ist – und von einer Durchsetzung der Unterstützungspflicht aus persönlichen Gründen oft abgesehen wird. Letztendlich entschied sich der Gesetzgeber jedoch dagegen, die Familiensolidarität zulasten des Staates zu stark abzubauen.

I.   Unterstützungspflichtige

Wer in günstigen Verhältnissen lebt, ist noch heute nach Art. 328 Abs. 1 ZGB verpflichtet, Verwandte in auf- und absteigender Linie zu unterstützen, die ohne diesen Beistand in Not geraten würden. Voraussetzung der Unterstützungspflicht sind damit die benannten Verwandtschaftsverhältnisse, die Notlage des Berechtigten und die Leistungsfähigkeit des Pflichtigen – während das persönliche Verhältnis zwischen ihnen für die Unterstützungspflicht (nur) im Ausgangspunkt ohne Bedeutung ist (zur Ermässigung oder Aufhebung der Unterstützungspflicht in diesen Fällen jedoch sogleich S. 263 f.).

> **Beispiel:** Fragen der Unterstützungspflicht stellen sich in der Praxis insbesondere bei alten oder invaliden Verwandten, bei Drogensüchtigen, Langzeitarbeitslosen, aber auch im Falle von Scheidungen der mittleren Generation.

Vorbehalten bleibt nach Art. 328 Abs. 2 ZGB die (besondere) Unterhaltspflicht der Eltern und des Ehegatten, der eingetragenen Partnerin oder des eingetragenen Partners (dazu jeweils S. 240 ff., 51 ff. und 270). Für Findelkinder, bei denen die unterhaltsverpflichteten Eltern nicht bekannt sind, hat der Gesetzgeber aus der weiteren Perspektive der Familiengemeinschaft mit Art. 330 ZGB eine Sonderregel getroffen (dazu S. 264).

II. Umfang und Geltendmachung des Anspruchs

Der Anspruch auf Unterstützung ist nach Art. 329 Abs. 1 ZGB gegen die Pflichtigen in der Reihenfolge ihrer Erbberechtigung geltend zu machen, und geht auf die Leistung, die zum Lebensunterhalt des Bedürftigen erforderlich und den Verhältnissen des Pflichtigen angemessen ist (Art. 329 Abs. 1 ZGB).

Zur Milderung der Folgen der einseitigen Manköüberbindung für den betreuenden Elternteil und seine Verwandten in aufsteigender Linie (dazu oben S. 148) bestimmt Art. 329 Abs. 1bis ZGB weiter, dass kein Anspruch auf Unterstützung geltend gemacht werden kann, wenn die Notlage auf einer Einschränkung der Erwerbstätigkeit zur Betreuung eigener Kinder beruht.

Schliesslich kann das Gericht, in Abweichung der von Art. 328 Abs. 1 ZGB im Grundsatz bestimmten Unbeachtlichkeit des persönlichen Verhältnisses, nach Art. 329 Abs. 2 ZGB die Unterstützungspflicht ermässigen oder aufheben, wenn die Heranziehung eines Pflichtigen wegen besonderer Umstände als unbillig erscheint.

> **Beispiel:** Unbillig wäre bspw. die Unterstützungspflicht gegenüber einem Vater, der früher seiner eigenen (Kindes-)Unterhaltspflicht nicht nachgekommen ist, oder wenn dieser seine Kinder zu töten versucht oder missbraucht hat.

Hinweis: Die Bestimmungen über die Unterhaltsklage des Kindes und über den Übergang seines Unterhaltsanspruchs auf das Gemeinwesen finden nach Art. 329 Abs. 3 ZGB entsprechende Anwendung, da deren Interessenbewertung auch im Hinblick auf die Unterstützungspflicht in der Familiengemeinschaft trägt (zu diesen Vorschriften näher S. 244 ff.).

III. Unterhalt von Findelkindern

Da bei Findelkindern zwar zumindest zur Mutter ein Kindesverhältnis entsteht (S. 164 f.), diese jedoch unbekannt ist, werden Findelkinder nach Art. 330 Abs. 1 ZGB von der Gemeinde unterhalten, in der sie eingebürgert worden sind. Wird jedoch die Abstammung eines Findelkindes festgestellt, so kann diese Gemeinde die unterstützungspflichtigen Verwandten und in letzter Linie das unterstützungspflichtige Gemeinwesen zum Ersatz der Auslagen anhalten, die sein Unterhalt ihr verursacht hat (Art. 330 Abs. 2 ZGB).

B. Die Hausgewalt

Die Bestimmungen der Art. 331–334bis ZGB über die Hausgewalt sind heute in der Praxis kaum noch von Bedeutung. Die hierin bestimmten Rechte werden kaum noch wahrgenommen, die hierin bestimmten Pflichten kaum noch erfüllt.

I. Voraussetzung

Haben Personen, die in gemeinsamem Haushalt leben, nach Vorschrift des Gesetzes oder nach Vereinbarung oder Herkommen ein Familienhaupt, so steht diesem nach Art. 331 Abs. 1 ZGB die sogenannte «Hausgewalt» zu. Sie erstreckt sich nach Art. 331 Abs. 2 ZGB auf alle Personen, die als Verwandte und Verschwägerte oder auf Grund eines Vertragsverhältnisses als Arbeitnehmer oder in ähnlicher Stellung in dem gemeinsamen Haushalt leben – und knüpft dabei mittelbar an die dem traditionellen Begriff des «Hauses» zugrunde liegenden Wertungen an (zum Hausbegriff oben S. 2 ff.).

II. Wirkung

1. Hausordnung und Fürsorge

Aufgrund der Hausgewalt ist das Familienoberhaupt zuständig für «Hausordnung und Fürsorge». Dabei soll die Ordnung, der die Hausgenossen unterstellt sind, auf die Interessen aller Beteiligten in billiger Weise Rücksicht nehmen, insbesondere den Hausgenossen für ihre Ausbildung, ihre Berufsarbeit und für die Pflege der religiösen Bedürfnisse die nötige Freiheit gewähren (Art. 332 Abs. 1 und 2 ZGB). Die Fürsorge beschränkt sich hingegen auf die von den Hausgenossen eingebrachten Sachen, die das Familienhaupt mit der gleichen Sorgfalt zu verwahren und gegen Schaden sicherzustellen hat, wie die eigenen (Art. 332 Abs. 3 ZGB).

2. Verantwortlichkeit

Zugleich vermittelt sich die «Hausgewalt» jedoch über eine besondere Verantwortlichkeit des Familienhaupts. Verursacht ein Hausgenosse, der minderjährig oder geistig behindert ist, unter umfassender Beistandschaft steht oder an einer psychischen Störung leidet, einen Schaden, so ist das Familienhaupt nach Art. 333 Abs. 1 ZGB dafür haftbar, insofern es nicht darzutun vermag, dass es das übliche und durch die Umstände gebotene Mass von Sorgfalt in der Beaufsichtigung beobachtet hat.

> **Beispiel:** Die Frage nach der Verantwortlichkeit des Familienhaupts hat sich etwa in einem Fall gestellt, indem ein Vater mit seinen Kindern (zwei und vier Jahre) beim Schlitteln war – und

diese mit ihrem Schlitten in eine ältere Frau fuhren, die am Rande der Piste stand. Für den Einzelfall wurde eine Verantwortlichkeit verneint.

Begründung findet diese besondere Haftung nicht zuletzt in der «Beherrschung der Gefahrenquelle» durch das Familienhaupt. So ist denn das Familienhaupt auch nach Art. 333 Abs. 2 ZGB verpflichtet, dafür zu sorgen, dass aus dem Zustand eines Hausgenossen mit einer geistigen Behinderung oder einer psychischen Störung weder für diesen selbst noch für andere Gefahr oder Schaden erwächst. Soweit die Zuständigkeit für entsprechende Massnahmen anderweitig, sprich beim Staat, begründet ist, hat das Familienhaupt bei der zuständigen Behörde zwecks Anordnung der erforderlichen Vorkehrungen Anzeige zu machen (Art. 333 Abs. 3 ZGB).

3. Forderung der Kinder und Grosskinder

Die Art. 334–335 ZGB über die «Forderung der Kinder und Grosskinder» regeln schliesslich Fragen des sogenannten Lidlohns, sprich der Entschädigung für die Zuwendung von Arbeit oder Einkünften während des Zusammenlebens im gemeinsamen Haushalt. Die Bestimmungen wollen verhindern, dass solche Leistungen ohne angemessene Entschädigung bei den Eltern und Grosseltern verbleiben – und sie schliesslich dritten Erben oder Gläubigern zugutekommen.

Hinweis: Die Herkunft des Wortes «Lidlohn» ist ungewiss und wird heute teilweise auf den Begriff «Leute», als den der Hausgewalt unterworfenen Personen, oder «Glied», mit Blick auf das Mittel der erbrachten Arbeit, zurückgeführt. Andere wiederum verweisen auf das althochdeutsche «lid», für Gang oder Wanderung, so dass Lidlohn ursprünglich den beim Ausscheiden aus einer Stellung bezahlten Lohn bezeichnet habe.

a.   Voraussetzungen

So können nach Art. 334 Abs. 1 ZGB volljährige Kinder oder Gross-kinder, die ihren Eltern oder Grosseltern im gemeinsamen Haushalt ihre Arbeit oder ihre Einkünfte zugewendet haben, hierfür eine an-gemessene Entschädigung verlangen. Dabei entscheidet im Streit-falle das Gericht über die Höhe der Entschädigung, ihre Sicherung und die Art und Weise der Bezahlung (Art. 334 Abs. 2 ZGB).

b.   Geltendmachung

Die den Kindern oder Grosskindern zustehende Entschädigung kann dem (beschränkten) Zweck des Lidlohns gemäss jedoch grundsätzlich erst mit dem Tode des Schuldners geltend gemacht werden (Art. 334bis Abs. 1 ZGB) – bzw. nach Art. 334bis Abs. 2 ZGB schon zu seinen Lebzeiten, wenn die Entschädigung droht, dem Zugriff von Kind oder Grosskind entzogen zu werden: sprich, wenn gegen den Schuldner eine Pfändung erfolgt oder über ihn der Konkurs eröffnet wird, wenn der gemeinsame Haushalt aufge-hoben wird oder wenn der Betrieb in andere Hände übergeht. Sie unterliegt denn auch keiner Verjährung, muss aber spätestens bei der Teilung der Erbschaft des Schuldners geltend gemacht werden (Art. 334bis Abs. 3 ZGB).

C. Das Familienvermögen

Mit den Vorschriften der Art. 335–348 ZGB über «Das Familienver-mögen» schliesst der Abschnitt über das Familienrecht. Mit ihnen soll nicht zuletzt eine zu grosse Zersplitterung von (Familien-)Ver-mögen vermieden und der Gemeinschaftsgedanke gestärkt werden.

Hierzu eröffnet der Gesetzgeber mit Art. 335 ZGB zum einen die Möglichkeit, ein Vermögen mit einer Familie dadurch zu verbin-den, dass zur Bestreitung der Kosten der Erziehung, Ausstattung oder Unterstützung von Familienangehörigen oder zu ähnlichen Zwecken eine Familienstiftung nach den Regeln des Personenrechts oder des Erbrechts errichtet wird (Art. 335 Abs. 1 ZGB). Daneben lässt der Gesetzgeber mit den Art. 336–348 ZGB sogenannte «Gemeinderschaften» zu, sprich ein Vermögen mit einer Familie dadurch zu verbinden, dass Verwandte entweder eine Erbschaft ganz oder zum Teil als Gemeinderschaftsgut fortbestehen lassen, oder dass sie Vermögen zu einer Gemeinderschaft zusammenlegen (Art. 336 ZGB). Die Gemeinderschaft verbindet die Gemeinder zu gemeinsamer wirtschaftlicher Tätigkeit (Art. 339 Abs. 1 ZGB). Die Gemeinderschaft ist heute von nur noch sehr geringer praktischer Bedeutung.

4. Teil: Die eingetragene Partnerschaft

§ 12 Hintergrund

Bis zur am 1. Juli 2022 in Kraft getretenen Revision des Zivilgesetzbuchs (Ehe für alle) setzte der schweizerische Gesetzgeber für die Ehe, sprich die Rechtsfolgen der Ehe, voraus, dass die Ehepartner verschiedengeschlechtlich sind. Gleichgeschlechtliche Paare konnten keine Ehe schliessen.

Lange Zeit hatte sich der Gesetzgeber nicht zur Öffnung der Ehe für gleichgeschlechtliche Paare durchringen können und insbesondere darauf verwiesen, dass eine solche Gesetzgebung politisch nicht realisierbar sei. Stattdessen wurde für gleichgeschlechtliche Partner mit dem am 1. Januar 2007 in Kraft getretenen Bundesgesetz über die eingetragene Partnerschaft gleichgeschlechtlicher Paare (Partnerschaftsgesetz, PartG) ein eigenständiges Gesetz geschaffen. Zugleich wurde damit die eingetragene Partnerschaft von der Ehe inhaltlich abgegrenzt, sprich an sie (teils) von den ehelichen abweichende partnerschaftliche Rechtsfolgen geknüpft.

> **Hinweis:** Eine Eingliederung der Regelungen in das Familienrecht des Zivilgesetzbuchs lehnte man dazumal ab, da der Umfang der Regelungen zu gross wäre – und die eingetragene Partnerschaft keine Grundlage für eine Familiengründung bilde, da gleichgeschlechtliche Partner keine Kinder haben könnten und damals auch von Fortpflanzungsverfahren und (teilweise) auch einer Adoption ausgeschlossen waren (dazu jeweils S. 163 und 184 f.).

Mit der Öffnung der Ehe auch für gleichgeschlechtliche Partner hat das Partnerschaftsgesetz nach dem Willen des Gesetzgebers für die Zukunft seinen ursprünglichen Regelungsgegenstand verloren bzw. nun einen anderen Regelungszweck zugeschrieben bekommen. Nach Art. 1 PartG regelt das Gesetz nun nur noch die Wirkungen, die Auflösung und die Umwandlung in eine Ehe der vor dem 1. Juli

2022 begründeten eingetragenen Partnerschaft gleichgeschlechtlicher Paare.

Infolgedessen wurden die Art. 2–8 PartG, welche im Wesentlichen die Begründung und die Eintragung eingetragener Partnerschaften regelten, aufgehoben. Im Folgenden sollen daher nur noch die Wirkungen der eingetragenen Partnerschaft in ihren Grundzügen sowie die Umwandlung in eine Ehe gemäss den neuen Art. 35 und 35a PartG betrachtet werden.

§ 13 Grundzüge der Regelung

A. Wirkungen der eingetragenen Partnerschaft

Obwohl die eingetragene Partnerschaft als «Pendant zur Ehe» geschaffen wurde, ergeben sich im Hinblick auf ihre Wirkungen teils weiterhin beachtliche Unterschiede. Während die Bestimmungen der Art. 12–17 PartG über «Allgemeine Rechte und Pflichten» der eingetragenen Partner noch weitgehend parallel zu den «Den Wirkungen der Ehe im Allgemeinen» nach den Art. 159–179 laufen, ist etwa bereits der Ausgangspunkt der Art. 18–25 PartG über das «Vermögensrecht» ein anderer.

Ausgangspunkt ist hier nach Art. 18 Abs. 1 PartG, dass jede Partnerin und jeder Partner über das eigene Vermögen verfügt, jede Partnerin und jeder Partner nach Art. 18 Abs. 2 PartG für eigene Schulden mit dem eigenen Vermögen haftet. Anders als für die Ehe bestimmt das Partnerschaftsgesetz mit den Art. 18–25 PartG im Grundsatz eine Trennung der Güter während der Dauer der Partnerschaft – wobei jedoch die beiden Partnerinnen oder Partner in einem «Vermögensvertrag» eine besondere Regelung für den Fall vereinbaren können, dass die eingetragene Partnerschaft aufgelöst wird (Art. 25 Abs. 1 Satz 1 PartG). Dabei können sie nach Art. 25 Abs. 1 Satz 2 PartG namentlich vereinbaren, dass das Vermögen nach den Art. 196–219 ZGB geteilt wird (zu diesen Bestimmungen über den ordentlichen Güterstand der Errungenschaftsbeteiligung oben S. 78 ff.).

Hinweis: Gemäss Art. 9g Abs. 1 SchlT ZGB gilt für gleichgeschlechtliche Ehepaare, die vor dem 1. Juli 2022 die Ehe im Ausland geschlossen haben, rückwirkend ab dem Zeitpunkt der Eheschliessung der ordentliche Güterstand der Errungenschaftsbeteiligung, sofern sie nicht durch Ehevertrag oder Vermögensvertrag etwas anderes vereinbart haben. Hintergrund dieser Regelung ist, dass bis vor der Öffnung der Ehe für gleichgeschlechtliche Partner im Ausland geschlossene Ehen zwischen gleichgeschlechtlichen Partnern in der Schweiz gem. Art. 45 Abs. 3 aIPRG (nur) als eingetragene Partnerschaften anerkannt und damit grundsätzlich den Vermögenswirkungen von Art. 18 PartG unterstellt wurden.

(Weitere) «Besondere Wirkungen» der Partnerschaft bestimmt der Gesetzgeber schliesslich mit den Art. 26–28 PartG. Hier tritt namentlich Art. 28 PartG hervor, nach dem Personen, die in eingetragener Partnerschaft leben, (weiterhin) weder zur gemeinschaftlichen Adoption noch zu fortpflanzungsmedizinischen Verfahren zugelassen sind (dazu jeweils S. 184 f. und 163). Anderes gilt heute für die sogenannte Stiefkindadoption (S. 186 f.). Hat daher eine Person das minderjährige Kind ihrer Partnerin oder ihres Partners adoptiert, sind nach Art. 27a PartG die Artikel 270–327c ZGB über «Die Wirkungen des Kindesverhältnisses» sinngemäss anwendbar.

Schliesslich finden sich auch im Partnerschaftsgesetz mit den Art. 29–34 PartG besondere Bestimmungen über die (hier) «Gerichtliche Auflösung der eingetragenen Partnerschaft». Art. 29 PartG bestimmt dabei als Voraussetzung ein «Gemeinsames Begehren» der beiden Partnerinnen oder Partner, oder nach Art. 30 PartG die Klage, das Verlangen einer Partnerin oder eines Partners nach Auflösung der eingetragenen Partnerschaft – hier wenn beide Partner zum Zeitpunkt der Klageerhebung seit mindestens einem

Jahr getrennt leben (zu Art. 111–115 ZGB für die Ehe hingegen hier S. 129 ff.).

> **Hinweis:** Keine (ausdrückliche) Bestimmung findet sich vor diesem Hintergrund für eine (sofortige) Auflösung der eingetragenen Partnerschaft bei Unzumutbarkeit (für die Ehe hingegen S. 133 f.).

B. Umwandlung der eingetragenen Partnerschaft in eine Ehe

Da die Ehe im Vergleich zur eingetragenen Partnerschaft weiterhin mehr bzw. andere Rechte und Pflichten vermittelt, hat der Gesetzgeber von einer automatischen Umwandlung eingetragener Partnerschaften in Ehen abgesehen. Vorausgesetzt wird vielmehr eine Umwandlungserklärung.

I. Umwandlungserklärung

Gemäss Art. 35 Abs. 1 PartG können eingetragene Partnerinnen oder Partner jederzeit vor jeder Zivilstandsbeamtin oder jedem Zivilstandsbeamten erklären, dass sie ihre eingetragene Partnerschaft in eine Ehe umwandeln wollen. Sie müssen hierzu vor der Zivilstandsbeamtin oder dem Zivilstandsbeamten persönlich erscheinen, ihre Personalien und ihre eingetragene Partnerschaft mittels Dokumenten belegen und die Umwandlungserklärung unterzeichnen (Art. 35 Abs. 2 PartG).

Um – sofern dies gewünscht wird – diesem Umwandlungsakt einen mit der Eheschliessung vergleichbar feierlichen Charakter zu verleihen, sieht Art. 35 Abs. 3 PartG in Anlehnung an Art. 101 f. ZGB vor, dass die Umwandlungserklärung auf entsprechenden Antrag in Anwesenheit von zwei volljährigen Zeuginnen oder Zeugen im Trauungslokal entgegengenommen wird.

Gemäss Art. 35 Abs. 4 PartG erlässt der Bundesrat die Ausführungsbestimmungen.

Hinweis: So wurden primär redaktionelle Anpassungen an der Zivilstandsverordnung (ZStV) und der Verordnung über die Gebühren im Zivilstandswesen (ZStGV) vorgenommen. Die Umwandlung allgemein sowie die zeremonielle Umwandlung nach Art. 35 Abs. 3 PartG sind nun in Art. 75n bzw. Art. 75o ZStV näher bestimmt.

II. Wirkungen der Umwandlungserklärung

Art. 35a PartG bestimmt die Wirkungen der Umwandlungserklärung. Sobald die Umwandlungserklärung vorliegt, gelten die bisherigen eingetragenen Partnerinnen und Partner als verheiratet (Art. 35a Abs. 1 PartG).

Knüpft dabei eine gesetzliche Bestimmung für Rechtswirkungen an die Dauer der Ehe an, so ist gemäss Art. 35a Abs. 2 PartG die Dauer der vorangegangenen eingetragenen Partnerschaft anzurechnen.

Hinweis: Hierbei ist nicht zuletzt an die Voraussetzungen der erleichterten Einbürgerung nach Art. 21 bzw. 10 Bürgerrechtsgesetz (BüG) zu denken. Danach wird vorausgesetzt, dass man seit mindestens drei Jahren mit einem Schweizer Bürger oder einer Schweizer Bürgerin verheiratet ist oder in eingetragener Partnerschaft lebt. Die Umwandlung der eingetragenen Partnerschaft in eine Ehe soll in dieser Hinsicht keinen Nachteil darstellen.

Der ordentliche Güterstand der Errungenschaftsbeteiligung (vgl. Art. 181 ZGB) soll nach Art. 35a Abs. 3 PartG jedoch erst ab dem Umwandlungszeitpunkt und nicht rückwirkend gelten, sofern nicht durch Vermögens- oder Ehevertrag etwas anderes vereinbart wurde. Bestehende Vermögens- oder Eheverträge bleiben nach der Umwandlung weiterhin gültig (Art. 35a Abs. 4 PartG).

5. Teil: Die faktische Lebens- gemeinschaft

Von den besonderen Rechtsverhältnissen der Ehe und der eingetragenen Partnerschaft ist die sogenannte faktische Lebensgemeinschaft bzw. das sogenannte Konkubinat abzugrenzen. Die faktische Lebensgemeinschaft ist im Ausgangspunkt bloss faktische, bloss tatsächliche Lebens-, nicht jedoch Gemeinschaft mit besonderen Rechtsfolgen. Es fehlt in diesen Fällen im Grundsatz am Willen der Partner, die rechtliche Gemeinschaft der Ehe (oder eingetragenen Partnerschaft) und die damit einhergehenden Rechte und Pflichten zu begründen. Andere rechtliche Lebensgemeinschaften stellt der Gesetzgeber nicht zur Verfügung.

> Hinweis: Zur Frage, inwieweit eine rechtliche (Lebens-)Gemeinschaft mit geringeren Rechtsfolgen vom Gesetzgeber anerkannt werden sollte, etwa nach Beispiel des pacte civil de solidarité (PACS) im französischen Recht, namentlich der Bericht des Bundesrats über die «Übersicht über das Konkubinat im geltenden Recht – Ein PACS nach Schweizer Art?» (https://www.parlament.ch/centers/eparl/curia/2018/20183234/Bericht%20BR%20D.pdf).

Für die Partner einer faktischen Lebensgemeinschaft gelten damit jedoch nicht keine Regeln, sondern zunächst die allgemeinen Regeln, sprich die Regeln, die allgemein für Rechtssubjekte und zwischen Rechtssubjekten bestehen. Dies sind nicht zuletzt die Bestimmungen des Obligationenrechts über «Die Entstehung der Obligationen» – durch Vertrag, durch unerlaubte Handlungen oder etwa aus ungerechtfertigter Bereicherung. Als Vertragsverhältnisse können dabei namentlich die Regelungen der Art. 319–362 OR über den «Arbeitsvertrag» und die Art. 530–551 OR über «Die einfache Gesellschaft» Bedeutung erlangen.

> Hinweis: Offen ist dabei, inwieweit die Begründung solch besonderer Rechtsverhältnisse durch Vertrag einer (Über-)Dehnung im Einzelfall zugänglich ist. Diese Frage stellt sich dabei nicht zuletzt mit Blick

auf Art. 320 Abs. 2 OR, nach dem der Arbeitsvertrag auch dann als abgeschlossen gilt, wenn der Arbeitgeber Arbeit in seinem Dienst auf Zeit entgegennimmt, deren Leistung nach den Umständen nur gegen Lohn zu erwarten ist.

Weiter finden die allgemeinen Bestimmungen des Sachenrechts Anwendung, insbesondere der Art. 641–729 ZGB über «Das Eigentum». «Der Besitz» ist mit den Art. 919–941 ZGB allgemein geregelt, namentlich hier die Art. 930–937 ZGB über den «Rechtsschutz» und die «Vermutung des Eigentums» nach Art. 930, 931 sowie Art. 937 ZGB bei Grundstücken.

Anders als die Regelungen der Ehe (und der eingetragenen Partnerschaft) als solche, haben sich die Bestimmungen der Art. 252–269c ZGB über «Die Entstehung des Kindesverhältnisses» und die Art. 270–327c ZGB über «Die Wirkungen des Kindesverhältnisses» weitgehend von ihrer Begründung in der Ehe abgelöst und finden sich nun weitgehend aus der Perspektive des Kindes(-wohls) bestimmt. Aus Sicht des Kindeswohls soll es (heute) nach Ansicht des Gesetzgebers weitgehend unerheblich sein, in welchem Verhältnis die Eltern des Kindes zueinander stehen. Dennoch finden sich auch in dieser Hinsicht vereinzelt noch Sonderbestimmungen für das sogenannte uneheliche Kind – teils notwendig, teils überschiessend und weiter einem Schutz der Ehe dienend.

Beispiel: So bestimmt Art. 298a Abs. 1 ZGB einerseits, dass wenn die Eltern nicht miteinander verheiratet sind, die gemeinsame elterliche Sorge erst aufgrund einer gemeinsamen Erklärung der Eltern zustande kommt – wenn der Vater das Kind anerkennt oder das Kindesverhältnis durch Urteil festgestellt wird und die gemeinsame elterliche Sorge nicht bereits im Zeitpunkt des Urteils verfügt wurde. Bis diese Erklärung vorliegt, steht die elterliche Sorge für das uneheliche Kind nach Art. 298a Abs. 5 ZGB allein der Mutter zu. Andererseits bestimmt Art. 264a Abs. 1 ZGB, dass (nur) Ehegatten ein Kind gemeinschaftlich adoptieren dürfen – und damit nicht Partner einer faktischen Lebensgemeinschaft.

Wie jedoch die faktische Lebensgemeinschaft für sich kein besonderes Rechtsverhältnis zwischen den Partnern begründet, so gibt es rechtlich schliesslich auch nichts aufzulösen. Die faktische Lebensgemeinschaft ist daher (im untechnischen Sinn) jederzeit und formlos auflösbar.

Stichwortverzeichnis

A

Adoption 182 ff.
- Adoptionsgeheimnis 196 f.
- Altersunterschied 187
- Anfechtung 201 ff.
- Anhörung des Kindes 195
- Auskunft 198 f.
- Bürgerrecht 193
- einer volljährigen Person
  190 f.
- Einzeladoption 185 f.
- gemeinschaftliche 184 f.
- Geschichte 182 f.
- Minderjähriger 183 ff.
- Name 192
- persönlicher Verkehr mit den
  leiblichen Eltern 200 f.
- Stiefkindadoption 186 f.
- Verfahren 193 ff.
- Wirkungen 191 ff.
- Zustimmung der Eltern 188 ff.

Adoptionsgeheimnis 196 f.

Adoptionsverordnung 193

Adoptivkindervermittlung 202 f.

Anerkennung 174 ff.
- Anfechtung 175 ff.

Anweisungen an den Schuldner
  64, 155, 251

Aufenthaltsbestimmungsrecht
  215 f., 223 f.

Aufhebung des gemeinsamen
  Haushaltes 62 f.

Aufklärung 3 f., 15

Auskunftspflicht, Ehegatten 58

Ausserordentliche Beiträge eines
  Ehegatten 52 f.

Ausserordentlicher Güterstand
  69, 72 ff.
- Anordnung 73 f.
- Aufhebung 74 f.
- Auseinandersetzung 76
- bei Konkurs und Pfändung 75

Austrittsleistungen, Ausgleich
  140

B

Barunterhalt 240

Beruf und Gewerbe der Ehegatten
  55

Berufliche Vorsorge 138 ff.

Betrag zur freien Verfügung 52

Betreuungsunterhalt 240, 246

Bundesverfassung 8 ff., 161 f., 203

Bürgerrecht, Ehe 49 f.

E

Ehe, bürgerliches Verständnis
  16 f.
- Bürgerrecht 49 f.
- eheliche Gemeinschaft 47 f.

– Geschichte 15 ff.
– Geschlechterverschiedenheit
  23
– Name 48 f.
– Rechte und Pflichten der
  Ehegatten 47 f.
– Wirkungen im Allgemeinen
  46 ff.

Ehe für alle 6 f., 18, 23, 184,
  205, 269

Ehefähigkeit 19 f.

Ehegatten
– Auskunftspflicht 58
– Beruf und Gewerbe 55
– Rechtsgeschäfte 56 ff.

Ehehindernisse 21 ff.
– frühere Ehe 22 f.
– Verwandtschaft 21 f.

Eheliche Gemeinschaft
– Schutz, siehe Schutz der
  ehelichen Gemeinschaft
– Vertretung 53 ff.

Eheliche Wohnung 50

Ehescheidung, siehe Scheidung

Eheschliessung 19 ff.
– Vorbereitung, siehe Vorbereitung der Eheschliessung

Ehetrennung 127 ff., 133 f.
– Trennungsfolgen 134

Eheungültigkeit 37 ff.
– befristete 41 ff.
– Grundsatz 37 f.
– Klage 40 f., 42
– Mängel ohne Gültigkeitsfolgen
  43 f.

– unbefristete 38 ff.
– Wirkungen des Urteils 43

Ehevertrag 68, 70 ff., 83, 103 f.
– Form 72
– Inhalt 70 f.
– Vertragsfähigkeit 71 f.

Ehevoraussetzungen 19 ff.

Eigengut 82 ff., 109 f., 115

Eigenschulden 117

Eingetragene Partnerschaft
  269 ff.
– Adoption 271
– Fortpflanzungsmedizin 271
– Geschichte 269
– Umwandlung 272 f.
– Wirkungen 270 ff.

Einzeladoption 185 f.

Elterliche Sorge 204 ff.
– Anerkennung 208 ff.
– Aufenthaltsort 215 f.
– Aufhebung 224 f.
– Gehorsamspflicht des Kindes
  214
– Inhalt 212 ff.
– Scheidung 207 f.
– Tod eines Elternteils 206
– Vaterschaftsurteil 208 ff.
– Vertretung 218 ff.

Entzug der Vertretungsbefugnis
  62

Erbrecht, und Güterrecht 136

Errungenschaft 81 f.

Errungenschaftsbeteiligung, siehe
  ordentlicher Güterstand

Errungenschaftsgemeinschaft
78 f., 108 f.

Erziehung 217
– religiöse 218

Europäische Menschenrechtskonvention 11

F

Faktische Lebensgemeinschaft
275 ff.

Familie, Begriff 2 ff.
– bürgerliches Familienbild 5
– Kernfamilie/Kleinfamilie 4, 16

Familiengemeinschaft 261 ff.
– Familienvermögen 267 f.
– Hausgewalt 264 ff.
– Unterstützungspflicht 262 ff.

Familienrecht 1 ff.
– Ausblick 7 f.
– Gliederung 13, 18
– Reformen 5 f.

Familienunterhalt, siehe Unterhalt der Familie

Familienvermögen 267 f.

Familienwohnung 56, 137 f.

Findelkinder, Unterhalt 264

Fortpflanzung, künstliche, siehe
künstliche Fortpflanzung

G

Gehorsamspflicht des Kindes 214

Gemeinsamer Haushalt, Aufhebung 62 ff.

Gemeinschaft der Eltern und Kinder 233 ff., siehe auch Kind
– Beistand und Gemeinschaft
236
– Information und Auskunft
239 f.
– persönlicher Verkehr 236 ff.
– Unterhaltspflicht, siehe Unterhaltspflicht der Eltern

Gemeinschaftliche Adoption
184 f.

Gesamtgut 108 ff.

Getrenntleben 132
– Regelung 63

Gläubigerschutz 76

Gleichberechtigung 15 f.

Gütergemeinschaft 107 ff.
– allgemeine 108
– Auflösung 118 ff.
– Auseinandersetzung 118 ff.
– beschränkte 108
– Beweis 110
– Eigengut 109 f., 115
– Eigentumsverhältnisse 107 ff.
– Gesamtgut 108 ff.
– Haftung gegenüber Dritten
115 ff.
– Mehrwertanteil 119
– Schulden zwischen Ehegatten
117
– Teilung 120 ff.
– Verwaltung und Verfügung
111 ff.

Güterrecht 67 ff.
– allgemeine Vorschriften 67 ff.

Güterstand, ausserordentlicher,
   siehe ausserordentlicher
   Güterstand
- Ehevertrag 68, 70 ff.
- ordentlicher, siehe ordentlicher
   Güterstand
Gütertrennung 124 ff.
- Haftung gegenüber Dritten
   126
- Verwaltung, Nutzung und
   Verfügung 125

H

Haftung gegenüber Dritten
- ordentlicher Güterstand 86 f.
- Gütergemeinschaft 115 f.
- Gütertrennung 126
Haus 2 f.
Hausgewalt 264 ff.
Hinzurechnung 95 ff.

I

Inkassohilfe 64, 154 f., 250 f.
Inventar 77 f.

J

Jugendhilfe 233

K

Kenntnis der eigenen
   Abstammung 198 f., 203 f.
Kenntnis der eigenen
   Elternschaft 204

Kind
- Bürgerrecht 236
- Name 233 ff.
- in der Scheidung 156 ff.
Kindesrechtskonvention 11
Kindesschutz 220 ff.
- Anhörung des Kindes 227
- Aufhebung der elterlichen
   Sorge 224 f.
- Beistandschaft 223
- geeignete Massnahmen 221 ff.
- Kindesvermögen 257 ff.
- Verfahren 226 ff.
Kindesunterhalt, siehe
   Unterhaltspflicht der Eltern
- öffentliches Recht 252
Kindesverhältnis 159 ff.
- elterliche Sorge, siehe elterliche
   Sorge
- Entstehung 161 ff.
- Gemeinschaft der Eltern und
   Kinder, siehe Gemeinschaft der
   Eltern und Kinder
- Geschichte 159 f.
- Wirkungen 204 ff.
- zwischen Kind und Ehemann
   oder Ehefrau 165 ff.
- zwischen Kind und Mutter 164
Kindesvermögen 254 ff.
- Anzehrung 255
- Erträge 255
- freies 256 ff.
- Schutz 257 ff.
- Verwaltung 254 f.
Kindeswohl 212 f.
Künstliche Fortpflanzung 162 ff.

L

Lebensgemeinschaft, faktische 275 ff.

Liberalismus 4, 16

M

Mankofälle 148 f., 241, 246, 249 f., 263 f.

Mehrwertanteil 91 ff., 119

Menschenrechtskonvention 11

Minderjährige unter Vormundschaft 260 ff.

Mutter
- Ansprüche der unverheirateten 253
- Kindesverhältnis 164 f.

N

Nachehelicher Unterhalt 146 ff.
- Berechnungsmethode 150 f.
- Modalitäten 152
- Rente 152 ff.
- Vollstreckung 154 ff.
- Voraussetzungen 146 ff.

Name
- bei Adoption 192
- des Kindes 214 f., 233 ff.
- Ehe 48 f.
- nach Scheidung 135 f.

Naturalunterhalt 240

Nichtehe 37 f.

O

Ordentlicher Güterstand 67 ff., 78 ff.
- Auflösung 88 ff.
- Auseinandersetzung 80 ff.
- Beweis 83 ff.
- Eigengut 82 f.
- Eigentumsverhältnisse 80 ff.
- Errungenschaft 81 f.
- Haftung gegenüber Dritten 86 f.
- Hinzurechnung 86 f.
- Mehrwertanteil 83 ff.
- Schulden zwischen Ehegatten 87 f.
- Verwaltung und Nutzung 85 f.
- Vorschlag 94 ff.
- Wertbestimmung 100 f.
- Zusammensetzung 80

P

PACS 7, 275

Partnerschaft, eingetragene, siehe eingetragene Partnerschaft

Persönlicher Verkehr 236 ff.
- mit leiblichen Eltern bei Adoption 200 f.

Pflegeeltern 211 f., 252 f.

Pflegekinderaufsicht 232 f.

Pflegekinderverordnung 12

Prozessrecht 12

R

Recht auf Ehe und Familie 8 f.

Recht auf Kenntnis der eigenen Abstammung 198 f., 203 f.

Recht auf Kenntnis der eigenen Elternschaft 204

Rechtsgeschäfte, Ehegatten 56 f.

Rechtsgleichheit 9 f.

Regelung des Getrenntlebens 63

Rente, nachehelicher Unterhalt 152 ff.

Romantik 4 f., 15 f.

S

Scheidung 127 ff.
- auf gemeinsames Begehren 129 ff.
- auf Klage eines Ehegatten 132 ff.
- Getrenntleben 132
- Kinder 156 ff.
- Unzumutbarkeit 133

Scheidungsfolgen 135 ff.

Scheidungsvoraussetzungen 129 ff.

Scheinehe 44 f.

Schutz der ehelichen Gemeinschaft 59 ff.
- Beratungsstellen 59
- gerichtliche Massnahmen 60 ff.

Schutz der Gläubiger 76

Schutz der Kinder und Jugendlichen 10

Schutz der Privatsphäre 9

Stiefeltern 211

Stiefkindadoption 186 f.

T

Trauung 34 ff.
- Form 35 f.
- Ort 34 f.

Trennung, siehe Ehetrennung

U

Umwandlung der eingetragenen Partnerschaft 272 f.

Unterhalt der Familie 51 ff.
- ausserordentliche Beiträge 52 f.
- Betrag zur freien Verfügung 52
- im Allgemeinen 51 f.

Unterhalt, nachehelicher, siehe Nachehelicher Unterhalt

Unterhaltspflicht der Eltern 240 ff.
- Abfindung 244
- Bemessung 245 ff.
- Dauer 242
- Erfüllung 250 f.
- Klage 244 ff.
- Verträge 243 ff.
- Vollstreckung 250 f.

Unterstützungspflicht 262 ff.

V

Vaterschaft 165 f.
- Anerkennung, siehe Anerkennung
- Anfechtung 168 ff.
- des Ehemannes 166
- Vaterschaftsurteil 153 f., siehe auch Vaterschaftsklage

Vaterschaftsklage 179 ff.

Verfahren, Kindesschutz 226 ff.

Verfassungsrecht 8 ff.

Verfügungsbefugnis, Beschränkungen 64 f.

Verlöbnis 23 ff.
- Anspruch auf Genugtuung 28 f.
- Auflösung 25 ff.
- Beitragspflicht 27 f.
- Geschenke 26 f.
- Verjährung 28

Verlobung 24 ff.

Vermögensverwaltung 69 f.

Vertretung
- der ehelichen Gemeinschaft 48 ff.
- des Kindes 198 ff.

Vertretungsbefugnis, Entzug 55 f.

Verwaltung des Vermögens 76 f.

Verwandtschaft 159
- Kindesverhältnis, siehe Kindesverhältnis

Völkerrecht 10 f.

Vollschulden 116 f.

Vorbereitung der Eheschliessung 29 ff.
- Ausführungsbestimmungen 30 f.
- Grundsätze 29 f.
- Vorbereitungsverfahren, siehe Vorbereitungsverfahren

Vorbereitungsverfahren 31 ff.
- Durchführung und Abschluss 33
- Fristen 33 f.
- Gesuch 31 f.

Vormundschaft, Minderjährige 260 ff.

Vorschlag 94 ff., 99 f.
- Beteiligung 102 ff.

Vorschüsse 64, 155 f.

Vorsorge, berufliche 138 ff.

W

Wohl des Kindes, siehe Kindeswohl

Wohnung der Familie 56 f., 137 f.

Wohnung, eheliche 50

Z

Zivilstandsverordnung 12, 30 f., 273

Zwangsehe 44, 45 f.